So geht Führung!

Ralf Gasche

So geht Führung!

7 Gesetze, die Sie im Führungsalltag wirklich weiterbringen

2., aktualisierte und erweiterte Auflage

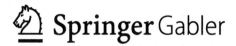 Springer Gabler

Ralf Gasche
Hennef, Deutschland

Unter Mitarbeit von Dr. Petra Begemann, Bücher für Wirtschaft + Management, www.petrabege-mann.de.

ISBN 978-3-658-18247-2   ISBN 978-3-658-18248-9   (eBook)
https://doi.org/10.1007/978-3-658-18248-9

Die Deutsche Nationalbibliothek verzeichnet diese Publikation in der Deutschen Nationalbibliografie; detail-lierte bibliografische Daten sind im Internet über http://dnb.d-nb.de abrufbar.

Springer Gabler

Verantwortlich im Verlag: Juliane Wagner

Gedruckt auf säurefreiem und chlorfrei gebleichtem Papier

Springer Gabler ist Teil von Springer Nature
Die eingetragene Gesellschaft ist Springer Fachmedien Wiesbaden GmbH
Die Anschrift der Gesellschaft ist: Abraham-Lincoln-Str. 46, 65189 Wiesbaden, Germany

Vorwort zur zweiten Auflage

Ich freue mich sehr, dass „So geht Führung!" vergleichsweise rasch eine zweite Auflage erlebt. Offenbar hat der praxisnahe und auf die menschliche Seite der Führung konzentrierte Ansatz einen Nerv getroffen. Viele Leserinnen und Leser haben das Buch als „Wegweiser" oder „Kompass" für ihren Alltag gelobt. Etliche Firmen stützen sich inzwischen in ihrer Führungskräfte-Entwicklung auf das hier entwickelte Leadership-Konzept, das auf den Säulen „Menschen mögen", „Selbstführung" und „Achtsamkeit" ruht. Als hilfreich wurden auch die zahlreichen Fallbeispiele empfunden, die die strategischen Hinweise in der Praxis erden. Schließlich ist jede Theorie und jedes Tool nur so gut wie der damit verbundene praktische Nutzen.

Die vorliegende zweite Auflage basiert auf einer sorgfältigen formalen wie inhaltlichen Durchsicht. Hier und da wurden Formulierungen geschärft und kleine Ergänzungen vorgenommen. Vor allem aber widmet die Neuauflage dem Thema „Change" ein zusätzliches eigenes Kapitel unter dem Titel „Wandel statt Widerstand". Dies trägt der Tatsache Rechnung, dass die Digitale Transformation und ihre Folgen inzwischen nahezu alle Branchen und Unternehmen bewegen. „Wie gelingt Change?", das war schon immer eine wichtige Frage. In Zeiten globalen Wettbewerbs, rasanter technologischer Entwicklungen und immer weniger berechenbarer Kundenreaktionen wird sie zur Frage des wirtschaftlichen Überlebens.

Insider wissen: Wandel scheitert in vielen Fällen nicht an Strategien, Plänen oder Technik, sondern an menschlichen Faktoren, an Gleichgültigkeit, Ängsten und Widerstand der Mitarbeitenden, ohne deren Engagement jedes Veränderungsprojekt zum Misserfolg verdammt ist. „Was kann ich, was können wir anders machen, damit es dieses Mal klappt?", diese Sorge treibt zahlreiche Führende und Unternehmensleitungen um. Einschlägige Vortrags- und Trainingsanfragen waren Anlass für mich, ein System zu entwickeln, das die menschliche Komponente im digitalen Wandel aufgreift und sich mit der Überwindung des Widerstands gegen die Veränderungen beschäftigt. So entstand das „G.A.S.C.H.E. – Leadership-Konzept für erfolgreiche Change- und Transformationsprozesse", das Unternehmen und ihren Führungskräften einen Weg weist, große aber auch kleinere Veränderungen vorzubereiten, einzuführen und dauerhaft zu etablieren. Vor allem geht es in diesem Konzept um einen konstruktiven Umgang mit menschlichen

Reaktionen und Empfindlichkeiten. Das mag für den einen oder anderen ungewohnt sein. Doch nimmt man sich die Zeit und geht unvoreingenommen auf die Mitarbeitenden und ihre Vorbehalte ein, steigen die Erfolgschancen für gelingenden Change um ein Vielfaches. Überzeugen Sie sich am besten selbst.

Ich wünsche Ihnen eine glückliche Hand dabei und natürlich auch bei allen anderen Herausforderungen innerhalb einer der spannendsten Aufgaben, die Unternehmen zu bieten haben: Führung!

Hennef   Ralf Gasche
im November 2017

Vorwort zur 1. Auflage

Schon als Jugendlicher war ich fasziniert davon, wie unterschiedlich Menschen eine Führungsrolle ausfüllen. Als Musiker und Mitglied eines Orchesters lernte ich eine ganze Reihe von Dirigenten kennen: solche, die nur den Kopf leicht heben mussten, um die gebannte Aufmerksamkeit aller Orchestermitglieder auf sich zu ziehen, und andere, die auch mit großer Geste wenig ausrichteten. In der Schule dieselbe Erfahrung: Einige Lehrer hatten Mühe, sich überhaupt Gehör zu verschaffen, anderen folgten wir, sobald sie nur ein wenig die Stimme hoben. Ob Schule, Orchester, Universität oder Berufseinstieg: Manche der Führenden strahlten eine natürliche Autorität aus, anderen folgten wir eher notgedrungen – oder aber gar nicht.

Heute ist mir klar, dass Führungsstärke kein Geschenk des Himmels ist, sondern sich aus zahlreichen Komponenten zusammensetzt. Dazu zählt die Bereitschaft, Mitarbeitern auf Augenhöhe zu begegnen und sich auf sie einzulassen. Dazu zählen ferner Ruhe, Ausdauer und Beharrlichkeit. Elementar sind klare Zielsetzungen, die stetig kommuniziert und regelmäßig auf ihre Tauglichkeit hin überprüft werden müssen. Es braucht taktisch-strategisches Geschick ebenso wie einen klaren Wertekompass, der Souveränität verleiht und Authentizität im Auftreten. Gute Führungskräfte nehmen Menschen mit, statt sie vor sich herzutreiben. Sie holen das Beste aus ihren Mitarbeitern heraus, ermutigen sie, an ihre Grenzen zu gehen und daran zu wachsen.

Wer sich dieser anspruchsvollen Herausforderung stellen möchte, kann viel von den erfolgreichen „Alphatieren" lernen, denen er im Laufe der Jahre begegnet. Führung heißt „Menschen beeinflussen", und dafür, wie Menschen auf Menschen wirken, liefert der Alltag uns Tag für Tag Beispiele – positive wie negative. Als Personalleiter empfehle ich außerdem eine kritische Selbstbefragung: Warum will ich Führungskraft werden? Was treibt mich an? Wie reizvoll finde ich es tatsächlich, mich mit Menschen auseinanderzusetzen und ihnen voranzugehen? Karriereambitionen allein reichen für nachhaltig erfolgreiche Führung nicht aus. Gehalt, Dienstwagen und Chefsessel sollten nicht darüber hinwegtäuschen, dass Führung mehr verlangt als das Überstreifen der formalen Insignien von Macht und Einfluss. Führung fordert die ganze Person. Gute Führungskräfte sind daher bereit, an sich zu arbeiten, sich zu hinterfragen und sich weiterzuentwickeln. Dafür bietet dieses Buch eine hervorragende Möglichkeit: Es ist in der Praxis geerdet, liefert

zahlreiche Beispiele aus dem Unternehmenskontext und gibt konkrete Verhaltensemp-
fehlungen. Ich wünsche „So geht Führung!" von Ralf Gasche viele Leser – und Ihnen als
Leser viele nützliche Impulse für den Führungsalltag!

Christian Campe
Leiter Hauptabteilung Personal beim ZDF

Inhaltsverzeichnis

Über den Autor

Ralf Gasche ist Führungsexperte und Inhaber der Firma *Gasche Excellent Leadership*. Als Unternehmer hat er bereits erfolgreich mehrere Beratungsfirmen gegründet. Der Diplom-Verwaltungswirt (Schwerpunkte: Kriminalistik, Kriminologie, Psychologie) blickt auf 40 Jahre Führungserfahrung zurück: 23 Jahre Führungs- und Einsatzerfahrung als Exekutivbeamter in der Bundespolizei (u. a. Bundeskanzleramt, fliegerischer Dienst und internationale Schleuserfahndung), Terrorismusfahnder im BKA und BMI, Personenschutz für Bundespolitiker sowie 18 Jahre Ausbildung von Führungskräften in der Wirtschaft. Parallel zu seinem eigenen Unternehmen leitete er eine Coach-Agentur und bildet Business-Coaches aus.

Heute berät Ralf Gasche Unternehmen und ihre führenden Kräfte. Seine hohe Professionalität basiert auf tausenden Coaching-Stunden, hunderten Vorträgen und zehntausenden Seminarstunden für Unternehmen – immer zu den Themen: „Wie funktioniert Führung? Wie funktionieren Menschen? Wie führe ich mich und mein Unternehmen?" Er begeistert und inspiriert mit seinen „Excellent Leadership" Vorträgen auf Firmenveranstaltungen und großen Bühnen und ist Lehrbeauftragter an verschiedenen Hochschulen. Zu seinen Kunden zählen viele DAX- und börsennotierte Unternehmen, erfolgreiche Mittelständler und Bundesministerien. Mehr unter www.gasche.com.

Ralf Gasche hat zahlreiche Beiträge zum Thema Führung und Business-Coaching veröffentlicht, u. a.:

Gasche, R. 2018. Purpose. In *Chefsache Erfolg – 9 Erfolgsfaktoren für Chefs von morgen*, Hrsg. H. Peter Buchenau. Wiesbaden: Springer Gabler.

Gasche, R. 2015. Chefsache Egoismus – Dos and Don'ts. In *Chefsache Gesundheit II*, Hrsg. Peter Buchenau. Wiesbaden: Springer Gabler.

Gasche, R. 2015. Excellent leadership. 7 Gebote für Ihren Führungserfolg. In *Chefsache: Best of 2014/2015*, Hrsg. Peter Buchenau. Wiesbaden: Springer Gabler.

Gasche, R. 2015. Frau in Führung – eine Klasse für sich. Wie Sie sich erfolgreich positionieren und durchsetzen. In *Chefsache Frauen*, Hrsg. Peter Buchenau. Wiesbaden: Springer Gabler.

Gasche, Ralf 2014. Achtsam leben, klug entscheiden, mutig handeln! Erfolgreich führen ohne auszubrennen. In *Chefsache Prävention II*, Hrsg. Peter Buchenau, 23–48. Wiesbaden: Springer Gabler.

Gasche, R. 2007. Spurensicherung. In *Coaching-Tools II*, Hrsg. C. Rauen. Bonn: Managerseminare.

Gasche, R. 2004. Die persönliche Akquisitionsstrategie. In *Coaching- Tools*, Hrsg. C. Rauen. Bonn: Managerseminare.

Abbildungsverzeichnis

Einführung: Im Dschungel der Führungstheorien

Zusammenfassung

Was macht exzellente Führung aus? – Die Basics: Menschen mögen, Selbstführung, Achtsamkeit – Die Individualität der Mitarbeiter erkennen – Selbstreflexion als Kernkompetenz – Umsicht und Bewusstheit wahren – Was erwartet Sie? Die 7 „Gesetze" im Überblick – Führung findet in der Praxis statt – So geht Führung!

Noch ein Führungsbuch?! Über Führung ist schon so viel geschrieben worden, dass man meinen könnte, es sei wirklich alles gesagt. Vielleicht liegt genau darin das Problem: Die Führungsliteratur überschlägt sich mit immer neuen Metaphern und mehr oder weniger originellen Ansätzen: Führungskräfte haben schon von Walen und Mäusen, Polarforschern und Dirigenten gelernt (vgl. Blanchard et al. 2013; Johnson 2000; Morrell und Capparell 2002; Gansch 2014). Oder sie werden mit den immer gleichen Modellen und Tipps zu Grundsätzlichem wie Delegation oder Motivation bekannt gemacht. Worauf es wirklich ankommt, gerät dabei leicht aus dem Blick: Wie schafft es jemand, dass andere ihm oder ihr bereitwillig folgen? Was unterscheidet eine „gute" Führungskraft von einer mittelmäßigen oder schlechten? Kurz: Was macht exzellente Führung aus?

Dieses Buch versteht Führung als erfolgreiche Einflussnahme auf Menschen im Hinblick auf ein nur gemeinsam zu erreichendes Ziel. Führung ist *Menschenführung*. Das ist weniger banal, als es klingt. Seit vielen Jahren begleite ich Führungskräfte als Coach und Seminarleiter. Meine Erfahrung ist, dass sich nur wenige Führungsaspiranten im Klaren darüber sind, wie stark es ihr Arbeitsleben verändern wird, wenn sie den Schritt vom Sachbearbeiter (der Arbeit mit „Sachen") zur Führungskraft (der Arbeit mit Menschen) tun. Sie ergreifen förmlich einen neuen Beruf. Doch während man für jedes Handwerk eine mehrjährige Lehrzeit absolvieren muss und selbst das Fahren eines Gabelstaplers nur mit Führerschein erlaubt ist, gibt es für Menschenführung keinerlei verbindliche Voraussetzung. „Führen" kann offenbar jeder. Wir alle wissen, dass das nicht so ist. Und doch wird im Arbeitsleben häufig so getan, etwa wenn der beste Sachbearbeiter zum Chef gemacht wird und an dieser neuen Rolle prompt scheitert.

Doch warum scheitert der eine, während der andere an seiner neuen Rolle wächst? Was sind die unverzichtbaren „Basics" für Führungserfolg? Dieser Frage soll hier nachgegangen werden. Mein Ziel ist es, eine Bresche ins Führungsdickicht zu schlagen: Was muss man wirklich mitbringen, wenn man im Alltag bestehen will? Die kurze Antwort lautet: drei Dinge. Erstens: Man muss Menschen mögen. Zweitens: Man muss sich selbst kennen und führen können (ohne sich für den Nabel der Welt zu halten). Drittens: Man muss bereit sein, genau hinzuschauen und zu beobachten, bevor man urteilt und handelt. Die lange Antwort lesen Sie auf den folgenden gut 200 Seiten. Vorab einige Anmerkungen zu den genannten elementaren Startvoraussetzungen für gute Führung.

Menschen mögen

Häufig klagen Führungskräfte, sie seien „wieder zu nichts gekommen". Hake ich nach, wie der Tag oder die Woche konkret verlaufen ist, wird aufgezählt, womit die Zeit verging: Mitarbeiter mit ihren „kurzen" Fragen (die selten wirklich kurz sind), das Abteilungsmeeting, ein Delegationsgespräch, der Jour fixe, ein Projektleiter mit einem akuten Problem, die Personalabteilung mit Klärungsbedarf zu einem Anforderungsprofil usw. usw. Es stellt sich regelmäßig heraus, dass die Chefs natürlich nicht „nichts" gemacht haben: Sie haben geführt! Mit anderen Worten: Sie haben ihre eigentliche Aufgabe wahrgenommen. Dennoch nehme ich Frustration wahr; offenbar steckt in den Köpfen die Vorstellung, „geschafft" habe man nur etwas, wenn eine Sache erledigt ist. Für Führungskräfte ist diese Haltung gefährlich. Von hier führen wenige Schritte zu der Auffassung, Mitarbeiter seien im Wesentlichen Mittel zum Zweck und sollten einfach funktionieren. „Dafür werden sie schließlich bezahlt!" Doch Menschen wollen nicht nur als Funktionsträger wahrgenommen werden. Überdies funktionieren sie nicht wie Automaten, die man passgenau geordnet hat. Sie haben Erwartungen, Emotionen, Stärken und Schwächen. Sie denken und handeln vor einem individuellen Erfahrungshintergrund, den Sie als Führungskraft allenfalls in winzigen Ausschnitten kennen. Das macht Mitarbeiter-Verhalten nicht bis ins Letzte kalkulierbar. Was den einen anspornt, lässt den anderen kalt. Wo der eine konkrete Hinweise einklagt, empfindet die Kollegin sie als Gängelung. Was der eine als Kuschelkurs ablehnt, braucht ein anderer, um sich etwas zuzutrauen. Das Leben ist bunt und die Zusammensetzung in Ihrer Abteilung sehr wahrscheinlich auch. „Menschen mögen" bedeutet, diese Vielfalt zu schätzen, den Einzelnen in seiner Individualität zu respektieren und bereit zu sein, sich darauf einzustellen. Das spüren Mitarbeiter und das hilft über viele Pannen, Missverständnisse und auch den einen oder anderen Führungsfehler hinweg.

Selbstführung

Vielleicht hatten Sie es schon einmal mit einem Vorgesetzten zu tun, der von der eigenen Großartigkeit überzeugt, für seine Umgebung jedoch eine harte Prüfung war. Egozentrik und Narzissmus stehen einer mitarbeiterorientierten Führung im Wege und hemmen die eigene Entwicklung. Selbstführung beginnt mit einer realistischen Selbsteinschätzung, einer angemessenen Einordnung der eigenen Talente wie Defizite, konstruktiver wie weniger konstruktiver Gewohnheiten und Verhaltensweisen. Die Fähigkeit, sich selbst kritisch zu hinterfragen, erhöht die Toleranz gegenüber Menschen, die anders ticken. Sie stärkt überdies die Bereitschaft, dazuzulernen und in die Führungsrolle hineinzuwachsen, auch zu erkennen, wo Grenzen liegen, und zu entscheiden, wie man damit umgeht. Beispielsweise kann ein eher introvertierter Vorgesetzter auf einen besonders kontaktfreudigen Assistenten setzen und daneben für sich selbst Wege finden, Mitarbeitern Wertschätzung und Interesse zu zeigen. Selbstführung bedeutet daneben, das eigene Tun regelmäßig aus der Vogelperspektive zu betrachten und bewusst zu justieren – sich im Wortsinne „selbst zu führen": Ist es gut, was ich gerade tue? Passt es zu meinen Zielen? Passt es zu mir? Was will ich ändern? Kommen alle Lebensbereiche, die mir wichtig sind (Arbeit, Familie, Freundschaften, Gesundheit, Hobbys, …) zu ihrem Recht? Wenn nein, was kann/will/werde ich dagegen tun? Selbstführung ist also gleichbedeutend mit einer reflektierten und selbstverantwortlichen Lebenshaltung. Diese wiederum ist ohne die dritte Schlüsselqualifikation für gute Führung nicht denkbar.

Achtsamkeit

Hier geht es darum, genau hinzuschauen, bevor man urteilt und handelt. Das klingt einfach, bleibt im hektischen Alltag jedoch oft auf der Strecke. Ein kleiner Test: Wie ging es Ihnen heute Morgen, als Sie das Haus verließen? Wer war schon im Büro, als sie dort eintrafen? Und welchen Eindruck machten Ihre Leute? Waren sie gut gelaunt, bedrückt, zerstreut, in Eile? Erstaunlich viele Führungskräfte antworten darauf: „Weiß ich nicht. Keine Ahnung", nicht selten mit dem Unterton: „Also wirklich, ich habe Wichtigeres zu tun!" Die meisten Chefs registrieren nur bruchstückhaft, was in ihren Abteilungen los ist, und wenn doch, dann vorwiegend auf einer rationalen Ebene. Sie beobachten, dass Mitarbeiter A in letzter Zeit mehr Fehler macht oder dass man Mitarbeiterin B neuerdings alles dreimal sagen muss, erkennen aber weder, ob die Betroffenen überfordert, verärgert oder gesundheitlich angeschlagen sind, noch, ob sie selbst zu diesem Verhalten beitragen oder ob der Auslöser anderswo liegen könnte. Insofern ist genaues Hinschauen elementar für gute Führung. Hier kommt die viel zitierte „Achtsamkeit" ins Spiel.

Achtsamkeit bedeutet im Kern: Wahrnehmen, was ist, bei sich wie bei anderen. Ursprünglich stammt das Konzept aus dem Buddhismus. Dort werden vier Bereiche genannt: die Achtsamkeit auf den Körper, auf eigene Gefühle/Empfindungen (Sind sie z. B. positiv, negativ, neutral?), auf den Geist (Bin ich konzentriert, abgelenkt, verwirrt?) sowie die Achtsamkeit auf äußere und innere Geistesobjekte (vgl. Buddha, Lehrrede 2006 „Über die Grundlagen der Achtsamkeit"). Anders als bei der Aufmerksamkeit, die die

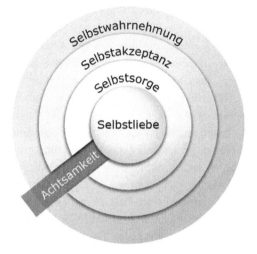

Abb. 1 Achtsamkeit. (© Ralf Gasche)

Wahrnehmung fokussiert und verengt, geht es bei Achtsamkeit um Offenheit für momentane Eindrücke und darum, diese zuzulassen und nicht wertend beiseitezuschieben. Achtsamkeit bedeutet daher auch den wohlwollenden Umgang mit sich selbst, der wiederum Grundlage dafür ist, gut für sich zu sorgen und sich selbst mit all seinen Schwächen und Begrenzungen anzunehmen (vgl. Abb. 1). Gelingt dies, steht am Ende die „Selbstliebe". Das mag für Sie pathetisch klingen. Doch je mehr jemand mit sich selbst im Reinen ist, desto eher kann er empathisch und souverän auf andere zugehen, wissen wir aus der Psychologie. Und das wiederum ist in der Führung gefordert. Im Verlauf der nächsten Kapitel werde ich Sie daher immer wieder dazu auffordern, genau hinzuschauen, zu beobachten, erst einmal durchzuatmen, bevor Sie handeln – kurz: achtsam zu sein.

Das erwartet Sie in diesem Buch

Auf den folgenden Seiten geht es um sieben allgemeine Führungsfragen, um „Führungsbasics". Es gibt viele Arten, erfolgreich zu führen, abhängig von der eigenen Persönlichkeit, vom Umfeld, von der Aufgabe. So schön es wäre: Standardrezepte existieren nicht. Im Führungsalltag helfen Ihnen die folgenden Grundsätze („Gesetze"):

1. **Souveränität statt herumeiern**
   Nur wer sich selbst gut kennt und Umfeld und Auftrag richtig einschätzt, kann überzeugend führen. Souveräne Führungskräfte erfüllen ihre Aufgaben im Einklang mit eigenen Werten und Überzeugungen.
2. **Durchblick statt durchgreifen**
   Erst verstehen, dann handeln! Souveräne Führungskräfte schulen ihren Blick für Menschen, Situationen, Unternehmens- und Branchenentwicklungen.

3. **Haltung statt Führungsstil**

   Gute Führungskräfte treten ruhig und bestimmt auf, sie geben Sicherheit. Sie „verkörpern" Führung auf ihre eigene Weise, statt sich einen Führungsstil überstülpen zu lassen.

4. **Erfolg statt Motivation**

   Erfolgreiche Führungskräfte sorgen dafür, dass ihre Mitarbeiter erfolgreich sind. Sie trauen ihnen etwas zu, fördern und fordern sie. Motivationsspritzen erübrigen sich dann.

5. **Führen statt geführt werden**

   Souveräne Führungskräfte entscheiden beherzt. Dadurch begrenzen sie die Zahl der Baustellen, mit denen sie sich beschäftigen. Sie lassen sich nicht von anderen treiben.

6. **Kontrollieren statt frustrieren**

   Was nicht beachtet wird, ist nichts wert. Gute Führungskräfte wissen, dass wohldosierte Kontrolle wichtig ist – als Wertschätzung der Arbeit und zur Justierung bei Fehlentwicklungen.

7. **Mut statt gemütliches Elend**

   Souveräne Führungskräfte steuern ihre Ziele selbstverantwortlich und mutig an, statt sich in (faulen) Kompromissen einzurichten. Sie behalten das Ruder ihres Lebens fest in der Hand.

So viel Theorie wie nötig, so viel Praxis wie möglich, lautet von nun an die Devise. Deshalb finden Sie in allen Kapiteln Fallbeispiele aus dem Unternehmensalltag, die mir in zahlreichen Seminaren, Coachings und Beratungsprozessen begegneten. Hier ist nichts erfunden, auch wenn zum Schutz der Persönlichkeitsrechte der Betroffenen Eckdaten verfremdet wurden. Auch die Beispiele zeigen, wie herausfordernd und spannend Führung heute ist. Nehmen Sie diese Herausforderung an – und wachsen Sie daran! Wenn dieses Buch Ihnen dabei eine Hilfe ist, hat es seinen Zweck erfüllt.

Hennef, im Herbst 2017
Ralf Gasche

Literatur

Blanchard, Ken, et al. 2013. *Whale Done! Von Walen lernen: So motivieren Sie jedes Team zu Spitzenleistungen*. 4. Aufl. München: Goldmann.

Buddha, Lehrrede. 2006. „Über die Grundlagen der Achtsamkeit – Satipaṭṭhāna Sutta". www.pali-kanon.com/diverses/satipatthana/satipatt_10.html. Zugegriffen: 15. Aug. 2015.

Gansch, Christian. 2014. *Vom Solo zur Sinfonie: Was Unternehmen von Orchestern lernen können*. Frankfurt a. M.: Campus.

Johnson, Spencer. 2000. *Die Mäuse-Strategie für Manager: Veränderungen erfolgreich begegnen*. München: Ariston.

Morrell, Margot, und Stephanie Capparell. 2002. *Shackletons Führungskunst. Was Manager von dem großen Polarforscher lernen können*. Frankfurt a. M.: Eichborn.

§ 1 Souveränität statt herumeiern

Die Basis jeder Führung

Zusammenfassung

Was heißt überhaupt „Führung"? – Gibt es „die" Führungspersönlichkeit? – Erfolg folgt, wenn man sich folgt – Königsweg Authentizität – Merkmale und Eigenschaften erfolgreicher Führungskräfte – Ehrlich zu sich selbst sein – Sind Sie am richtigen Platz? – Wie lautet Ihr Auftrag? – Fazit: Das Führungsgesetz „Souveränität" – Matrix: Selbstreflexion

---

Was heißt überhaupt „Führung"?

Auf den ersten Blick wirkt die Frage überflüssig: Was heißt „Führung"? Schließlich kennt jeder von uns Führungskräfte und hat deren tägliches Handeln erlebt. Führung ist aus dieser Sicht schlicht die Wahrnehmung von Führungsaufgaben. So denken auch manche Führungskräfte, und genau da liegt das Problem. Überforderung und Hadern mit der Führungsrolle auf der einen, Mitarbeiterfrust auf der anderen Seite können hier ihren Anfang nehmen. Denn gutes Führen ist mehr als Ziele vorgeben, Aufgaben delegieren, Ergebnisse kontrollieren. Führung ist mehr als Management. Es lohnt sich also, einige Gedanken auf Führung als solche zu verwenden, wenn man selbst gut führen will. Und das möchten meiner Erfahrung nach die allermeisten, die sich auf diese spannende Herausforderung einlassen!

Was *genau* Führung bedeutet, daran haben sich etliche Experten abgearbeitet. Ein Klassiker der Führungsliteratur, Oswald Neubergers „Führen und führen lassen" (2002, S. 15 ff.), listet allein vier eng bedruckte Seiten Führungsdefinitionen auf. Hier beispielhaft noch einige weitere: Führung ist danach:

© Springer Fachmedien Wiesbaden GmbH 2018

R. Gasche, *So geht Führung!*, https://doi.org/10.1007/978-3-658-18248-9_2

- „… die bewusste und zielbezogene Einflussnahme von Führungskräften auf ihre Mitarbeiter zur Lösung von Arbeitsaufgaben",
- „… durch Interaktion vermittelte Ausrichtung des Handelns von Individuen und Gruppen auf die Verwirklichung vorgegebener Ziele; beinhaltet asymmetrische soziale Beziehungen der Über- und Unterordnung" oder, ganz kurz und knapp,
- „Mitarbeitern zu helfen, erfolgreich zu sein".[1]

Einigkeit besteht darüber, dass Führung Gefolgschaft voraussetzt – ohne Mitarbeiter keine Führungskraft. Kern der Führung ist danach, andere Menschen zum Handeln zu bewegen. Das steckt bereits im Ursprung des Wortes „führen" von „vüeren" (mittelhochdeutsch) oder „fuoren" (althochdeutsch): „in Bewegung setzen, fahren machen" (vgl. Duden. Herkunftswörterbuch). Das eigentlich Interessante ist nun die Frage, *wie* die Geführten angeleitet und zum Handeln motiviert werden. In den zitierten Definitionen ist eher vage von „Einflussnahme", „Interaktion" oder „Hilfe" die Rede, jedenfalls nicht von bloßer Weisungsbefugnis oder Befehlskette. Es entspricht unserem intuitiven Verständnis, dass eine gute Führungskraft ohne Zwang und Druck auskommt. Wenn gut geführt wird, folgt man gerne und aus Überzeugung. Das bringt uns zu drei grundsätzlichen Merkmalen von Führung, über die sich jede(r) Führende im Klaren sein sollte.

Echte Führung bedeutet: „Ich bin vorne!" und „Ich bin alleine!"

Der Wechsel vom Mitarbeiter in die Führungsrolle verlangt dem Einzelnen persönliche Autonomie ab, und zwar umso mehr, je höher er steigt. Wer andere in Bewegung setzen will, muss wissen, wo es für alle hingehen soll. Er braucht eine klare Vorstellung des angestrebten Zieles und muss dieses Ziel nach außen überzeugend vertreten. Wer sich hinter Mehrheitsbeschlüssen oder „Anweisung von oben" (von der Geschäftsführung, vom Vorstand) verschanzt, verliert seine Glaubwürdigkeit als Führungskraft. Das klingt selbstverständlich, und doch hat jeder von uns vermutlich schon entscheidungsscheue, herumlavierende oder hinter Vorstandsbeschlüssen abtauchende Führungskräfte erlebt. Ein Chef, der sein Ziel nicht kennt, wird zum Spielball anderer – er wird geführt, statt selbst zu führen. Jedes Machtvakuum wird durch inoffizielle Führer gefüllt oder für die Durchsetzung von Eigeninteressen genutzt.

Ein Ziel allein genügt nicht, auch der Weg dorthin muss klar sein. Wie ein souveräner Bergführer weiß eine gute Führungskraft, welche Schritte zu gehen sind. Das schließt Momente der Unsicherheit nicht aus. Doch diese Unsicherheit ungefiltert nach außen zu tragen, verbietet sich am Berg wie im Unternehmen: Eine souveräne Führerpersönlichkeit bleibt zuversichtlich, den Weg zu finden. Sie nutzt zur Verfügung stehende Informationsquellen, um

---

[1]Quellen in der Reihenfolge der Aufzählung: Online Lexikon für Psychologie und Pädagogik http://lexikon.stangl.eu, Gabler Wirtschaftslexikon (Artikel „Führung"), www.leadion.de (Artikel: „Führung. Definition und Begriffe") (Zugriff jeweils am 30.03.2015).

dann mit Bedacht über die weitere Route zu entscheiden. Sie kann Rat einholen, Daten und Fakten erheben und auswerten lassen, doch entscheiden muss sie letztlich allein. Vor allem darin liegt die viel beschworene Einsamkeit der Führungsrolle, nicht etwa im Umstand, dass Führende manchmal unpopuläre Entscheidungen treffen müssen und sich dadurch vielleicht unbeliebt machen.

Führung ist eine Haltung

Zum Inhalt der Führung – Ziel und Weg dorthin – kommt die Repräsentation der Führung nach außen. Führung muss im ursprünglichen Wortsinne „verkörpert" werden. Es hat seinen Grund, dass Führende und Mächtige sich seit Jahrhunderten mit den Insignien der Macht umgeben, Krone und Zepter tragen, Thron oder Chefsessel für sich beanspruchen, purpurne Gewänder oder gut geschnittene Anzüge tragen, Limousine statt Fahrrad fahren. Weit wichtiger als solche Äußerlichkeiten, die gleichwohl den ersten wichtigen Eindruck prägen, sind Körperhaltung und Auftreten. Können Sie sich einen Papst vorstellen, der hektisch durch die Gänge des Vatikanpalastes flitzt und laut über den Zustand der Kurie lamentiert? Undenkbar. Überzeugende Führungskräfte sind ruhig, besonnen, kontrolliert. Sie wissen nicht nur, wo es langgeht, sie demonstrieren dieses Wissen auch äußerlich. Natürlich werden auch Führungskräfte gelegentlich das Bedürfnis haben, sich die Haare zu raufen, vor Zorn etwas an die Wand zu pfeffern oder aus Frust in Tränen auszubrechen. Wenn sie klug sind, geben sie diesem Bedürfnis hinter verschlossenen Türen nach und nicht in der Öffentlichkeit. Bundeskanzlerin Angela Merkel hat die Kunst des souveränen Auftritts im Laufe ihrer Amtsjahre perfektioniert: Je turbulenter es um sie herum zugeht, desto sachlicher und gelassener ist ihr Auftreten. Das hat sicherlich dazu beigetragen, dass sie inzwischen weltweit als starke Führungspersönlichkeit und als „Leader" Europas wahrgenommen wird.

Wie wirksam und wie wichtig die Verkörperung von Führung ist, können Sie daran ablesen, dass Sie normalerweise keine Schwierigkeiten haben, in einer Gruppe unbekannter Geschäftsleute denjenigen zu identifizieren, der „das Sagen hat". Sie erkennen es daran, wie die Person selbst auftritt und wie die übrigen darauf reagieren, dafür müssen Sie kein einziges Wort der Unterhaltung aufschnappen. Das Beispiel verdeutlicht, dass wir Menschen viel stärker archaischen Reflexen folgen, als uns im Alltag bewusst ist. Von unseren tierischen Verwandten trennt uns in diesem Bereich nur wenig. Kein Leithammel vertraut auf blumige Ansprachen, kein Platzhirsch kann sich auf ein Organigramm berufen, beide reklamieren ihren Führungsanspruch allein durch ihre Haltung. Wie stark dies wirkt, zeigt die Geschichte eines Seminarteilnehmers, der als Förster auch für ein großes Wildgehege verantwortlich war. Dort wurde der Platzhirsch „August" seit Monaten durch einen jungen Wilden attackiert. August wehrte alle Angriffe souverän ab, bis zu dem Tag, an dem eine Tierärztin ihn irrtümlich mit dem Betäubungsgewehr traf. In dem Augenblick, als die stolze Körperhaltung bröckelte und das Geweih nach unten sackte, griff der junge Hirsch das Leittier massiver an als je zuvor. Um ein Haar hätte der Platzhirsch das mit dem Leben bezahlt.

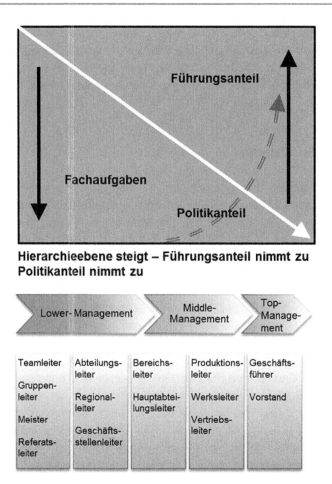

Abb. 2 Anteil von Fach- und Führungsaufgaben in Abhängigkeit vom Führungslevel. (© Ralf Gasche)

Führung ist Menschenführung

Wie schon erwähnt: Führung ist etwas anderes, als Abläufe zu organisieren, Prozesse zu überwachen und Ergebnisse zu erzielen. Führung bedeutet, andere Menschen dazu zu veranlassen, sich in bestimmter Weise zu verhalten, um auf diese Weise die gewünschten Ergebnisse zu erzielen. Führung ist *Menschen*führung. Je höher man auf der Karriereleiter steigt, desto stärker treten Sachaufgaben zugunsten originärer Führungsaufgaben wie Mitarbeitergespräche, Kritikgespräche, Konfliktlösung, Förderung von Mitarbeitern, Strategieentwicklung, Gewinnen von Mitarbeitern für die angestrebten Ziele („Motivation") zurück (vgl. Abb. 2). Wer sich entschließt, eine Führungsaufgabe zu übernehmen, muss sich also mehr und mehr vom Fachlichen verabschieden – und damit möglicherweise von Arbeitsinhalten, die er liebt und bis dahin sehr erfolgreich bewältigt hat: Sonst wäre er kaum befördert worden. Das ist die Logik des spöttischen „Peter-Prinzips", nach dem jeder angeblich bis zur Stufe seiner persönlichen Unfähigkeit aufsteigt (Peter und Hull 2001). Es bewahrheitet sich zum Beispiel in der Tragik des genialen Verkäufers, der als Vertriebsleiter gründlich versagt. Eine wichtige Grundvoraussetzung für Führung ist, sich für Menschen zu interessieren, Menschen zu mögen. Wer dauerhaft fachlichen Inhalten nachtrauert und abends nur dann etwas „geschafft hat", wenn er Projekte vorangebracht, und nicht, wenn er Menschen angeleitet und beeinflusst hat, wird sich mit Führung schwertun.

Mit dem Interesse für Menschen allein ist es natürlich nicht getan. Die Grundbereitschaft, sich auf andere einzulassen, muss in wirksames Handeln übersetzt werden. „Guten" Führungskräften folgt man bereitwillig, „schlechten" widerwillig und nur deswegen, weil sie qua Amt und Position Gefolgschaft einfordern können. Spannend ist die Frage, worin dieser Unterschied begründet liegt. „Wenn Sie vor der Frage stehen, ob Sie einer ganz bestimmten Führungskraft folgen wollen, so fragen Sie sich intuitiv, ob Sie der Person vertrauen, ihr die Erreichung der versprochenen Ziele zutrauen und sie für integer und glaubwürdig halten!", lautet die Erklärung der Psychologen Michael Paschen und Erich Dihsmaier (2014, S. 36 f.). Zugespitzt heißt das: Menschen folgen einer Führungskraft dann, wenn sie einen Vorteil für sich darin erkennen. Sie lassen sich führen, wenn sie sich davon etwas versprechen: Erfolg, Sicherheit, Entlastung von eigenen Unsicherheiten beispielsweise. Auch hier lassen sich Parallelen zum Tierreich ziehen, wo den stärksten und erfahrensten Mitgliedern der Gruppe die Führungsrolle zufällt. An die Stelle der Körperkraft treten beim Menschen Sachkompetenz, Weitsicht und persönliche Integrität: Wenn jemand weiß, wo es langgeht, ist es sinnvoll, ihm zu folgen. Gelingt es ihm nicht, diesen Eindruck zu erhärten, folgt man ihm nur zähneknirschend oder gar nicht.

Bei gelungener, bei exzellenter Führung geht es daher auch um einen persönlichen Pakt zwischen Führungskraft und Geführten, um eine emotionale Verbundenheit, die über Weisungsbefugnis und Berichtspflicht im streng juristischen Sinne hinausgeht. Es geht um Vertrauen und Zuversicht, um Sinnangebote und Rückhalt in schwierigen Situationen. „Manager haben Untergebene. Führungspersönlichkeiten haben Mitarbeiter, die Anhängern oder Getreuen gleichen", sagt beispielsweise Vineet Nayar, Autor und früherer CEO von *HCL Technologies* (Nayar 2013). Dass im vermeintlich nüchternen Geschäftsleben Emotionales eine solche Rolle spielen soll, befremdet Seminarteilnehmer oder Coaching-Klienten immer wieder. Doch dass wir Gefühle am Firmentor abgeben und uns im Beruf „wie Erwachsene" (will sagen: rein rational) benehmen, ist einer der größten Irrtümer im Führungskontext. Kaum jemand bestreitet, dass Mitarbeiter bei Eigenkündigungen meist ihren Chef, seltener das Unternehmen verlassen. Forscher des renommierten Gallup-Instituts haben dies in einer umfangreichen Studie nachgewiesen (vgl. Buckingham und Coffman 2001, S. 28). Ein schlechter Chef vergrault also Mitarbeiter, und umgekehrt gilt: Ein guter Chef schafft es, dass Mitarbeiter (auch) seinetwegen zur Arbeit kommen und sich für gemeinsame Erfolge ins Zeug legen. Exzellente Führung ist also Bindung und Förderung von Menschen. Chefs können Mitarbeiter klein halten und sie aufblühen lassen. Sie können sie anspornen oder in die innere Kündigung treiben. Was Sie tun können, um Mitarbeiter erfolgreich werden zu lassen, ist Thema dieses Buches.

FÜHREN	MANAGEN
Konzentration auf Menschen	Konzentration auf Prozesse
Wo soll es hingehen?	Wie regeln wir das Alltagsgeschäft?
Persönliche Autorität	Funktionale Autorität (Wissen) oder positionale Autorität (Amt)
Vorbild	Verwalter, Organisator
Übergeordnete und langfristige Ziele	Mittel- und kurzfristige Ergebnisse
In die Zukunft führen	Die Gegenwart bewältigen
Visionär	Pragmatiker
Menschen fördern	Aufgaben zuweisen
Inspirieren	Anweisen und kontrollieren
Strategien entwickeln	Für Umsetzung sorgen
Wichtiges	Dringliches

Abb. 3 Führen versus managen

Natürlich erschöpft sich eine Führungsaufgabe nicht in dieser menschlichen Komponente. Ziele konkretisieren, Maßnahmen planen, die Umsetzung steuern und die Ergebnisse kontrollieren – kurz: das operative Geschäft –, all das muss „gemanagt" werden. Jede gute Führungskraft ist zugleich Manager, aber nicht jeder Manager bewährt sich auch als Führungskraft. Abbildung 3 zeigt die beiden Rollen im Überblick.

Gibt es „die" Führungspersönlichkeit?

Wenn gute Führung so sehr mit persönlichen und zwischenmenschlichen Faktoren zu tun hat, ist sie dann möglicherweise eine Frage der Begabung? Liegt es gar in den Genen, muss man zum Führen geboren sein? Gibt es also die ideale Führungspersönlichkeit? Ein Blick auf prominente Führende genügt, um das zu bezweifeln. Den Einband eines aktuellen Buches zur „Psychologie der Menschenführung" (Paschen und Dihsmaier 2014) zieren unter anderem folgende Persönlichkeiten: (Abb. 4)

Ein Kriegsherr wie Friedrich II, der Begründer gewaltlosen Widerstandes Mahatma Gandhi, eine wohltätige Ordensfrau wie Mutter Teresa, eine konservative Machtpolitikerin wie Margaret Thatcher, ein Innovator wie Steve Jobs – niemand würde behaupten, es hier mit einer Reihe „ähnlicher Persönlichkeiten" zu tun zu haben. Zur selben Schlussfolgerung führt die Liste der

Nelson Mandela	Margaret Thatcher	Friedrich der Große
Steve Jobs	Mutter Teresa	John F. Kennedy
Abraham Lincoln	Hillary Clinton	Mahatma Gandhi
Napoleon	Königin Elisabeth II.	Bill Gates

Abb. 4 Beispiele für Führungspersönlichkeiten

angeblich „50 größten Führungspersönlichkeiten der Welt", die das Magazin „Fortune" alljährlich veröffentlicht („World's 50 Greatest Leaders"). Die ersten zehn Plätze belegten 2014:

1. Papst Franziskus,
2. Angela Merkel,
3. Alan Mulally (2006 bis 2014 CEO der Ford Motor Company),
4. Warren Buffet (Investor),
5. Bill Clinton (wegen seines Engagements u. a. gegen HIV, Malaria, Tuberkulose),
6. Aung San Suu Kyi (burmesische Widerstandskämpferin und Nobelpreisträgerin),
7. General Joe Dunford (Befehlshaber der US-Streitkräfte in Afghanistan),
8. Bono (Leadsänger von U2),
9. Dalai Lama (spiritueller Führer der Tibeter),
10. Jeff Bezos (Gründer und CEO von Amazon)
    (vgl. Fortune 2014).

Maßgeblich für das US-Magazin war es, dass die Ausgezeichneten „andere Menschen inspirieren, ihnen Energie verleihen und die Welt besser machen" (vgl. Fortune 2014). Und so kontrovers man die eine oder andere Benennung diskutieren kann, auf den zweiten Blick gibt es doch eine Gemeinsamkeit der Geehrten: Sie alle gehen unbeirrbar ihren Weg. Sie wissen, was sie wollen, und sie vertreten ihre Sache hartnäckig und auch gegen äußere Widerstände. Außerdem sind sie offenbar am genau richtigen Platz, dort, wo sie hohe Wirkung entfalten können. Müsste der Dalai Lama einen Internet-Konzern leiten, Angela Merkel eine religiöse Bewegung anführen und Bono eine Industrienation regieren, wären alle drei möglicherweise gescheitert. Der Führungserfolg wird außer durch die Beziehung zwischen dem Führenden und den Geführten demnach auch durch den Kontext, durch die besonderen Anforderungen der Situation beeinflusst. Paschen/Dihsmaier gehen davon aus, dass eine Führungskraft dann besondere Strahlkraft („Charisma") entfaltet, wenn sie glaubwürdig Antworten auf die drängendsten Ängste und Fragen der Geführten bietet, die sich wiederum aus dem jeweiligen Kontext ergeben. Charisma ist danach kein Persönlichkeitsmerkmal, sondern ein „Beziehungsphänomen" (Paschen und Dihsmaier 2014, S. 38). In einer unsicheren und turbulenten Zeit, in der viele Menschen sich nach Stabilität und Berechenbarkeit sehnen, wirkt nüchterne Sachlichkeit (Angela Merkel) beruhigend. Hadert eine Nation mit Stagnation und bröckelndem Erfolgsversprechen, wirkt der Aufbruchsoptimismus eines „Yes, we can!" (Barack Obama). Trauern Menschen vergangener Größe nach und fühlen sich bedroht, überzeugt der machtbewusste und offensive Auftritt, der vermeintlichen Feinden energisch die Stirn bietet (Wladimir Putin). Die Weltpolitik lässt sich sehr gut auf Ihre Führungsaufgaben vor Ort im Unternehmen herunterbrechen, denn die Beispiele der großen Führungsbühne illustrieren grundsätzliche, auch für Ihren Führungserfolg wichtige Phänomene:

1. Es gibt nicht „die" Führungspersönlichkeit. Jeder echte „Leader" führt auf die ihm eigene und durch Naturell/Charakter geprägte Art und Weise. Dennoch scheint es einen gemeinsamen Nenner zu geben, der grob formuliert darin besteht, sich selbst und seinen persönlichen Werten konsequent zu folgen. Dies wirft die Frage auf, welche grundsätzlichen Eigenschaften diese Konsequenz und „Echtheit" (Authentizität) befördern. Und es lenkt die Aufmerksamkeit auf etwas sehr Grundsätzliches: Wer gut führen will, muss zuallererst sich selbst kennen und sich selbst gut führen!

2. Der Führungserfolg hängt auch davon ab, was in einer bestimmten Situation gefragt ist. Nicht jede Führungskraft funktioniert in jedem Unternehmen. Der Firmenpatriarch, der beim schwäbischen Mittelständler wirtschaftlich erfolgreich und bei den Mitarbeitern beliebt ist, würde in einem Berliner Start-up-Unternehmen möglicherweise eine Revolte auslösen. Wer gut führen will, sollte daher genau hinsehen, ob er und seine persönlich bedingte Art zu führen in das jeweilige Umfeld passen und was dort genau von ihm erwartet wird!

Erfolg folgt, wenn man sich folgt

Sachkompetenz einmal vorausgesetzt, hängt Führungserfolg stark von der persönlichen Glaubwürdigkeit ab, von der Fähigkeit, auf andere Menschen zu wirken, sie in ihrem Handeln zu beeinflussen. Damit das geschehen kann, muss man zunächst einmal seiner selbst sicher sein. Echte „Selbst-Sicherheit" geht nicht ohne Selbsterkenntnis. Nur wer sich seiner persönlichen Eigenheiten selbst bewusst und mit sich im Reinen ist, gewinnt dauerhaft die Souveränität, die Glaubwürdigkeit erzeugt. Ansonsten gilt mit Abraham Lincoln: „Man kann alle Leute einige Zeit zum Narren halten und einige Leute allezeit; aber alle Leute allezeit zum Narren halten kann man nicht." Es überrascht also nicht, dass Personalexperten Selbstreflexion zu den für Führungskräfte wünschenswerten Grundeigenschaften zählen.

Also: Wie gut kennen Sie sich selbst? Wie sieht Ihr wahres Ich aus, die Person jenseits werbender Selbstbeschreibungen in Vorstellungsgesprächen oder dem üblichen „Impression Management" bei Business-Terminen? Hier einige Fragen, die Ihnen auf dem Weg zu sich selbst helfen – übrigens eine der spannendsten Reisen, die man je unternehmen kann.

Wer bin ich? Was zeichnet mich als Person aus?
21 Impulse zur Selbstreflexion

1. *Was hat mich als Kind besonders geprägt?*
2. *Welche Einstellungen/Haltungen haben meine Eltern, Großeltern, Lehrer mir mit auf den Weg gegeben? Sind diese für mein jetziges Leben förderlich oder hinderlich?*
3. *Was treibt mich an?*
4. *Wofür brenne ich? Was ist meine größte Leidenschaft?*
5. *Welche meiner Eigenschaften mag ich?*
6. *Welche meiner Eigenschaften hätte ich lieber nicht?*
7. *Wie definiere ich Erfolg?*
8. *Wie wichtig ist Erfolg für mich? (Auf was bin ich bereit, dafür zu verzichten?)*
9. *Auf welche Strategien verlasse ich mich, wenn ich unter großem Stress stehe?*
10. *Was sind meine größten Stärken? (Was fällt mir leicht? Wofür bewundern mich andere?)*
11. *Was sind meine größten Schwächen? (Was fällt mir schwer? Wofür kritisieren mich andere?)*
12. *In welche Fallen tappe ich immer wieder? Woran könnte das liegen?*
13. *Wen bewundere ich? Weswegen?*
14. *Von wem möchte ich bewundert werden? Warum?*
15. *Wen lehne ich ab? Warum? (Was A über B sagt, sagt mehr über A aus als über B!)*
16. *Wen betrachte ich als Vorbild? Weswegen?*
17. *Was sollen andere über mich sagen?*
18. *Wie lauten meine drei wichtigsten Werte?*
    Was bedeuten diese Werte für meine Führungsaufgabe?
19. *Wann war/bin ich glücklich? Wieso?*
20. *Was ist meine größte Angst?*
21. *Was würde ich tun, wenn ich keine Angst hätte?*

Natürlich ist diese Liste nicht vollständig, möglicherweise bringt Sie die Auseinandersetzung damit zu weiteren Fragen. Und natürlich bleiben die Antworten nicht immer gleich: Mit 30 denken wir anders und setzen andere Schwerpunkte als mit 50. Kommentare zu ausgewählten Fragen:

1. *Was hat mich als Kind besonders geprägt?*

Atmosphären, Stimmungen, Eindrücke, die wir in der frühen Kindheit erlebt und in uns aufgenommen haben, beeinflussen unser ganzes Leben und machen einen Teil von dem aus, was wir sind. Wir lernen sehr früh, unsere Umgebung zu erspüren und uns im Interesse

eines erfolgreichen Weiterlebens auf sie einzustellen. Instinktiv entwickeln wir Überlebens-
mechanismen (Verhaltensweisen und Einstellungen), die sich nach der uns umgebenden
Situation richten und sich dieser anpassen. Dies prägt unsere Grundhaltungen, Denk- und
Handlungsmuster.

2. *Welche Einstellungen/Haltungen haben meine Eltern, Großeltern, Lehrer mir mit auf
den Weg gegeben? Sind diese für mein jetziges Leben förderlich oder hinderlich?*

Was uns Eltern und Umfeld in der Kindheit vorgelebt haben, prägt uns ebenfalls tief,
weil wir als Kinder nicht rational abwägen und vergleichen. Wir verinnerlichen, „was
sich gehört" und wie „man" die Dinge angeht. Nicht immer sind diese Lehren auch später im Leben noch hilfreich. Zumindest aber sind es unsere persönlichen Wahrheiten, die
nicht die Wahrheiten unserer Kollegen und Mitarbeiter sein müssen.

4. *Wofür brenne ich? Was ist meine größte Leidenschaft?*

Zu hinterfragen, was einen ganz tief im Innern antreibt und einen ganz persönlich als
Mensch und Individuum ausmacht, ist eine der zentralsten Fragen, die uns uns selbst
näher bringt. Wenn ich nicht weiß, was mir im Leben wirklich wichtig ist und wofür ich
bereit bin zu kämpfen, habe ich noch längst nicht alle Möglichkeiten genutzt, die das
Leben und meine Fähigkeiten mir bieten, und noch längst nicht alle Kräfte freigesetzt,
die in mir lauern. Es ist durchaus möglich, dass Sie im ersten Moment keinerlei Antwort
auf diese Frage haben, doch ich möchte Sie ermutigen, dranzubleiben: Es lohnt sich!

9. *Auf welche Strategien verlasse ich mich, wenn ich unter großem Stress stehe?*

Wenn wir unter Druck stehen, fallen wir auf bewährte Strategien zurück, möglicherweise
selbst dann, wenn wir (rational) wissen, dass uns diese Handlungsweise nicht gut tut
oder dass sie nicht zielführend ist (beispielsweise ein „Augen zu und durch"-Modus).
Unter Stress werden also grundsätzliche Verhaltensmuster sichtbar.

15. *Wen lehne ich ab? Warum? (Was A über B sagt, sagt mehr über A aus als über B!)*

Wer ist Ihnen unsympathisch? Wer (oder was) bringt Sie regelmäßig in Rage? Sich solche emotionalen Reflexe bewusst zu machen und sie zu analysieren lohnt sich deswegen,
weil wir uns in der Abgrenzung zu anderen unserer eigenen Persönlichkeitsmerkmale
bewusster werden. Häufig lehnen wir zudem an anderen ab, was wir uns selbst versagen:
Wir ärgern uns beispielsweise über mangelnde Selbstdisziplin, weil wir selbst sehr streng
mit uns sind und oft die Zähne zusammenbeißen.

Macht	Unabhängigkeit	Neugier	Anerkennung
Ordnung	Sparen/Sammeln	Ehre	Idealismus
Beziehungen	Familie	Status	Rache/Kampf
Eros	Essen	Körperl. Aktivität	Emotionale Ruhe

Abb. 5 Lebensmotive nach Steven Reiss. (Quelle: www.reissprofile.eu/lebensmotive)

18. *Wie lauten meine drei wichtigsten Werte?*
Was bedeuten diese Werte für meine Führungsaufgabe?

Über Werte im Unternehmen und in der Führung zu sprechen, ist in den letzten Jahren sehr in Mode gekommen. Hier geht es mir nicht um hehre Vorsätze, die sich in Hochglanzbroschüren abdrucken lassen, sondern um die Wertvorstellungen, die Ihr Handeln tatsächlich prägen. Mit solchen Handlungsantrieben oder „Lebensmotiven" beschäftigt sich das Reiss-Profile. Ausgehend von groß angelegten Befragungen postulierte der US-Psychologe Steven Reiss 16 grundlegende Motive: (Abb. 5)

Wer sehr machtbewusst, statusorientiert und auf persönliche Unabhängigkeit bedacht ist, denkt, redet und entscheidet anders als jemand, für den Beziehungen, Ordnung und Anerkennung im Vordergrund stehen. Wir alle tragen die verschiedenen Motive in uns, wenn auch mit individuell unterschiedlicher Ausprägung. Wer es genauer wissen will, findet im Internet unter Stichworten wie „Reiss Profile Kurztest" Möglichkeiten einer ersten Selbsteinschätzung. Alltagsrelevant wird die Wertefrage, wenn man darüber nachsinnt, welche Folgen bestimmte Werte für Führung haben und wie sie zum jeweiligen Umfeld passen. Wer zum Beispiel ein starkes Ordnungsmotiv hat (also Stabilität und Strukturen schätzt), wird sich in einem Unternehmen ohne klare Regeln und Prozesse schwertun. Motive wie Status und Macht vertragen sich leichter mit Führungsverantwortung als emotionale Ruhe und eine altruistische Lebenseinstellung (Motiv „Idealismus"). Das persönliche Wertekostüm sollte zu dem Unternehmen passen, in dem man arbeitet, ihm zumindest nicht gravierend widersprechen. Bei einem Finanzdienstleister oder einer Immobilienfirma werden andere Werte gepflegt als in einer Behörde oder einer karitativen Organisation.

20. *Was ist meine größte Angst?*

Eine Frage, die es in sich hat, denn sie zwingt zu schonungsloser Ehrlichkeit. Wovor haben Sie selbst am meisten Angst? Das Gesicht zu verlieren? Zu versagen? Andere zu enttäuschen? Ihren Lebensstandard nicht dauerhaft halten zu können? Angst hält uns klein und macht uns erpressbar. Seiner Angst ins Gesicht zu sehen, ist der erste Schritt zu ihrer Überwindung. Nur wer seine Ängste beherrscht, gewinnt die Souveränität, die für glaubhafte Führung unverzichtbar ist. Der Erfolgreiche handelt trotz seiner Angst, der Erfolglose handelt nicht wegen seiner Angst.

Wer sich entwickeln und persönlich wachsen will, für den ist Selbstreflexion ein dauerhafter Begleiter – es lohnt sich, immer wieder einen Schritt zurückzutreten und die eigene Person und das eigene Handeln zu durchdenken. Argumente, die dafür sprechen, gelegentlich auf Distanz zu sich selbst zu gehen:

- Sie erkennen Ihre wahren Stärken.
- Sie schärfen Ihr Gespür dafür, was zu Ihnen passt und was nicht.
- Sie steuern Ihr Verhalten bewusster.
- Sie lernen aus Fehlern.
- Sie können gelassener mit Menschen umgehen, die anders „ticken" als Sie selbst.

Selbstreflexion führt im Idealfall zu Selbstkritik („Ich bin nicht perfekt") und Selbstakzeptanz („Ich bin o.k.") gleichermaßen, denn wer ist schon perfekt? Diese „liebevolle Distanz" zu sich selbst macht es leichter, Menschen gelassen zu begegnen, die anders sind als man selbst, sie womöglich sogar als Bereicherung zu empfinden. Die Grundhaltung „Wer anders tickt als ich, tickt falsch" ist in der Führung gefährlich – sie führt zu Rechthaberei, personellen Monokulturen im Team und zum fruchtlosen Versuch, an Mitarbeitern mit anderer Persönlichkeitsstruktur herumzuziehen.

Selbstreflexion erstreckt sich nicht allein auf das bessere Kennenlernen der eigenen Person, sondern umfasst das gesamte Verhalten. Souveräne Menschen hinterfragen ihr eigenes Handeln regelmäßig. Auch hierzu einige Anregungen:

Wie verhalte ich mich? Wo stehe ich gerade?
5 weitere Impulse zur Selbstreflexion

1. *Bin ich noch auf Kurs? Entspricht mein Verhalten dem, wie ich tief in mir bin, wie ich sein will und wo ich hin möchte?*
2. *Bin ich wirklich (und aufrichtig ehrlich) zufrieden? Wenn nein: Was nagt an mir, was sollte anders sein?*
3. *Wo würde ich mich nach heutigem Wissensstand anders verhalten? Was bedeutet das für mein zukünftiges Handeln?*
4. *Was habe ich vergangene Woche/diesen Monat gelernt? Was möchte/sollte ich lernen?*
5. *Welche positiven/negativen Rückmeldungen habe ich in letzter Zeit zu meinem Verhalten bekommen? Welche Schlussfolgerungen ziehe ich daraus? Was werde ich verstärken/ändern?*

„Derjenige, der andere kennt, ist weise. Derjenige, der sich selbst kennt, ist erleuchtet", sagte der chinesische Philosoph Laotse vor über 2500 Jahren. Es mag Sie erstaunen, dass es hier beim Thema Führung so ausführlich um Ihre Person geht statt gleich um Tools, Gesprächsleitfäden, Tipps zur Delegation usw. Doch es ist die Klarheit über sich selbst, über das, was Sie sind und was Sie wollen, die Ihnen die Souveränität im Führungsalltag verschafft. Wer angesichts immer schnellerer Entwicklungen, immer härteren internen wie externen Wettbewerbs und oftmals undurchsichtiger Prozesse und unvollständiger Entscheidungsgrundlagen sicher durchs Leben navigieren will, braucht einen Kompass. Und den trägt man in sich selbst.

Wie können Sie Ihre Selbstreflexion stärken? Einige Vorschläge:

- Sie notieren sich Ihre Überlegungen schriftlich und legen sich dazu ein extra Notizbuch/Tagebuch zu.

- Sie reservieren sich jede Woche eine stille Stunde für eine Reflexionsfrage wie die oben genannten.

- Sie stellen sich jeden Abend zwei Fragen: 1. Was war heute besonders wichtig für mich? 2. Warum war dies besonders wichtig für mich?

- Sie ziehen sich mindestens einmal im Jahr für ein Wochenende/eine Woche in eine störungsfreie Umgebung zurück und denken über sich, Ihr Leben, Ihre Ziele nach.

- Sie ziehen am Ende einer Woche (eines wichtigen Projektes) Bilanz: Was lief gut, was weniger gut? Welche Lernerfahrung nehmen Sie mit?

- Sie holen sich professionelles Feedback von einem Coach. Ein erfahrener Coach verfügt über ein psychologisch fundiertes Methodenrepertoire, mit dem er Klärungsprozesse und Lösungsfindungen unterstützt. Diese Tools, wie etwa die von mir entwickelte „Spurensicherung", helfen dabei, aus eingefahrenen Denkmustern auszusteigen (Gasche 2013).

- Sie nutzen wissenschaftlich fundierte Persönlichkeitstests und diskutieren das Ergebnis mit einem Experten.

- Sie tauschen sich regelmäßig mit einem guten Freund aus, der ein offenes Wort nicht scheut.

- Sie besprechen sich mit einem erfahrenen Mentor.

Königsweg Authentizität

Erfolgreiche Führungskräfte seien „authentisch", heißt es häufig. Was genau damit gemeint ist, wird selten reflektiert. Heißt „authentisch", jederzeit offen zu zeigen, wie es um einen bestellt ist, also seinen Launen, Gefühlen und Bedürfnissen ungefiltert Raum zu geben? Das dürfte im Führungsalltag kaum funktionieren und wäre ein sehr naives Verständnis von Authentizität. Es geht vielmehr darum, den Kern seiner Persönlichkeit, das, was einem wichtig ist und einen ausmacht, nicht zu verleugnen. Wer sein wahres Ich hinter einer undurchdringlichen Maske verbergen und sich tagtäglich verbiegen muss, macht sich das Führungsleben schwer. Authentizität bedeutet also Echtheit auf einer übergeordneten, grundsätzlichen Ebene. Präzisieren lässt sich dies mithilfe des so genannten „Johari-Fensters", das die Sozialpsychologen Joseph Luft und Harry Ingram schon 1955 entwickelt haben (Abb. 6). Es lenkt die Aufmerksamkeit darauf, was eine Person bewusst nach außen zeigt und was sie zu verbergen sucht, und nimmt überdies den Zusammenhang von Selbst- und Fremdwahrnehmung ins Visier.

Im Quadranten A decken sich Eigen- und Fremdwahrnehmung, er umfasst das, was Sie von sich zeigen und preisgeben. B ist der Bereich dessen, was Sie gezielt vor anderen verbergen, manchmal auch als „das Private" bezeichnet. D beschreibt das weder Ihnen noch anderen zugängliche Unbewusste, den weißen Fleck auf der Landkarte unserer Persönlichkeit sozusagen. Heikel ist besonders der Quadrant C, der Bereich der Selbsttäuschung. Hier sind Eigenschaften und Verhaltensweisen angesiedelt, die Ihnen selbst nicht bewusst sind, von Ihrem Umfeld jedoch deutlich wahrgenommen werden, daher die Bezeichnung „blinder Fleck". Blinde Flecken können Ihren Führungserfolg beeinträchtigen, etwa wenn Sie sich selbst für durchsetzungsstark halten, vom Umfeld aber als herrisch (oder vielleicht im Gegenteil als schwach) wahrgenommen werden.

	Mir bekannt	Mir unbekannt
Anderen bekannt	**A** Öffentliche Person	**C** Blinder Fleck
Anderen unbekannt	**B** Verborgenes („Fassade")	**D** Unbewusstes

Abb. 6 Johari-Fenster der Selbst- und Fremdwahrnehmung. (nach Luft und Ingham 1955)

„Ich bin immer für meine Leute da!"

Der Geschäftsführer eines mittelständischen Maschinenbauers beklagt sich darüber, dass seine Mitarbeiter ihn nicht informieren: „Ich erfahre nichts!" Er ist sich sicher, immer für seine Leute da zu sein, und beruft sich darauf, dass er täglich durch Büros und Produktion gehe und ansprechbar sei. Ich begleitete ihn einen Tag lang durch sein Unternehmen und stellte fest: Bei dem Sturmschritt, mit dem er sein Unternehmen durchmaß, traute sich kaum jemand, ihn mit einem konkreten Anliegen aufzuhalten. „Zu schnell? Ich bin doch nicht schnell!", so seine Einschätzung – ein typischer blinder Fleck.

„Erfolg folgt, wenn man sich folgt" hieß es weiter oben. Anders ausgedrückt: Je besser Sie sich selbst kennen und je mehr Sie im Führungsalltag zu sich selbst stehen, desto souveräner werden Sie auftreten und desto überzeugender können Sie führen. Ein eher ruhiger, analytischer Mensch muss nicht zum Haudrauf mutieren, um erfolgreich führen zu können – den mitreißenden Kommunikator zu mimen, würde ihm ohnehin nicht dauerhaft gelingen. Er wird zwangsläufig anders führen als ein extrovertierter Kollege. Beide können Erfolg haben, wenn sie sich ihrer Eigenarten und Stärken bewusst sind und ihren Mitarbeitern deutlich signalisieren, wie sie führen wollen und was sie von ihren Leuten erwarten. Und auch der eilige Geschäftsführer fand schließlich über die Reservierung fester Zeiten einen für sich passenden Weg, tatsächlich ansprechbar für seine Mitarbeiter zu sein. Menschen kommen mit unterschiedlichen Führungskräften zurecht, sofern die Person an der Spitze berechenbar, glaubwürdig und menschlich fair ist. Probleme entstehen, wenn Mitarbeiter nicht wissen, woran sie sind, oder wenn sie das Gefühl haben, da macht ihnen jemand etwas vor. Deswegen hat auch der Bereich des Verbergens (die „Fassade") Tücken. Sie werden als Führungskraft nicht alles sagen, was Sie denken. Sie werden auch nicht Ihr Innerstes nach außen kehren. Aber Sie sollten im Regelfall auch denken, was Sie sagen. Anderen dauerhaft etwas vorzuspielen ist anstrengend. Und anstrengende Aufgaben haben Sie auch so genug.

Als Führungskraft sind Sie also gut beraten, Ihre blinden Flecken zu minimieren und um Ihre Persönlichkeit herum keine falsche Fassade zu errichten. Das Johari-Fenster einer Führungskraft, die mit sich selbst im Reinen („authentisch") ist, sehen Sie in Abb. 7. Kennzeichnend ist die Größe des öffentlichen Bereichs A, den manche Autoren auch als „Bereich des freien Handelns" beschreiben, weil es hier um gezieltes und in der gewünschten Weise wirksames Verhalten einer Person geht. Diesen Bereich dehnen Sie aus, indem Sie

1. kommunizieren (mitteilen, was Sie wollen, worauf Sie Wert legen, was Ihnen wichtig ist, was Sie stört …), und indem Sie
2. Feedback einholen.

Echtheit, „Authentizität" im Auftreten empfiehlt sich auch aus einem weiteren Grund: Das eigene Vorbild ist das stärkste Führungsinstrument, das Ihnen zur Verfügung steht, denn als Führungskraft sind Sie automatisch in einer exponierten Position. Sie stehen auf einer Bühne, und Ihre Mitarbeiter beobachten unweigerlich, wie Sie sich verhalten. Taten zählen dabei mehr als Worte. Was immer Sie vorleben, wird das Verhalten Ihrer

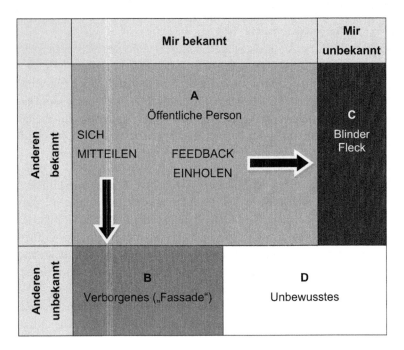

Abb. 7 Johari-Fenster einer souveränen Persönlichkeit

Mitarbeiter prägen, und dauerhaft vorleben werden Sie nur das, was wirklich zu Ihnen passt. Natürlich ist es wichtig, sich weitere Führungskompetenzen und Tools anzueignen, und darauf werden wir in den folgenden Kapiteln noch eingehen. Ihre Wirksamkeit als Führungskraft hängt jedoch stark davon ab, ob Worte und Taten kongruent sind. Und das sind sie am ehesten, wenn Sie sie selbst sind.

Merkmale und Eigenschaften erfolgreicher Führungskräfte

Einige grundlegende Merkmale erfolgreicher Führungskräfte sind damit bereits benannt:

- Interesse an und Offenheit für Menschen,
- Bereitschaft zur Selbstreflexion (ein hoher Reflexionsgrad),
- Authentizität (Echtheit).

Weitere allgemeine Voraussetzungen, die eine Führungskraft mitbringen sollte, ergeben sich aus der Natur der Aufgabe:

- Zielorientierung:
  Wer andere führen will, muss wissen, wo es hingehen soll, für sich, für die eigene Abteilung wie für das Unternehmen generell.

- Ehrgeiz:
  Weiterkommen wollen, etwas bewegen wollen, die eigenen Leute/das Unternehmen erfolgreich machen wollen – kurz: mehr erreichen wollen zeichnet erfolgreiche Führungskräfte aus.

- Bereitschaft zur Übernahme von Verantwortung:
  Sich nicht wegducken, sondern selbst Verantwortung übernehmen und für Entscheidungen geradestehen, ist für glaubwürdige Führung unverzichtbar.

- Identifikation mit der Firma:
  Hinter dem stehen, was man tut, die Ziele und Produkte des Unternehmens für bedeutsam halten, sich mit dem Image des Unternehmens identifizieren können – diese Faktoren sind eine gute Basis für das persönliche Engagement.

Personalfachleute arbeiten bei der Besetzung von Führungspositionen außerdem mit Persönlichkeitsprofilen, die noch differenzierter in den Bereich individueller Eigenschaften eindringen. Verbreitet ist beispielsweise das „Bochumer Inventar zur berufsbezogenen Persönlichkeitsbeschreibung (BIP)" (vgl. Kanning und Kempermann 2012). Das Bochumer Inventar erhebt auf der Basis eines umfangreichen Fragenkatalogs von über 200 Fragen insgesamt 14 berufsrelevante Dimensionen oder Eigenschaften und bietet eine wissenschaftlich fundierte Auswertung auf der Basis unterschiedlicher Vergleichsgruppen (Geschlecht, Fach-/Führungskräfte). Die Eigenschaften werden unten vorgestellt. Um es gleich vorweg zu sagen: Tatsächliche oder vermeintliche Idealprofile gehen an der Lebenswirklichkeit vorbei. Jeder Mensch hat starke und schwache Seiten. Mehr noch: Was in der einen Situation oder in dem einen Umfeld eine Stärke ist, kann sich in einer anderen Situation, in einem anderen Umfeld als Schwäche erweisen. Hohe Handlungsbereitschaft und Durchsetzungsstärke mögen ein Segen sein, wenn es darum geht, ein krisengeschütteltes Unternehmen doch noch zu retten. In ruhigem Fahrwasser und bei einem versierten, eigenverantwortlichen Team werden sie womöglich als unnötige Dominanz wahrgenommen. Bei jeder der folgenden führungsrelevanten Eigenschaften sollten Sie sich also nicht nur fragen, wie stark oder schwach diese bei Ihnen ausgeprägt ist, sondern auch, wie sehr sie im jeweiligen Umfeld überhaupt erwünscht ist.

1. Leistungsmotivation

… beschreibt das Maß, in dem jemand bereit ist, sich überdurchschnittlich stark anzustrengen und Energie in die Erreichung seiner Ziele zu investieren. Hohe Leistungsmotivation ist förderlich für das Vorankommen, birgt aber auch die Gefahr, sich zu überfordern (Stichwort Burn-out).

Selbsteinschätzung	1 ☐	2 ☐	☐	3	4 ☐	5 ☐
	gering		mittel			hoch

2. Gestaltungsmotivation

… bezeichnet die Neigung, die eigene Umwelt zu gestalten und zu verändern, eigene Vorstellungen zu verwirklichen, Neues durchzusetzen. (Das ist dort von Nutzen, wo es tatsächlich Handlungsfreiräume gibt!)

Selbsteinschätzung   1 ☐   2 ☐   3 ☐   4 ☐   5 ☐

                       gering   mittel   hoch

3. Führungsmotivation

… bemisst sich daran, wie ausgeprägt das Bedürfnis ist, anderen voranzugehen, andere anzuleiten, Anweisungen zu erteilen. (Hier geht es darum, wie stark man sich selbst als Führungspersönlichkeit erlebt.)

Selbsteinschätzung   1 ☐   2 ☐   3 ☐   4 ☐   5 ☐

                       gering   mittel   hoch

4. Gewissenhaftigkeit

… bezieht sich auf den Stellenwert, den Sorgfalt, Genauigkeit und Gründlichkeit für Sie haben. Menschen mit sehr hohen Werten neigen zum Perfektionismus.
(Sehr große Gewissenhaftigkeit kann Detailverliebtheit und ein hohes Kontrollbedürfnis bewirken und für Führungsaufgaben hinderlich sein. Dabei spielt allerdings auch eine Rolle, ob Sie Chefcontroller oder Marketingleiter sind, bei einer Behörde oder in einem Internet-Start-up arbeiten.)

Selbsteinschätzung   1 ☐   2 ☐   3 ☐   4 ☐   5 ☐

                       gering   mittel   hoch

5. Flexibilität

… richtet den Blick darauf, wie gut jemand mit Unvorhergesehenem und wechselnden Bedingungen umgehen kann. (Ist in der Praxis umso wichtiger, je instabiler ein Umfeld ist, siehe das Beispiel unter 4. Behörde versus Internet-Start-up.)

Selbsteinschätzung   1 ☐   2 ☐   3 ☐   4 ☐   5 ☐

                       gering   mittel   hoch

6. Handlungsorientierung

… fragt danach, wie zügig eine Person Entscheidungen trifft und diese dann ziel-strebig umsetzt. Dies betrifft auch die Handlungsfähigkeit in unsicheren Entscheid-ungssituationen, die im Führungsalltag nicht selten sind. (Hier macht die Dosis das Gift: Sehr geringe Handlungsorientierung bedeutet „aussitzen", sehr hohe Handlungs-orientierung kann zu unüberlegten Schnellschüssen führen.)

Selbsteinschätzung   1 ☐   2 ☐   3 ☐   4 ☐   5 ☐

                     gering   mittel   hoch

7. Sensitivität

… meint das Gespür für Stimmungen und Befindlichkeiten anderer Menschen, das für eine Führungskraft von Vorteil ist. Niedrige Werte können zu Fehleinschätz-ungen des Gegenübers und der eigenen Wirkung führen.

Selbsteinschätzung   1 ☐   2 ☐   3 ☐   4 ☐   5 ☐

                     gering   mittel   hoch

8. Kontaktfähigkeit

… beschreibt die Neigung und Fähigkeit, auf andere Menschen zuzugehen, das persönliche Gespräch zu suchen und Netzwerke zu knüpfen. Dies ist für Führungs-kräfte erst einmal von Vorteil (wobei auch zurückhaltende Naturen gut führen können, wenn sie Interesse für andere Menschen entwickeln).

Selbsteinschätzung   1 ☐   2 ☐   3 ☐   4 ☐   5 ☐

                     gering   mittel   hoch

9. Teamorientierung

… fragt danach, ob sich jemand eher als Einzelkämpfer oder als Teamplayer versteht und wie hoch sein Vertrauen in den Mehrwert von Teams ist. Viele Füh-rungsjobs verlangen autonome Entscheidungen und ein Zutrauen zur Leistungs-fähigkeit von Teams gleichermaßen.

Selbsteinschätzung   1 ☐   2 ☐   3 ☐   4 ☐   5 ☐

                     gering   mittel   hoch

10. Soziabilität

… bezieht sich darauf, wie wichtig ein harmonisches und rücksichtsvolles Miteinander für eine Person ist. Hohe Ausprägungen bergen in der Führung die Gefahr, vor unpopulären Maßnahmen zurückzuschrecken. (Niedrige Ausprägungen können umgekehrt als rücksichtslos wahrgenommen werden.)

Selbsteinschätzung   1 ☐   2 ☐   3 ☐   4 ☐   5 ☐

                       gering   mittel   hoch

11. Durchsetzungsstärke

… fragt danach, ob jemand eher nachgiebig und kompromissbereit ist oder danach strebt, eigene Vorstellungen durchzusetzen. (Achtung: Die Grenze zwischen Durchsetzungsstärke und autoritärer Dominanz ist fließend!)

Selbsteinschätzung   1 ☐   2 ☐   3 ☐   4 ☐   5 ☐

                       gering   mittel   hoch

12. Emotionale Stabilität

… bezieht sich darauf, wie gelassen jemand mit Misserfolgen und Rückschlägen umgeht, wie optimistisch seine Grundhaltung ist und wie gut er mit psychischem Druck umgehen kann. Hohe Werte sind vorteilhaft für Führungspositionen.

Selbsteinschätzung   1 ☐   2 ☐   3 ☐   4 ☐   5 ☐

                       gering   mittel   hoch

13. Belastbarkeit

… meint die eigene Einschätzung der körperlichen Belastbarkeit bei kontinuierlich hohen Arbeitsanforderungen. Das wachsende Augenmerk auf Gesundheit in der Führung zeigt, dass viele Führungskräfte sich hier mehr zumuten als ihnen gut tut. Dagegen sind geringe Erwartungen an die eigene Belastbarkeit mit den erhöhten Anforderungen einer Führungsposition schwer zu vereinbaren.

Selbsteinschätzung   1 ☐   2 ☐   3 ☐   4 ☐   5 ☐

                       gering   mittel   hoch

14. Selbstbewusstsein

Wie unabhängig sind Sie davon, was andere über Sie denken? Wie leicht fällt es Ihnen, vor Gruppen zu sprechen? Wie gut können Sie mit Kritik umgehen? Wenn all das kein Problem für Sie ist, spricht dies für ein hohes Selbstbewusstsein. Auch das ist allerdings eine Gratwanderung: Menschen mit sehr hohen Werten können unempfänglich für jede Kritik sein.

Selbsteinschätzung	1 □	2 □	3 □	4 □	5 □
	gering		mittel		hoch

Ehrlich zu sich selbst sein

Seriöse Persönlichkeitstests wie das „Bochumer Inventar" sind kein Zaubermittel – sie enthüllen nicht etwa bis dato verborgene und völlig überraschende Seiten eines Menschen. Vielmehr helfen sie dabei, eigene Eigenschaften präziser einzuordnen, durch einen Katalog von Fragen zur systematischen Selbsteinschätzung und deren Auswertung in Relation zu Vergleichsgruppen. Im Grunde unseres Herzens wissen wir jedoch ab einem gewissen Lebensalter und einer gewissen Lebenserfahrung ungefähr, wie wir ticken. Leider scheuen wir oft davor zurück, genauer hinzuschauen, denn das könnte ja unangenehm werden! Zu sich selbst ehrlich zu sein ist nicht einfach. Doch viele Frustrationen in der Führung hängen damit zusammen, dass Führungskräfte den Blick in den Spiegel scheuen, wiederholt dieselben Führungsfehler begehen oder nicht wahrhaben wollen, dass eine Aufgabe nicht die richtige für sie ist.

Augen zu und durch?

Eine Nachwuchskraft im Medienhaus wird aufgrund guter Kontakte zum Verleger schon nach kurzer Zeit zum Leiter der Redaktion ernannt. Zuvor hat der Buchhändler und Germanist ein gutes Jahr erfolgreich als Assistent des Vertriebsleiters gearbeitet. Die Redaktion gilt als „Haifischbecken". Zwar zweifelt der Vertriebsassistent, ob er als Teamplayer den Machtkämpfen dort gewachsen ist, doch der Ehrgeiz ist größer: Also Augen zu und durch! Ergebnis: Nach wenigen Monaten wirft er das Handtuch, weil er sich dem Mobbing durch Karrierekonkurrenten im eigenen Team nicht gewachsen fühlt. Sein Kommentar im Rückblick: „Eigentlich hätte ich es wissen müssen!"

Die Eigenschaftsliste oben bietet Ihnen, wenn auch in verkürzter Form, eine Chance, Klarheit über sich selbst und damit Handlungs- und Entscheidungssouveränität zu gewinnen. Daher empfehle ich Ihnen, in einer ruhigen Stunde die 14 Items im Geiste für sich durchzugehen, die Liste vielleicht immer mal wieder zur Hand zu nehmen. Denn die erste Person, die Sie „im Griff" haben müssen, bevor Sie andere führen können, sind Sie selbst.

Mögliche Fragen:

- Wo sehen Sie Ihre persönlichen Stärken?
- Wo vermuten Sie wunde Punkte?
- In welchen Umfeldern oder Unternehmenssituationen kommen Ihre Stärken besonders zur Geltung (wo sind genau diese Stärken gefragt)?
- Auf welche Weise können/wollen Sie mögliche Schwächen ausgleichen? (Neben Weiterbildung oder Coaching kommen hier auch Teammitglieder mit komplementären Persönlichkeitsprofilen oder gezieltes Delegieren bestimmter Aufgaben an Mitarbeiter mit einschlägigen Stärken infrage.)

Sind Sie am richtigen Platz?

Wenden wir nun den Blick weg von der eigenen Person auf Ihr Umfeld. Wo Sie sich befinden und was man von Ihnen erwartet, ist der zweite entscheidende Faktor dabei, wie souverän Sie führen können. Souveränität erwächst auch aus der Möglichkeit, eigene Stärken einsetzen zu können. Nachfolgend zwei Beispiele, wie es nicht laufen sollte:

Plötzlich Eigenverantwortung?

Ein inhabergeführtes Software-Unternehmen ist in den letzten 15 Jahren stark gewachsen, die Mitarbeiterzahl hat sich von knapp 30 auf 95 mehr als verdreifacht. Bisher hat der Inhaber und Gründer das Unternehmen autokratisch geführt: Sechs Teamleiter erstatteten regelmäßig Bericht, der Inhaber traf alle wesentlichen Entscheidungen selbst (und auch eine Reihe unwesentlicher). Die Folge: chronische Überlastung und ein Herzinfarkt mit Ende 50. Der Inhaber zieht sich aus dem Tagesgeschäft zurück und stellt einen jungen Geschäftsführer ein. Gleichzeitig werden drei der Teamleiter („die zuverlässigsten") zu Abteilungsleitern ernannt. Sie sollen ab sofort die Bereiche Produktentwicklung, Marketing und Controlling „weitgehend selbstständig" leiten. Zwei scheitern an dieser Aufgabe, weil sie die Eigenständigkeit, die der neue Chef ganz selbstverständlich erwartet, nie gelernt haben, und dieser ungeduldig Selbstverantwortung einfordert.

Vom jungen Unternehmen zum traditionsreichen Mittelständler

Eine Führungskraft Ende 30 ist Vertriebsleiter in einem Unternehmen, das Merchandising-Artikel entwickelt und vertreibt. Das Unternehmen ist ein Abbild seiner Zielgruppe: jung, flippig, spontan, mit hoher Chaos-Toleranz. Der Vertriebsleiter möchte Prozesse optimieren, neue Abläufe und Regeln installieren und so den Umsatz steigern. Er eckt mehr und mehr an und gilt im Unternehmen schließlich als Störenfried. Zuletzt stimmt er einem Aufhebungsvertrag zu. In der strukturschwachen Region gibt es wenig Alternativen, doch schulpflichtige Kinder, das eigene Haus und die Festanstellung der Ehefrau veranlassen den Kandidaten, den Job zu nehmen, der sich schließlich wohnortnah bietet: eine Position im Vertrieb eines traditionsreichen Maschinenbauers, bei dem sich „einiges ändern" soll, weil die Umsätze stagnieren. Man brauche dort jemanden wie ihn, jemand „mit Dynamik", heißt es im Vorfeld. Nach sechs Monaten ist dem Vertriebsleiter klar, dass der Wechsel ein Fehler war. Statt mit völlig ungeordneten Prozessen hat er es jetzt mit fest zementierten Abläufen zu tun und mit Führungskollegen, die jede Änderung ablehnen oder versteckt ausbremsen.

Hinterher ist man natürlich immer klüger. Dennoch: In beiden Fällen gab es Warnsignale. Unternehmen unterscheiden sich gravierend darin, wie sie Abläufe regeln, welchen Werten sie folgen, welche Vorstellungen von „richtig" und „falsch" sie pflegen. Jedes Unternehmen ist ein Mikrokosmos mit eigenen Gesetzen. Selbst der Wechsel innerhalb einer Branche von einem Unternehmen zu einem Wettbewerber ähnlicher Größe kann Sie in eine andere Welt beamen. Meist spricht man in diesem Zusammenhang von unterschiedlichen Unternehmens- oder „Organisationskulturen". Edgar H. Schein, einer der führenden Experten für Organisationsentwicklung und Organisationspsychologie, definiert eine Kultur als „Summe aller gemeinsamen und selbstverständlichen Annahmen, die eine Gruppe im Laufe ihrer Geschichte erlernt hat" und als „Niederschlag des Erfolgs" dieser Gruppe (Schein 2003[2]). Was ein Unternehmen tatsächlich oder vermeintlich erfolgreich gemacht hat, wird zur allgemeingültigen Maxime erhoben und kaum noch hinterfragt. Das macht Kulturen so zählebig, selbst dann, wenn offiziell Veränderungswillen bekundet wird und der Erfolg längst ausbleibt. Wer als Einzelner eine Kultur beeinflussen will, braucht daher einen langen Atem und sollte möglichst weit oben im Unternehmen einsteigen, um eine Chance auf Erfolg zu haben. Ansonsten sind Anpassung und vorsichtige Justierungen gefragt. Wer in einer bestimmten Kultur sozialisiert ist, sollte zudem nicht unterschätzen, wie stark die Fesseln des Gewohnten und Vertrauten auch für ihn selbst sein können und wie unsicher man sich fühlen kann, wenn die alten Gewissheiten nicht mehr gelten. „70 Prozent der Fehlbesetzungen von Führungs- und Schlüsselpositionen in mittelständischen Firmen gehen auf unüberbrückbare kulturelle Differenzen zurück", schätzte in diesem Zusammenhang die Personalberatung *Rochus Mummert* 2014 auf der Basis eigener Marktbeobachtungen.

Welche Unternehmenskulturen gibt es? Im Laufe der Jahre sind etliche Typologien entwickelt worden. Sie können Ihren Blick auf die Wirklichkeit schärfen, auch wenn letztlich jedes Unternehmen einzigartig bleibt. Eine sehr verbreitete Typologie ist das „Competing Values Framework" von Cameron und Quinn (2006), das Kulturen auf der Basis impliziter Werturteile unterscheidet. Es postuliert vier Grundtypen von Unternehmen entlang der beiden Dimensionen *bevorzugte Organisationsstruktur* (flexibel oder kontrolliert/stabil) und *dominierender Fokus* (nach innen gerichtet/auf Integration bedacht oder nach außen gerichtet/auf Differenzierung bedacht) (vgl. Abb. 8).

---

[2]Zit. nach Winfried Berner, „Unternehmenskultur: Ein weicher Faktor mit harten Folgen" (im Internet unter www.umsetzungsberatung.de).

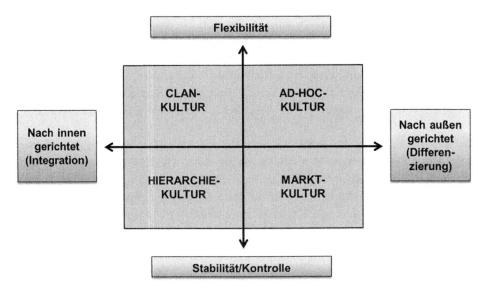

Abb. 8 Unternehmenskulturen nach Cameron und Quinn (2006, S. 35). (Übersetzung des Autors)

Zu den Kulturen im Einzelnen:

- In der **Clan-Kultur** werden Werte wie Zusammenhalt, Wir-Gefühl, Vertrauen, Bindung der Mitarbeiter hochgehalten. Das Unternehmen versteht sich als große Familie. Die Organisationsstruktur ist flexibel, der Fokus nach innen gerichtet, auf Partizipation und Teamgeist.
- In der **Ad-hoc-Kultur** („Adhocracy") gelten Werte wie Innovation, Eigeninitiative, Selbstständigkeit der Mitarbeiter, Flexibilität. Man orientiert sich nach außen, am Markt, ist anpassungsfähig und risikofreudig.
- In der **Hierarchie-Kultur** zählen Werte wie Beständigkeit, Routine, Stabilität, Kontrolle. Regeln werden betont, die Flexibilität ist eher gering. Interne Prozesse und deren Einhaltung stehen im Vordergrund.
- In der **Markt-Kultur** gehen kontrollierte Strukturen im Innern und Orientierung nach außen (an Marktbedingungen) eine Verbindung ein. Typische Werte lauten hier: Kompetenz, Leistung, Wettbewerb, Wachstum, Marktdurchdringung.

Die klassische Hierarchie oder „Pyramiden-Kultur" herrscht üblicherweise in einer Verwaltung, aber auch Großunternehmen können so funktionieren. So wurde beispielsweise der Niedergang von Nokia damit in Verbindung gebracht, dass das Unternehmen auf einem sehr dynamischen Mobilfunk-Markt zuletzt wie eine schwerfällige „Handy-Behörde" agiert habe (Ankenbrand und Nienhaus 2011). Die Markt-Kultur bewahrt geordnete Prozesse, richtet diese jedoch konsequent auf Kundenwünsche und wirtschaftlichen Erfolg aus. Viele Unternehmensgründungen hingegen starten mit einer wendigen Ad-hoc-Kultur, ohne starre Regeln und Strukturen und mit dem Ziel, den Markt zu erobern. Ist die Gründung erfolgreich und das Unternehmen wächst, kann daraus eine durch starke Zusammengehörigkeit geprägte Clan-Kultur werden – oder auch eine ehrgeizige Markt-Kultur. Ob Google heute beispielsweise noch die verschworene Gemeinschaft der kreativ-flippigen „Googler" ist oder ein extrem wettbewerbs- und leistungsorientiertes Unternehmen mit bunter Fassade, können nur Insider beantworten.

Natürlich ist das beschriebene Vierer-Raster sehr grob. Es reduziert die reale Vielfalt und sagt außerdem auch nichts über die individuelle Arbeitszufriedenheit in einem Unternehmen aus („Betriebsklima"), über dessen wirtschaftliche Situation, über das Unternehmensimage in der Öffentlichkeit oder auch über den Führungsstil des Vorgängers – Faktoren, die eine Führungsaufgabe ebenfalls stark prägen. Worauf sollten Sie achten, um Führungsumfeld und Unternehmenskultur besser einzuschätzen? Edgar H. Schein (2003) geht davon aus, dass sich eine Kultur auf drei Ebenen manifestiert:

- Ebene der Artefakte und Verhaltensweisen,
- Ebene kollektiver Werte,
- Ebene unhinterfragter Grundannahmen, die so tief verwurzelt sind, dass sie von den Unternehmensangehörigen nicht bewusst wahrgenommen werden.

Am einfachsten zugänglich ist die dingliche Ebene, die der Artefakte. In der Regel sind Sie darauf angewiesen, von äußeren Indizien auf verborgene Werte zu schließen. Denn ob Sie Lippenbekenntnissen zu den Unternehmenswerten vertrauen können, ist unsicher. Welches Unternehmen ist heute nicht „dynamisch", „innovativ" und „mitarbeiterorientiert"? Zu den Artefakten zählen:

- Gebäude und Umgebung (Ausstattung, Lage, Zustand): Modern oder traditionell? Ungepflegt oder gepflegt?
- Empfangsbereich: Willkommenskultur oder Abschottung?
- Büros (Ausstattung, Zuschnitt): Großraum- oder Einzelbüros? Großzügig oder beengt? Ansprechend eingerichtet oder „abgewohnt"? Moderne Technik oder veraltete IT-Ausstattung?
- Rituale: Welche festen Zeremonien gibt es (z. B. Feiern, Empfänge, Belegschaftsevents)? Welche regelmäßigen Sitzungen finden statt? Wie ist die Arbeitszeit geregelt? Wie viele Vorschriften gibt es? Wie hoch ist der generelle Reglementierungsgrad?
- Mythen und Geschichten: Welche „Heldentaten" erzählt man sich? Worüber macht man Witze? Wie wird über das Unternehmen gesprochen? Wie über Wettbewerber?
- Schriftliche Zeugnisse: Inhalte von Leitbild, Imagebroschüre, Website, Slogans, Werbeauftritt, Logo, Formulare, Anzahl und Gestaltung von Vorlagen, Formularen, Merkblättern und Checklisten, Stil der Geschäftsbriefe, Hausmitteilungen und E-Mails (förmlich oder informell, distanziert oder freundlich?).

Schauen Sie genau hin und ziehen Sie Ihre Schlüsse daraus. Was sagt es beispielsweise über ein Unternehmen aus, wenn es einen extra Aufzug für die Vorstände gibt? Was bedeutet es, wenn das Gebäude erkennbar einen Anstrich vertragen kann? Wie deuten Sie es, wenn der Empfangsbereich mit Fotos der Gründerfamilie dekoriert ist? Was ist davon zu halten, wenn das Unternehmen auf der Website „gesichtslos" bleibt und keinen einzigen Verantwortungsträger (geschweige denn die Mannschaft hinter den Produkten) mit Foto vorstellt? Keines dieser Indizien allein sollte zu übereilten Interpretationen verleiten. Doch ist Vorsicht geboten, wenn etwa „Dynamik" oder „wir wollen alles anders machen" versprochen wird, Mobiliar, Gründerfoto und glorreiche Firmengeschichte auf der Website jedoch eine andere Sprache sprechen.

Weitere Indizien dafür, welche Kultur in einem Unternehmen herrscht:

- Wie ist der Umgangston? Eher herzlich oder abweisend?
- Welche Stimmung nehmen Sie wahr, wenn Sie durch das Unternehmen gehen? Aufgeräumt, bedrückt, gleichgültig, verschlossen, feindselig? Wird gelacht?
- Wer kommt im Unternehmen bislang nach oben? Wie sind Führungspositionen besetzt? Gibt es auffällige Gemeinsamkeiten bei Ausbildung, Berufserfahrung, Alter, Geschlecht, Persönlichkeit?
- Wer hat die Macht? Wessen Wort zählt wirklich? Decken sich Organigramm und tatsächlicher Einfluss?
- Wie ist der Umgang mit Fehlern und Versäumnissen?
- Welche Führungskultur wird offiziell propagiert? Wie wird diese mit Leben gefüllt?

Achten Sie auf Differenzen zwischen Worten und Taten, schauen Sie genau hin, bevor Sie sich ein Urteil bilden. Damit wir uns nicht missverstehen: Das ideale Umfeld, das Unternehmen ohne Schattenseiten und Schwachstellen, wird es nicht geben. Nur: Was für die eine Führungskraft kein Problem oder allenfalls eine Schwachstelle ist, kann für die andere ein mögliches Ausschlusskriterium sein.

Frauenkarriere?

Eine ehrgeizige Bereichsleiterin in einem großen Filialunternehmen muss fassungslos mit ansehen, wie ihr bei einer Beförderung ein Kollege vorgezogen wird, dessen Erfolge beim Ausbau des Filialnetzes, Umsatz und Mitarbeiterbindung sehr viel geringer ausfallen als ihre. Ein Blick auf die Besetzung der Chefebene hätte sie warnen können: Frauen treten hier bislang ausschließlich in Assistenzfunktion auf.

Wenn Sie sich verändern, prüfen Sie also sorgfältig, ob das Umfeld Ihre Stärken honoriert. Und sollten Sie bereits unbequem im Sattel sitzen: Denken Sie darüber nach, welche Fähigkeiten und Kompetenzen in Ihrem Umfeld tatsächlich gefragt sind und wie stark Sie diese zeigen können – und wollen. Mehr dazu im nächsten Abschnitt.

Wie lautet Ihr Auftrag?

Als Führungskraft sind Sie dazu da, Ziele zu erreichen und Mitarbeiter erfolgreich zu machen. Welche Ziele dies sind und was als Erfolg gilt, hängt nicht nur davon ab, was Sie selbst für sachgerecht halten. Möglicherweise hegen Geschäftsführung oder Vorstand andere Vorstellungen.

Sorgen Sie für Ruhe!

Der neue Personalchef in einem mittelständischen IT-Unternehmen arbeitet hart. Binnen weniger Monate entstaubt er das Weiterbildungsprogramm, organisiert eine Mitarbeiterbefragung, lädt zu einem Führungsworkshop über „Leistungsunterschiede" ein … Lohn der Mühe: Seine Führungskollegen gehen auf Distanz, bei jeder Sitzung hagelt es Detailkritik an geplanten Vorhaben. Schließlich rät ihm der Vorstand aufgrund seiner „mangelnden Teamfähigkeit" dringend zu einem Coaching. Die Führungskraft ist verständlicherweise frustriert. Ich kann das nachvollziehen, frage aber vorsichtshalber: „Können Sie sich noch erinnern, was der Vorstandsvorsitzende Ihnen bei Ihrer Einstellung mit auf den Weg gegeben hat?" Die prompte Antwort: „Ja, klar. Er hat gesagt, Sorgen Sie für Ruhe!" Noch während der Personaler das ausspricht, malt sich das Aha-Erlebnis auf seinem Gesicht ab. Wo frischer Wind nicht gefragt ist, wird er auch nicht honoriert.

Wenn jemand eine Führungsaufgabe übernimmt, richtet sich sein Hauptaugenmerk häufig darauf, den eigenen Bereich voranzubringen, sachliche Erfolge zu erzielen. Dabei empfiehlt sich, den offiziellen Auftrag zu klären, etwa mit Fragen wie:

- Was erwarten Sie, die Geschäftsleitung und die Organisation von mir?
- Welche Kompetenzen und Pflichten habe ich?
- Was müsste in einem Jahr/in zwei Jahren (anders) sein, damit Sie sagen, ich habe erfolgreich gearbeitet?
- Was hat Priorität? Was sollte ich Ihrer Ansicht nach als Erstes in Angriff nehmen?
- Wo sollte ich Ihrer Meinung nach besondere Schwerpunkte setzen?

Neben dem offiziellen Auftrag gibt es nicht selten eine „Hidden Agenda", eine verborgene Zielsetzung, die mit der Stellenbesetzung verbunden ist, aber niemals offen ausgesprochen wird. Einige typische Absichten:

1. „Scheinführung":
   Eine Führungsposition wird mit einem tatsächlich oder vermeintlich schwachen Kandidaten besetzt, der Vorstellungen der übergeordneten Ebene ausführen und eher Mitarbeiter verwalten als echte Führungsverantwortung übernehmen soll.

2. „Frischer Wind":
   Es wird bewusst eine junge, durchsetzungsstarke Führungskraft eingestellt, die einen konservativen Kollegen- oder Mitarbeiterkreis „aufmischen" und für mehr Flexibilität und Dynamik sorgen soll. Das unkonventionelle Auftreten des Neuen soll einen angestrebten Kulturwandel unterstützen.

3. „Königsmörder":
   Ein neuer, kompetenter und sehr ehrgeiziger Stellvertreter soll den vorhandenen inkompetenten Stelleninhaber absägen. Dabei setzt man darauf, dass der Stellvertreter sich nicht auf Dauer Weisungen des erfolglosen Vorgesetzten fügen wird.

4. „Konkurrenz belebt das Geschäft":
   Die Befugnisse und Kompetenzen zweier Führungskräfte werden bewusst nicht klar abgegrenzt, um Konkurrenz zu schüren, in der Hoffnung, dass sich beide gegenseitig in Schach halten, oder auch, um zu sehen, wer stärker ist und sich für weitere Aufgaben empfiehlt.

Keine der beschriebenen Rollen wird in Vorstellungsgesprächen offen thematisiert, und nicht immer ist vorher abzusehen, ob man in einer Führungsposition über das offiziell Verabredete hinaus instrumentalisiert werden soll. Ihnen bleibt nur, sich nicht allein auf Ihr offizielles Aufgabengebiet zu stürzen, sondern Ihr Umfeld aufmerksam zu beobachten. Reaktionen oder Bemerkungen, die Sie irritieren, Inkongruenzen zwischen Worten und Taten sollten Sie nicht einfach beiseiteschieben, sondern sorgfältig registrieren. Nur wenn Sie merken, dass Sie Werkzeug in einer Hidden Agenda sind, können Sie bewusst entscheiden, ob Sie diese Rollenzuweisung annehmen und wie Sie mit ihr umgehen wollen. Auch das ist Souveränität. Und noch ein ganz pragmatischer Hinweis: Die erforderliche Autonomie wahren Sie umso eher, je weniger Sie aufgrund Ihrer privaten Situation erpressbar sind. Legen Sie sich, wenn möglich, ein finanzielles Polster zu. Achten Sie darauf, dass Ihr Lebensstandard Ihren Gehaltssteigerungen nicht vorauseilt. Und wägen Sie ab, ob Sie Firmenkredit oder günstiges Baugeld tatsächlich in Anspruch nehmen wollen – kurz: Überlegen Sie gut, welche Fesseln Sie sich auferlegen. Denn wer tun muss, was er nicht will, kann nicht gut führen.

> **Fazit: Das Führungsgesetz „Souveränität"**
> Es gibt weder „die" ideale Führungspersönlichkeit noch andere simple Erfolgsrezepte für Führung. Jede Führungskraft handelt in einem konkreten Umfeld, das durch die Unternehmenskultur, den offiziellen Auftrag und möglicherweise auch durch eine Hidden Agenda bestimmt wird. Gute Führung (= Führung, die freiwillige Gefolgschaft erzeugt) resultiert aus persönlicher Souveränität, dem sicheren und bewussten Ausfüllen der Führungsrolle im Einklang mit eigenen Stärken und Überzeugungen. Nur wer sich selbst gut kennt, kann anderen vorangehen.

Matrix: Selbstreflexion Im Folgenden finden Sie die für Führungssouveränität relevanten Kernaussagen auf einen Blick.

Ich habe darüber nachgedacht, was Führung für mich bedeutet.

Ich kann und will „vorne stehen" und Mitarbeitern vorangehen.

Ich kenne das Ziel, auf das ich hinarbeite.

Ich kann Sicherheit ausstrahlen, auch in Momenten der Unsicherheit, in denen der weitere Weg noch nicht klar ist.

Ich bin leistungsorientiert und ehrgeizig.

Ich bin bereit, auf lieb gewonnene Sachaufgaben zu verzichten.

Ich mag Menschen.

Ich kann positiv auch auf solche Menschen zugehen, die anders „ticken" als ich.

Ich kenne meine Stärken und auch meine Schwächen.

Ich bin bereit, mein Handeln selbstkritisch zu reflektieren.

Ich weiß, dass es blinde Flecken in meiner Selbstwahrnehmung gibt, und steuere gegen, indem ich Feedback einhole.

Ich stehe zu dem, was ich bin.

Ich bin authentisch: Ich handele im Einklang mit meinen Werten und Überzeugungen.

Ich weiß, welche Aufgaben zu mir passen.

Ich bin mir bewusst, welchen Einfluss unterschiedliche Unternehmenskulturen haben und was mich selbst geprägt hat.

Ich stelle sicher, dass ich den offiziellen Auftrag genau kenne, der mit meiner Position verbunden ist.

Ich beobachte mein Unternehmensumfeld aufmerksam und prüfe, ob es eine „Hidden Agenda" gibt.

Ich achte darauf, meine persönliche Autonomie nicht durch finanzielle oder andere Abhängigkeiten einzuschränken.

Ich entscheide souverän, was ich will und was nicht.

Literatur

Ankenbrand, Hendrik, und Lisa Nienhaus. 2011. Das finnische Wunder ist zu Ende, Frankfurter Allgemeine Sonntagszeitung vom 14.02.2011. www.faz.net. Zugegriffen: 30. März 2015.

Buckingham, Marcus, und Curt Coffman. 2001. *Erfolgreiche Führung gegen alle Regeln*. Frankfurt a. M.: Campus.

Cameron, Kim S., und Robert E. Quinn. 2006. *Diagnosing and changing organizational culture.* überarb. Aufl.; 1. Aufl. 1999. San Francisco: Jossey-Bass.

Fortune. 2014. The world's 50 greatest leaders, Fortune vom 20.03.2014. http://fortune.com. Zugegriffen: 15. Aug. 2015.

Gasche, Ralf. 2013. Spurensicherung. In *Coaching Tools II.* 3. Aufl., Hrsg. Christopher Rauen, 164–172. Bonn: managerSeminare.

Kanning, Uwe Peter, und Hang Kempermann, Hrsg. 2012. *Fallbuch BIP. Das Bochumer Inventar zur berufsbezogenen Persönlichkeitsbeschreibung in der Praxis.* Göttingen: Hogrefe.

Luft, Joseph, und Harry Ingham. 1955. The Johari window, a graphic model of interpersonal awareness. In Proceedings of the western training laboratory in group development. Los Angeles: UCLA.

Nayar, Vineet. 2013. Manager oder Führungspersönlichkeit? Harvard Business Manager Blog vom 14.08.2013. www.harvardbusinessmanager.de. Zugegriffen: 30. März 2015.

Neuberger, Oswald. 2002. *Führen und führen lassen.* 6. Aufl. Stuttgart: Lucius & Lucius.

Paschen, Michael, und Erich Dihsmaier. 2014. *Psychologie der Menschenführung: Wie Sie Führungsstärke und Autorität entwickeln.* 2. Aufl. Berlin: Springer.

Peter, Laurence J., und Raymond Hull. 2001. *Das Peter-Prinzip oder die Hierarchie der Unfähigen.* 14. Aufl. Reinbek bei Hamburg: Rowohlt.

Rochus, Mummert. 2014. Recruiting im Mittelstand: „Cultural Misfit" für zwei von drei Fehlbesetzungen verantwortlich (30.09.2014). www.bildungsspiegel.de. Zugegriffen: 14. Aug. 2015.

Schein, Edgar H. 2003. *Organisationskultur.* Bergisch Gladbach: Edition Humanistische Psychologie.

§ 2 Durchblick statt durchgreifen

Menschen- und Sachkenntnis

Zusammenfassung

Bekommen Sie mit, was in Ihrem Team los ist? – Der Mensch, das emotionale Wesen – Wie Sie sich ein zuverlässiges Urteil bilden (worauf Profiler achten) – Persönlichkeitstypologien und ihre Tücken – Ihre wichtigste Aufgabe: Menschen für sich gewinnen – Fach-, Branchen-, Führungs-, Unternehmenswissen und warum es wirklich wichtig für Sie ist – Fazit: Das Führungsgesetz „Durchblick" – Matrix: Mitarbeiterprofil

Bekommen Sie mit, was in Ihrem Team los ist?

Wer hierzulande einen Bus steuern will, wird auf Herz und Nieren geprüft: Führungszeugnis, ärztliche Begutachtung, sorgfältige Differenzierung nach Anzahl der zu befördernden Personen, Schulung, Prüfung, schließlich eine auf fünf Jahre befristete Fahrerlaubnis in einer der vier Führerscheinklassen. Wer dagegen eine Abteilung leiten soll, wird womöglich einfach auf den neuen Stuhl gesetzt. Kommt es dann zu kleineren oder größeren „Unfällen" in Ausübung der Führungsverantwortung, wird eilig ein Zwei-Tages-Seminar zur Nachschulung gebucht. Natürlich ist das ein Negativbeispiel. Doch in der Praxis läuft es nicht selten so oder so ähnlich. Hand aufs Herz: Wie war es bei Ihnen?

Dass viele Führungskräfte mit Ihrer Aufgabe nicht gänzlich zufrieden sind, über Stress klagen, mit „schwierigen" Mitarbeitern hadern oder sich im Netz widerstreitender Bereichsinteressen verheddern, hängt oft mit mangelnder Vorbereitung zusammen. Gestern Kollege, heute Chef, alles Weitere ergibt sich? Menschen zu führen ist eine anspruchsvolle Aufgabe, ein neuer Beruf, auch wenn das nicht jeder wahrhaben möchte. Würde auf die Führungsaufgabe genauso professionell vorbereitet wie auf Sachaufgaben, sähen unsere Unternehmen anders aus. Doch das Problembewusstsein dort hält sich in Grenzen. Eine Studie der Universität Osnabrück ergab Ende 2014, dass 60 % der befragten

Geschäftsführer, Vorstände und Personalleiter „Führungskultur und Führungsverhalten" eine hohe bis sehr hohe Bedeutung zumessen. Doch bei den Trennungsgründen steht mit 63 % aller Fälle ein „schlechtes operatives Ergebnis" an der Spitze; schlechte Führung spielt nur eine Nebenrolle (24 %) (Universität Osnabrück 2014).[1] Dabei wirkt sich gute Führung positiv auf Motivation und Engagement der Mitarbeiter und damit mittelfristig auch auf den Umsatz aus, wie Mitarbeiter des Gallup-Instituts schon 1997 am Beispiel eines Handelsunternehmens mit etwa 300 Filialen nachwiesen: Das obere Viertel der Filialen (die Filialen mit dem besten Arbeitsumfeld aus Mitarbeitersicht) übertraf die Gewinnziele um rund 14 %, das untere Viertel (also die Filialen mit schlechtem Arbeitsumfeld) verfehlte die Zielvorgabe um 30 %. Schlüsselfigur für ein positives oder negatives Arbeitsumfeld: der Vorgesetzte (Buckingham und Coffman 2001, S. 35). Weiche Faktoren bewirken also harte Fakten. In diesem Kapitel geht es daher darum, Sie mit nützlichem Wissen für die Führungsaufgabe auszurüsten. Im Mittelpunkt steht dabei Wissen darüber, wie Menschen „ticken". Anschließend beleuchten wir, welches Führungs-, Branchen- und Unternehmenswissen nützlich für Sie ist.

Salopp ausgedrückt: Je besser Sie im Alltag durchblicken, desto besser können Sie führen. Es mag geborene Menschenkenner geben, doch sie sind eher selten. Selbst ein FBI-Agent und Spezialist für Spionageabwehr wie Joe Navarro berichtet in seinem lesenswerten Buch „Menschen verstehen und lenken" davon, wie viel Erfahrung er brauchte, bis er sein Gegenüber zuverlässig einschätzen konnte (Navarro 2015). Und ein nicht unerheblicher Teil meiner Ausbildung zum Kriminalbeamten und Terrorismusexperten befasste sich mit der Beobachtung und Beurteilung menschlichen Verhaltens. Also: Bekommen Sie mit, was in Ihrem Team los ist? Dann werden Sie Fragen wie die folgenden leicht beantworten können.

Wie tickt Ihr Team? 5 Testfragen für Führungskräfte

1. Wie gut klappt die Zusammenarbeit Ihrer Mitarbeiter untereinander – auf einer Skala von 1 (gar nicht) bis 10 (ausgezeichnet)?
2. Wissen Sie, wer mit wem „gut kann" und wer sich mit wem gar nicht versteht?
3. Kennen Sie die individuellen Stärken Ihrer Mitarbeiter?
4. Haben Sie im Auge, welche Teamrollen die einzelnen Mitarbeiter besetzen (z. B. Macher/Antreiber, Umsetzer, Bedenkenträger, Beobachter)?[2]
5. Wie gut ist die Stimmung im Team (das „Betriebsklima") Ihrer Einschätzung nach, ebenfalls auf einer Skala von 1 (sehr schlecht) bis 10 (ausgezeichnet)?

---

[1]Befragt wurden in standardisierten Interviews im Zeitraum März bis Dezember 2013 insgesamt 351 Unternehmen aller Branchen mit mindestens 400 Mitarbeitern.

[2]Diese vier Teamrollen basieren auf dem Modell von David Kantor. Einen kurzen Überblick dazu („The 4-Player Model: A Framework for Healthy Teams") finden Sie im Internet unter http://mit-leadership.mit.edu/printit.php (Zugriff am 30.3.2015).

Sollte Sie die eine oder andere Frage ins Grübeln bringen, wäre das nicht verwunderlich. „Die Leute sollen einfach ihre Arbeit machen, und gut!" oder auch „Wir sind doch hier nicht im Kindergarten! Wenn jeder sachlich und vernünftig ist, gibt's auch keine Probleme", solche Äußerungen höre ich öfter. Doch so einfach ist es leider nicht, wie das folgende Beispiel belegt.

Der alte Hase, der das Team kaputt macht

Ein kleines Maschinenbau-Unternehmen sucht einen neuen Leiter Produktmanagement. Eingestellt wird ein Ingenieur Ende 30 mit Führungserfahrung und besten Zeugnissen. Vom ersten Tag an macht der Senior des zwölfköpfigen Teams, ein langjähriger Mitarbeiter Anfang 50, dem neuen Chef das Leben schwer. Er wirkt missmutig und mürrisch, schiebt Dienst nach Vorschrift, kommentiert Ziele und Projekte des Vorgesetzten in Teamsitzungen mit Schnauben, Stirnrunzeln und Kopfschütteln. Sein Verhalten verunsichert die anderen Kollegen, die Stimmung verschlechtert sich, Prozesse haken. In Zweiergesprächen beißt der Chef auf Granit, trotz guten Willens seinerseits und wohlmeinender Fragen („Was kann ich tun, um Sie besser zu unterstützen?"). Der Mitarbeiter ist seit fast 30 Jahren im Unternehmen und damit de facto unkündbar. Nach zwei Jahren ist der neue Chef so zermürbt, dass er selbst an einen Stellenwechsel denkt. Da endlich stellt sich in einem hitzigen Wortgefecht heraus: Der Mitarbeiter hatte sich ebenfalls auf die Abteilungsleitung beworben. Für ihn war sicher, sein neuer Chef wisse das und werde versuchen, ihn „rauszumobben". Dagegen hatte er sich im mürrischen Rückzug schon mal gewappnet und jede Handlung des Vorgesetzten unter dieser Prämisse gedeutet. Bekam er eine anspruchsvolle Aufgabe, vermutete er, er solle aufs Glatteis geführt werden, bekam er eine Aufgabe nicht, war das in seinen Augen ein Indiz, dass er kaltgestellt wurde.

Es ist ein Irrglaube, in einem Unternehmen ginge es „rational" und „sachlich" zu. Mitarbeiter erfolgreich zu führen bedeutet auch, mit deren Emotionen konstruktiv umzugehen. Viele gravierende Probleme im Unternehmenskontext haben eine starke emotionale Komponente: Change-Prozesse scheitern an Angst und Abwehr der Betroffenen. Mobbing und damit Hass und Ausgrenzung untergraben die Zusammenarbeit und damit den Arbeitserfolg. Konkurrenzkämpfe zwischen leitenden Managern, Neid und Missgunst führen ganze Unternehmen an den Abgrund. Umgekehrt heißt das aber auch: Wenn Sie bereit sind, sich auf diese „weiche" Komponente der Führung einzulassen, machen Sie sich (und Ihren Mitarbeitern) das Leben leichter. Das bedeutet weder Kuschelkurs noch Vernachlässigung der harten Fakten und Zahlen. Es bedeutet schlicht: dem menschlichen Faktor im Unternehmen Rechnung zu tragen und professionell damit umzugehen.

Der Mensch, das emotionale Wesen

Wir sind von Rationalismus und Aufklärung geprägt, Emotionen haben ein zweifelhaftes Image. Sie gelten als dunkel, irrational und sind möglichst zu beherrschen. *Cogito ergo sum* (Ich denke, also bin ich), lautet mit René Descartes das abendländische Ideal. Doch die moderne Wissenschaft, Verhaltensbiologie und Neurologie belehren uns eines Besseren. Emotionen sind genetisch verankerte Verhaltensmuster, die sich im Laufe der Evolution als nützlich erwiesen und unser Überleben gesichert haben. Würden wir uns nicht vor verdorbener Nahrung ekeln, vor Gefahren Angst haben und der Attraktivität potenzieller Partner erliegen, wären wir längst ausgestorben. So gesehen, besitzen Emotionen ihre eigene Form von Intelligenz. Sie befähigen uns zu raschen, instinktiven Reaktionen, die lebensrettend sein können. Bis heute zucken wir zusammen, wenn wir beim Waldspaziergang im Augenwinkel eine Bewegung wahrnehmen. Und auch wenn es nicht um Leben und Tod geht, funktionieren die alten Reflexe noch. Der neue Kollege missachtet unser Revier und fläzt sich ungefragt auf unseren Schreibtisch, wobei er lässig unsere Unterlagen beiseiteschiebt. Schon kocht der Ärger in uns hoch. Während wir mit unseren Aggressionen kämpfen – schließlich sind wir im Büro und daher zur Sachlichkeit verdammt –, bekommen wir kaum mit, was er sagt. Wir kommen aus dem Tierreich und tragen archaische Reflexe in uns, dessen sollten wir uns bewusst sein. Wir sind beispielsweise auf Status bedacht und darauf, ihn nach außen deutlich zu demonstrieren. Warum sonst wären die Vorstandsbüros in den Bürotürmen ganz oben, die Chefsessel höher als die Bürostühle der Sachbearbeiter und die Bürofläche proportional zur Bedeutung des Inhabers? Rein „sachliche" Gründe dafür zu finden, dürfte schwierig sein.

Der US-Psychologe Paul Ekman geht von sieben Basisemotionen aus, die genetisch verankert sind: Zorn, Angst, Trauer, Ekel, Verachtung, Überraschung und Freude. Ekman wies nach, dass diese Emotionen für die Bewohner abgelegener Dörfer Neuguineas ebenso gelten wir für Angehörige von Industrienationen und dass sie sich in ähnlicher Weise auf ihren Gesichtern spiegeln (Ekman 2014, S. 332 ff., 1 ff.). Andere Forscher kategorisieren Gefühle auf andere Weise, doch niemand bezweifelt, dass Emotionen zutiefst menschlich und nicht einfach „abzuschalten" sind. In diesem Zusammenhang erregte der Neurowissenschaftler António Damásio Aufsehen, der sich unter anderem mit dem Zusammenhang von Entscheidungsfähigkeit und Gefühlen beschäftigte. Damásio stellte fest, dass Menschen, deren „Gefühlszentrum" im Gehirn durch schwere Unfälle oder Operationen beeinträchtigt war, nicht mehr in der Lage waren, Entscheidungen zu fällen, obwohl weder ihre Intelligenz noch ihr Gedächtnis unter dem Vorfall gelitten hatten. Was ihnen fehlte, waren die emotionalen Wertungen verschiedener Handlungsalternativen. Dabei spielen für Damásio so genannte somatische Marker eine zentrale Rolle: körpereigene Signale, die auf emotionalen Erfahrungen basieren und die uns schnelle, instinktive Bewertungen ermöglichen. Wenn sich also Ihr Magen zusammenkrampft, weil in der Vorstandssitzung Parolen ausgegeben werden, mit denen Sie schon einmal schlechte Erfahrungen gemacht haben, sind somatische Marker am Werk. Das Gleiche gilt, wenn Sie ein „komisches Gefühl" beim Angebot eines Geschäftspartners haben: Offenbar gibt es auch winzige Signale, die frühere Negativerfahrungen wachrufen und schon wirken, bevor Sie das Angebot noch einmal gründlich durchrechnen. Eines der bekannten Bücher Damasiós heißt daher „Descartes' Irrtum" (Damasió 2004).

Das „Bauchgefühl" ist also keine Alltagserfindung. Unsere Erfahrungen, unsere Erziehung und schon unsere Prägung im Kindesalter beeinflussen, wie wir Ereignisse emotional einordnen, und das wiederum beeinflusst unser Denken und Handeln. Wer unter einem cholerischen, womöglich sogar prügelnden Vater gelitten hat, reagiert instinktiv anders auf ein wütendes Gegenüber als jemand, der eine liebevolle Erziehung hatte. Als Führungskraft sollten Sie daher mit den Emotionen Ihres Gegenübers rechnen. Sie haben es eben nicht mit gefühllosen Maschinen zu tun, die Ihre Botschaften wertneutral auswerten, sondern mit Menschen, die jede Ihrer Äußerungen und selbst Ihr nonverbales Verhalten vor dem Hintergrund eigener Erfahrungen und genetischer Programmierungen emotional bewerten. Die Selektivität unserer Wahrnehmung, die ebenfalls erfahrungs- und erwartungsgesteuert ist, tut dann ein Übriges. Wir sehen eher, was uns bestätigt als das, was unser Urteil infrage stellen könnte. Wenn Sie im Clinch mit Ihrem Nachbarn liegen, registrieren Sie penibel jede seiner „Verfehlungen". Was Ihr Urteil ins Wanken bringen könnte, entgeht Ihrer Aufmerksamkeit dagegen viel eher. Nachfolgend ein Beispiel aus der Führungspraxis.

Der „aalglatte" Vorgesetzte

Ein Team, das im Pharmaunternehmen die Verfahren der Medikamentenzulassung organisiert, bekommt einen neuen Vorgesetzten. Der will alles richtig machen und erscheint Tag für Tag in Maßanzug und Krawatte. „Ein seriöses Auftreten gehört für mich dazu. Das bin ich den Mitarbeitern schuldig." Die allerdings deuten das ganz anders, nicht zuletzt, weil der beliebte Vorgänger salopp auftrat. „Ein aalglatter Typ" sei der Neue, da sei Vorsicht geboten. Für dieses (Vor-)Urteil finden sich in der Zusammenarbeit dann prompt Bestätigungen: die ausweichende Antwort auf eine Frage in der Teamsitzung letzte Woche, das Mittagessen mit dem Abteilungsdirektor neulich in der Kantine, und Golf spielt er auch noch – so ein Snob, alles klar!

In der Führung geht es einerseits darum, emotionale Reaktionen von Mitarbeitern einzukalkulieren, sie zutreffend einzuschätzen und angemessen darauf zu reagieren. „Beziehungen effektiv zu managen, bedeutet letztlich nichts anderes, als mit den Emotionen anderer richtig umzugehen", betont etwa Daniel Goleman, der Erfinder der „Emotionalen Intelligenz" (Goleman et al. 2002, S. 77). Negative Emotionen zu ignorieren und auf Sachlichkeit zu pochen birgt immer die Gefahr der Eskalation, wie im Beispiel eines IT-Dienstleisters unter meinen Kunden, der binnen weniger Monate die Hälfte seines Außendienstes verlor. Die Mitarbeiter fühlten ihre Leistung draußen beim Kunden nicht genügend gewürdigt und folgten in großer Zahl ihrem Chef, der zum Wettbewerber wechselte. Wenn die Beziehungsebene nicht stimmt, werden Sie auf der Sachebene wenig erreichen, und Gehalt ist kein Ersatz für Wertschätzung. In den folgenden

Abschnitten dieses Kapitels möchte ich Ihnen daher zeigen, wie Sie Ihre Beobachtungsfähigkeit schulen und wie Sie Ihre Mitarbeiter für sich gewinnen können.

Andererseits erfordert gute Führung, mit den *eigenen* Emotionen angemessen umgehen zu können. Wer Spielball seiner Gefühle und Stimmungen ist, kann nicht souverän führen. Zur Emotionalen Intelligenz zählt Goleman neben Empathie und Gespür für das Befinden anderer auch die emotionale Selbstwahrnehmung und das Managen eigener Gefühle (Goleman et al. 2002, S. 59 ff.). In diesem Zusammenhang stellt sich die Frage, ob wir unseren Emotionen tatsächlich ausgeliefert sind und wie wir sie möglicherweise kontrollieren können. Grundsätzlich gilt: Zwar lassen sich emotionale Reflexe und spontane Gefühlsaufwallungen nicht unterdrücken. Wir sind allerdings in der Lage, unsere Reaktionen zu reflektieren und auf diese Weise unsere Emotionen und vor allem die daraus resultierenden Handlungen besser zu steuern.

Vereinfacht ausgedrückt, haben wir es bei Emotionen mit einer Reiz-Reaktions-Kette zu tun. Ein bestimmter äußerer Reiz löst eine emotionale Reaktion aus und die wiederum begründet zumeist eine Handlung oder Aktion (vgl. Abb. 9).

Nehmen wir an, ein Mitarbeiter kommt fast zwei Stunden zu spät zur Arbeit, obwohl Sie in Kürze ein wichtiges Meeting mit Ihrem eigenen Chef haben und von diesem Mitarbeiter dafür noch Informationen brauchen. Der Mitarbeiter wusste das auch, Sie hatten besprochen, sich „gleich morgens" zusammenzusetzen. Als der Mitarbeiter endlich kommt, sind Sie richtig wütend. Die Chancen stehen gut, dass Sie ihn anblaffen, sobald er Ihr Büro betritt: „Mensch, was fällt Ihnen denn ein?!!"

Nehmen wir weiter an, Ihr Mitarbeiter eröffnet Ihnen nun, seine Frau sei heute Morgen bewusstlos zusammengebrochen, er habe einen Krankenwagen rufen und sich um die beiden Kinder kümmern müssen. Seine Frau werde gerade notoperiert, er müsse so schnell wie möglich wieder zurück in die Klinik. Was passiert mit Ihrer Wut? Vermutlich fällt sie in dem Moment in sich zusammen. Vielleicht schämen Sie sich sogar, so harsch reagiert zu haben. Das Wechselbad Ihrer Gefühle zeigt, dass Reiz und Reaktion eben nicht unauflösbar verkettet sind, sondern dass unsere Wertung des Geschehens dabei eine wichtige Rolle spielt. Ob Sie wütend, ängstlich oder verständnisvoll reagieren, hängt von Ihrer Bewertung der Situation und damit von Ihren Einstellungen, Vorerfahrungen und aktuellen Informationen ab. Hätten Sie nach einer Stunde Wartens von Ihrer Assistentin die Information bekommen, es habe eine Gasexplosion in der Straße gegeben, in der Ihr Mitarbeiter wohnt, wäre Ihr Zorn vermutlich in Sorge umgeschlagen. Sich des Zusammenhangs von emotionaler Reaktion und subjektiver Wertung bewusst zu sein, eröffnet Handlungsspielräume. Möglicherweise können Sie ein Gefühl nicht unterdrücken. Aber Sie können Ihre Wertung reflektieren und auf diese Weise Ihre Reaktion (und mittelfristig auch Ihre Emotionen) besser steuern (vgl. Abb. 10).

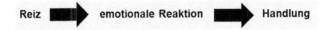

Abb. 9 Reiz-Reaktions-Kette

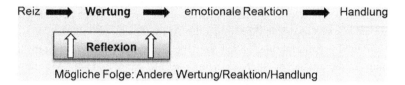

Abb. 10 Erweiterte Reiz-Reaktions-Kette

Im Führungsalltag gibt es genügend Anlässe für eigene negative Emotionen wie Ärger, Wut oder Enttäuschung: Pannen, Missverständnisse, Versäumnisse, Konflikte. Theoretisch wissen wir alle, dass es häufig „nichts bringt, sich aufzuregen" und dass wir mit Gelassenheit besser beraten wären. Praktisch ärgern wir uns meistens doch. Wenn Sie es sich zur Gewohnheit machen, zwischen Reiz und Reaktion die Reflexionsbremse zu ziehen, schonen Sie Ihre Nerven und reagieren souveräner. Hilfreich können folgende Überlegungen sein:

Emotionsmanagement: 6 hilfreiche Fragen für den Ernstfall

1. Warum setzt mir dieses Ereignis so zu? Welche Wertung könnte dahinterstecken? Was mich trifft, betrifft mich.
2. Wie komme ich zu dieser Bewertung? Welche Erfahrungen, Einstellungen spielen eine Rolle? Wie hat meine Erziehung mich hier möglicherweise geprägt?
3. Kenne ich wirklich alle relevanten Fakten? Was könnte noch eine Rolle spielen?
4. Ist es angemessen, meine Wertung und Vorstellung auch meinem Gegenüber zu unterstellen?
5. Durch welche Reaktion komme ich in der Sache weiter, statt nur meinem Ärger Luft zu machen?
6. Mit welchen Worten könnte ich meine emotionale Beteiligung ausdrücken, ohne dass ich verletzend werde und ohne dass ich mein Gegenüber direkt angreife?

Wie Sie sich ein zuverlässiges Urteil bilden (worauf Profiler achten)

Wer Menschen verstehen will, muss genau hinsehen. Das klingt banaler, als es ist. Um zu demonstrieren, wie wenig Aufmerksamkeit wir häufig unserem Gegenüber schenken, zeigt ein Kollege von mir in seinen Vorträgen das Video eines verblüffenden Experiments: In einer Tankstelle zahlen Kunden mit Karte an der Kasse. Der Kassiererin fällt scheinbar die Karte herunter, sie bückt sich, verschwindet unter dem Tresen und ein männlicher Kassierer taucht auf. Die meisten Kunden stutzen nicht einmal, sondern nehmen ungerührt Karte und Beleg entgegen. Wie ist das möglich? Wissenschaftler nennen dieses Phänomen Veränderungsblindheit. Es beschreibt recht gut unsere Schwierigkeit, Details wahrzunehmen, wenn wir uns auf den größeren Gesamthandlungsrahmen konzentrieren oder im Moment auf andere Dinge fokussieren (vgl. dazu Stöcker 2005). Mein Tipp: Schenken Sie Ihren Mitarbeitern in jedem Gespräch Ihre ungeteilte Aufmerksamkeit. Blicken Sie nicht alle paar Minuten auf Ihr Smartphone, lassen Sie Ihre Gedanken nicht schweifen, lassen Sie sich von nichts und niemandem ablenken, seien Sie ganz Auge und Ohr! Mit dieser Fokussierung schlagen Sie mindestens drei Fliegen mit einer Klappe: Sie bekommen mehr mit, Sie kommen sehr wahrscheinlich schneller auf den Punkt und Sie vermitteln vor allem persönliche Wertschätzung. Ausgehend von meiner Erfahrung als Profiler habe ich Ihnen einige Punkte zusammengestellt, die professionelle Beobachter registrieren:

Checkliste: Menschen beobachten & einschätzen

Gesicht/Kopf
- Kopfhaltung: Gerade, schräg, gesenkt, Kinn hoch oder eher unten?
- Augen: Direkt anblickend oder wegschauend? Nervös oder ruhig? Lächeln sie mit?
- Mund: Entspannt oder verkniffen?
- Kaumuskeln: Locker oder angespannt? Sichtbares Zähneknirschen?
- Zähne: Gepflegt, ungepflegt, vollständig, Lücken, weiß, braun, schief?
- Stirn: Glatt und entspannt oder gerunzelt und verspannt?
- Mimik: Auffällig, unauffällig, abfällig, empathisch, authentisch?
- Hautbeschaffenheit: Glatt, faltig, gepflegt, unrein, ungesund?
- Haarschnitt/Frisur: Passend zum Typ? Angepasst oder auffällig anders? Gepflegt, ungepflegt?

Stimme
- Hoch, tief, sonor, flach, zittrig, laut, leise, sicher, unsicher?

Körper
- Gesamteindruck: Gesund, gepflegt, trainiert, untrainiert?
- Korpus: Körperspannung oder schlaff?
- Rücken: Gerade oder gebeugt?
- Schultern: Locker oder hochgezogen?
- Arme: Keine bzw. ruhige Bewegungen oder viele und hektische?
- Hände: Haut, Nägel, Nagelhaut gepflegt?
- Beine: Ruhig oder unruhig? Eher stehend oder eher in Bewegung?
  - Füße: Angezogen oder locker entspannt? Wippend oder ruhig?

Kleidung/Schuhe
- Situativ angemessen?
- Typgerecht?
- Qualität, Pflegezustand?

Verhalten
- Situativ angemessen? Auffällig, unauffällig?
- Wirkung: Echt oder gekünstelt? Dominant, sicher, aggressiv, zurückhaltend, zuvorkommend, ängstlich?
- Ausstrahlung: Freundlich, offen, empathisch, ängstlich, verschlossen, feindselig?

Im Alltag nehmen wir viele der oben beschriebenen Merkmale gar nicht, halbbewusst oder unbewusst wahr. Wir haben ein „komisches Gefühl" bei einem Menschen, wissen aber nicht, warum. Dabei verraten äußere Details eine Menge. Schärfen Sie Ihren Blick, wenn Sie am Flughafen warten oder in der Bahn sitzen. Sie werden erstaunt sein, was Ihnen plötzlich alles auffällt. Viele Verhaltensmerkmale sind natürlich nicht eindeutig. Runzelt jemand zum Beispiel die Stirn, weil er ärgerlich ist oder nachdenklich? Gestikuliert jemand hektisch, weil er aufgeregt ist, oder ist er nur etwas temperamentvoller als der durchschnittliche Nordeuropäer? Menschen zu „lesen" ist alles andere als trivial. Wer bei Paul Ekman, dem berühmten Emotionsforscher, seine Fähigkeit zur Deutung von Gesichtern verbessern will, absolviert einen mehrtägigen Kurs. Aber Sie wollen ja nicht als „menschliche Lügendetektoren" am Flughafen arbeiten wie einige von Ekmans Seminarteilnehmern. Und: Sie sehen Ihre Mitarbeiter und Mitarbeiterinnen Tag für Tag. Sie wissen, wie sie sich „normalerweise" verhalten. Interessant für uns sind alle Abweichungen vom Normalverhalten: Die sonst so gelassene Mitarbeiterin zieht im Gespräch die Schultern hoch und weicht Ihrem Blick aus. Der meinungsfreudige Mitarbeiter presst im Teammeeting die Lippen aufeinander und schweigt. Auch Inkongruenzen zwischen dem, was jemand sagt, und dem, was sein Körper ausdrückt, sind hochinteressante Informationen für Sie und sollten Sie stutzig machen.

Alles prima, Chef!

Der Leiter der Werbeabteilung fragt den Mitarbeiter, der ein wichtiges Projekt für einen Neukunden verantwortet: „Und, wie läuft's? Alles klar beim Projekt XY?" – „Ja, alles prima", entgegnet der Mitarbeiter. Allerdings zögert er einen Moment und Lächeln sowie Tonfall wirken eher gezwungen. Statt sich auf das Lippenbekenntnis des Mitarbeiters zu verlassen, hakt die Führungskraft nach: „Ganz einfach ist der Kunde sicher nicht. Stehen Sie unter Druck?" Erst daraufhin erfährt die Führungskraft, dass der Kunde sich beharrlich zu den ersten Entwürfen ausschweigt und der Terminplan zu platzen droht.

Achten Sie nicht nur darauf, *was* ein Mitarbeiter sagt, sondern auch *wie* er es sagt. Stellen Sie offene Fragen und beobachten Sie Ihr Gegenüber genau. Rechnen Sie damit, dass nur sehr wenige Menschen immer offen zu ihnen sind. Menschliches Verhalten ist auch von taktischen Überlegungen gesteuert, von Karriereerwägungen, von Konfliktscheu und der Angst, das Gesicht zu verlieren. Studien zufolge „lügen" wir in einem zehnminütigen Gespräch im Schnitt zwei- bis dreimal, wenn man unter Lügen auch Verschweigen, Übertreiben, Schmeicheln und Heucheln subsumiert (vgl. Pantleon o. J.). Ohne die (kleine) Lüge als sozialen Schmierstoff ginge es erheblich rauer zu in der Welt. Als Führungskraft werden Sie allerdings zu Recht über Wichtiges Bescheid wissen wollen. Die gleichnamige Checkliste sensibilisiert Sie für nonverbale Indizien der Unaufrichtigkeit und des Unbehagens. Wenn Sie solche Signale bemerken, fragen Sie gezielter nach. Wenn Sie sich dies zur Gewohnheit machen, wissen Sie bald, was in Ihrem Team los ist. Dabei bewähren sich folgende Methoden:

- Management by Walking Around: Drehen Sie jeden Tag mindestens eine kurze Runde in Ihrer Abteilung, bei der Sie ansprechbar sind und selbst mit kurzen Fragen, ähnlich wie im Beispiel oben, auf die Mitarbeiter zugehen. Wechseln Sie unregelmäßig die Laufrichtung, Start- und Endpunkt.
- Sorgen Sie dafür, dass Sie jeden Ihrer direkten Mitarbeiter (sowie alle Mitarbeiter mit besonderen Aufgaben) im Rahmen eines Jour fixe mindestens einmal im Monat für 30 bis 60 min zum Zweiergespräch sehen.
- Jede Woche, mindestens zweiwöchentlich, sollten Sie einen Jour fixe mit dem Team vorsehen, mit klarer Agenda, in die vorab Themen eingebracht werden können.
- Verfolgen Sie in Ihren Teamsitzungen aufmerksam, wie Ihre Mitarbeiter miteinander umgehen. Wo gibt es regelmäßig Bündnisse? Wer kann gut mit wem? Wer geht sich aus dem Weg?

Checkliste: Indizien für Unbehagen oder Unaufrichtigkeit
(vgl. Navarro 2015, S. 246 f.; Nasher 2012, S. 182 f.)

Nur sehr wenige Menschen sind geborene Schauspieler. Kleine und größere nonverbale Signale der Nervosität oder Anspannung verraten in der Regel, ob wir etwas verbergen. Reden und gleichzeitig die Körpersprache unter Kontrolle zu halten, überfordert die meisten. Worauf Sie achten sollten:
- Ihr Gegenüber weicht Ihrem Blick aus oder blinzelt.
- Er/Sie kräuselt die Stirn oder atmet geräuschvoll aus oder ein.
- Er/Sie leckt sich nervös die Lippen oder presst sie zusammen.
- Er/Sie nestelt an der Kleidung oder am Schmuck herum, rückt die Krawatte gerade, spielt mit Ohrring oder Halskette.
- Er/Sie macht selbstberuhigende Gesten (verschränkt die Arme, fährt sich über das Bein oder den Arm, streicht sich über das Haar).
- Er/Sie verbirgt die Hände unter der Tischplatte oder umklammert die Armlehnen.
- Er/Sie wippt nervös mit den Füßen oder tippt rhythmisch auf den Boden.
- Er/Sie erstarrt plötzlich.
- Er/Sie räuspert sich häufig.
- Er/Sie zögert, macht Pausen, streut ungewöhnlich häufig „Ähs" und „Öhs" ein.
- Er/Sie spricht zögerlich, tonlos, zittrig oder mit ungewöhnlich hoher Stimme.
- Er/Sie lächelt künstlich.
- Er/Sie verhält sich „irgendwie anders", als Sie es kennen.
- Er/Sie sendet widersprüchliche Signale (Beispiel: Lächeln und tonlose Stimme).
- Während des Gesprächs verändern sich plötzlich die nonverbalen Signale (Mimik, Gesten, Stimmqualität).

Achtung: All diese Indizien sagen noch nichts über die Beweggründe Ihres Gegenübers aus! Ob jemand nervös ist, weil er etwas vor Ihnen verbirgt, oder ob andere Gründe vorliegen, sollten Sie erfragen. Beispiel: Jemand sitzt auf heißen Kohlen, weil er eine wichtige Verabredung hat, nicht, weil er Ihnen etwas verschweigt. Fragen Sie nach, statt Fehlschlüsse zu ziehen!

Widerstehen Sie der Versuchung, die Dinge „schnell" regeln zu wollen und Warnsignale zu ignorieren. Häufig liegt hier der Keim für Probleme, die Sie hinterher viel mehr Zeit kosten. Je besser Sie Ihre Mitarbeiter einschätzen, desto gezielter können Sie führen: Sie erkennen, wer momentan Stress hat und wer eher unterfordert ist, wer gut mit wem zusammenarbeitet und wem Sie gemeinsam eine Aufgabe übertragen können. Sie sehen, wo sich Konflikte anbahnen, die möglicherweise die Produktivität beeinträchtigen können. Sie erfahren rechtzeitig, ob Ihre Unterstützung gefragt ist. Für ein besseres Kennenlernen Ihrer Mitarbeiter und daraus resultierend eine bessere Einschätzung ist die Mitarbeitermatrix hilfreich, die Sie am Ende dieses Kapitels finden. Je mehr Sie wissen, desto verlässlicher wird Ihr Urteil. Ob ein Mitarbeiter gerade zum zweiten Mal Vater wird, ob eine Mitarbeiterin pflegebedürftige Eltern hat, ob jemand sich im Vorstand einer Bürgerinitiative engagiert oder in seiner Freizeit ambitionierte Klettertouren unternimmt, all das rundet Ihr Bild eines Menschen ab und hilft Ihnen, ihn angemessen zu führen.

In Summe bedeutet all das: Werden Sie vom Bewerter und Bescheidwisser zum Beobachter und Nachfrager. Nichts muss so sein, wie es Ihnen auf den ersten Blick erscheint. Wir sehen die Dinge nicht, wie sie sind – wir sehen sie, wie wir sind, heißt es im Talmud. Auch Ihre Wahrnehmung ist selektiv, auch Ihre Schlussfolgerungen sind von eigenen Wertvorstellungen und Erfahrungen geprägt. Urteilen und entscheiden Sie erst, wenn Sie eine solide Informationsgrundlage besitzen. Vergessen Sie nie: Nichts ist, was es zu sein scheint.

Persönlichkeitstypologien und ihre Tücken

Seit der Antike wird versucht, Menschen dadurch leichter zu durchschauen, dass man sie in bestimmte „Typen" einteilt. Die vier Temperamente, die antike Denker auf unterschiedliche „Körpersäfte" zurückführten, gehören bis heute zu unserem Wortschatz. Danach gibt es unter den Menschen schwermütige Melancholiker, aufbrausende Choleriker, lebensfrohe Sanguiniker und lethargische Phlegmatiker sowie Zeitgenossen mit ausgewogenerem Temperament. Die moderne Psychologie setzt sich differenzierter mit Persönlichkeitszügen auseinander. Wie viele Menschen-„Typen" man postuliert und wie viele Eigenschaften man als konstitutiv für die Persönlichkeit betrachtet, ist eine Frage der jeweiligen Theorie. In der Personalarbeit kommen eine Reihe von Modellen und Persönlichkeitstests zum Einsatz, beispielsweise der Myers-Briggs-Typenindikator (MBTI), das Persolog®- oder DISG-Modell (Dominant, Initiativ, Stetig, Gewissenhaft) oder die beiden im ersten Kapitel erwähnten Ansätze, das Reiss-Profile der Lebensmotive und das Bochumer Inventar zur berufsbezogenen Persönlichkeitsbeschreibung (BIP). Ich empfehle Ihnen durchaus die Beschäftigung mit solchen Modellen, denn sie sensibilisieren dafür, wie unterschiedlich Menschen denken, fühlen und handeln, und können davor bewahren, die eigene Denk- und Sichtweise als einzig richtige zu verabsolutieren. Sie bergen allerdings auch die Gefahr, Menschen in Schubladen zu stecken. So ist in Anlehnung an die Farbgebung mancher Modelle häufig zu hören, jemand sei eben ein „Blauer" (Denker), „Roter"

(Macher) oder „Grüner" (Menschenfreund). Mit einem derart groben Raster legen Sie sich eher Scheuklappen an, als Ihren Blick für Menschen zu weiten. Ich möchte Ihnen dennoch ein im Alltag hilfreiches Modell vorstellen. Nehmen Sie es bitte nicht als Hinweis auf Typen, sondern als Beschreibung von Verhaltenstendenzen, die Ihnen bei der Einordnung von Mitarbeiterverhalten helfen können, wie im folgenden Beispiel.

Die „nervige" Mitarbeiterin

Die Abteilungsleiterin in einer kommunalen Behörde ist genervt: Eigentlich kommt Sie mit Ihrem zwölfköpfigen Team sehr gut zurecht. Wäre da nicht Frau O., die jeden Tag gefühlte 20-mal in Ihrem Büro steht, weil es „ein Problem gibt", weil sie „eine kurze Frage" hat, weil sie sich wegen einer Kleinigkeit rückversichern will. „Was kann ich tun, damit das aufhört?", will die Klientin wissen. Sie versuche schon alles, um dieser Mitarbeiterin aus dem Weg zu gehen. Gebracht hat das bisher wenig. Ich rate der Abteilungsleiterin zum genauen Gegenteil, dazu, jeden Morgen bei der Mitarbeiterin kurz vorbeizuschauen und zu fragen, wie es ihr geht und ob es irgendetwas zu besprechen gibt. Die Klientin ist zunächst entsetzt, doch die Methode bewährt sich. Die Besuchsfrequenz der Mitarbeiterin normalisiert sich spürbar.

Hinter dem häufigen Hereinschneien steckte vermutlich das Bedürfnis nach Nähe und Aufmerksamkeit. Als das durch die Vorgesetzte befriedigt wurde, erledigte sich auch das Problem der ständigen Besuche. Eine andere Mitarbeiterin wäre womöglich befremdet, wenn die Chefin sie öfter aufsuchte, und würde sich in ihrer Selbstständigkeit behindert und kontrolliert fühlen. Das Bedürfnis nach Nähe oder Distanz zu anderen Menschen ist individuell unterschiedlich, ebenso das Bedürfnis nach Abwechslung oder Stabilität. Auf diesen beiden Koordinaten beruht das Riemann-Thomann-Modell unterschiedlicher „Grundstrebungen der Persönlichkeit", das der Tiefenpsychologe Fritz Riemann in seinem Buch „Grundformen der Angst" entwickelte (vgl. Abb. 11).

Kerngedanke Riemanns ist, dass Verhaltenstendenzen wie das Bedürfnis nach Nähe in einer menschlichen Grundangst (in diesem Fall der Angst vor Isolation und Unabhängigkeit) wurzeln (Riemann 2013). Das Bedürfnis nach Dauer etwa erwächst aus der Angst vor Instabilität und Veränderung. Es mündet in Eigenschaften wie Vorsicht, Ausdauer und Ordnungsliebe. Im Bedürfnis nach Wechsel hingegen steckt die Angst vor Endgültigkeit, die unter anderem mit Risikofreude und Flexibilität im Zaum gehalten wird. Welche Eigenschaften zum Beispiel mit den Grundstrebungen korrelieren können, zeigt Abb. 12 (© Jörg Block).

Die zentrale Botschaft lautet: Mitarbeiter sind verschieden und wollen verschieden geführt werden. Wenn Sie alle über den gleichen Kamm scheren, ist das nicht etwa „gerecht", sondern blauäugig. Das macht das Führen zugegebenermaßen anspruchsvoller, als manche Führungstheorien suggerieren. Nutzen Sie daher Mitarbeitergespräche und Aufgabendelegationen für etwas, was viele Führungskräfte viel zu selten tun: Fragen Sie nach, was der jeweilige Mitarbeiter von Ihnen braucht, um gute Ergebnisse zu erzielen und sich am Arbeitsplatz wohlzufühlen. Womit wir beim nächsten Punkt wären.

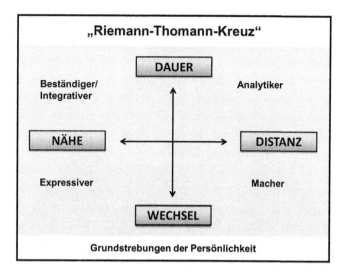

Abb. 11 Das Riemann-Thomann Modell. (nach Riemann 2013; Thomann und Schulz von Thun 2011)

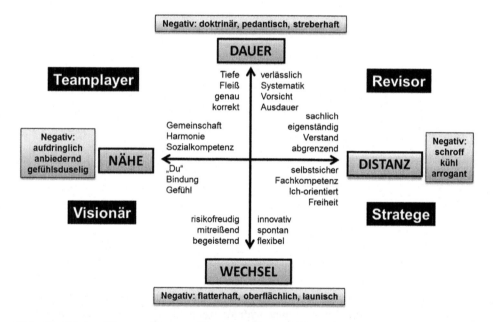

Abb. 12 Mit dem Riemann-Thomann-Kreuz korrelierende Eigenschaften

Ihre wichtigste Aufgabe: Menschen für sich gewinnen

Lassen Sie Ihre Gedanken für einen Moment schweifen: An welche Führungskräfte in Ihrem Leben erinnern Sie selbst sich auch nach Jahren noch? Wer hat das Beste aus Ihnen herausgeholt? Wer hat Sie inspiriert und weitergebracht, auch wenn es manchmal

Abb. 13   Wertschätzungspyramide. (© Ralf Gasche)

anstrengend war? Wer taugte zum Vorbild? Das können Ausbilder sein, Lehrer, Verein-
strainer, Vorgesetzte. Wenn Sie das Glück hatten, so einen exzellenten Chef zu kennen,
werden Sie sich auch heute noch mit Wärme an ihn erinnern. Sie haben für die Sache
gearbeitet, für sich, aber auch für diesen Chef als Person. Mitarbeiter verlassen nicht
nur schlechte Führungskräfte, indem sie mit den Füßen abstimmen und kündigen. Sie
legen sich umgekehrt auch für gute Führungskräfte ins Zeug. Deshalb ist es so wichtig,
dass Sie die Menschen für sich gewinnen, bevor Sie über ehrgeizige Sachziele nachdenken. Wie Ihnen das gelingen kann, verdeutlicht die „Wertschätzungspyramide"
(Abb. 13).

Interesse und Aufmerksamkeit

Die Basis für eine gute Beziehung zum anderen, ob privat oder im Berufsleben, ist Interesse. Übersehen zu werden, nicht beachtet zu werden, empfinden die meisten Menschen
als Kränkung. Denken Sie daran, wie es Ihnen geht, wenn jemand Ihren Gruß nicht erwi-
dert oder sich weiter seinem Smartphone widmet, während Sie mit ihm reden. Es ist kein
Zufall, dass man charismatischen Menschen nachsagt, sie verstünden es, ihrem jeweiligen Gegenüber das Gefühl zu vermitteln, es gäbe im Moment der Begegnung nichts
Wichtigeres für sie als eben dieses Gegenüber. Interesse wird signalisiert durch Blick-
kontakt, Konzentration auf den anderen, konsequentes Einstellen von Nebentätigkeiten
(wenn man sich trifft oder der Mitarbeiter zum Termin kommt) sowie zugewandte Körpersprache und Körperausrichtung.

Gute Kommunikation

Damit sind die Voraussetzungen für die zweite Ebene der Wertschätzung gelegt: für eine gelingende Kommunikation. Verstehen wollen und verstanden werden sind die Grundlage guter zwischenmenschlicher Beziehungen. Eine Richtschnur dafür bilden die folgenden Verhaltensweisen:

- Davon ausgehen, dass der andere sein Bestes gibt und aufrichtig ist (bis zum eindeutigen Beweis des Gegenteils),
- das Anliegen des Gegenübers wirklich verstehen wollen,
- aufmerksam zuhören,
- zur Verständnissicherung nachfragen („Verstehe ich richtig, dass …?"),
- nichts unterstellen oder voreilige Schlüsse ziehen,
- nicht voraussetzen, dass der andere das eigene Weltbild und die eigenen Einstellungen automatisch teilt (eher Ich-Botschaften formulieren als Grundsatzerklärungen abgeben – also eher „Mir ist wichtig, dass …" als „Es ist doch sonnenklar, dass …"),
- keine Abwertungen der Person („Sie sind unzuverlässig!"), sondern sachliche Kritik („Sie haben den Abgabetermin um zwei Tage überschritten!"),
- keine Scherze auf Kosten anderer, keine bissige Ironie, keine Drohungen (Negativbeispiel: „… dann werden Sie mich kennenlernen!"),
- auf rhetorische Tricks verzichten (Negativbeispiel: „Sie stimmen mir doch sicher zu, dass …"),
- Floskeln und Worthülsen vermeiden (Negativbeispiel: „Nehmen Sie das doch nicht so persönlich!"),
- dem anderen Gelegenheit geben, nachzufragen und seine eigene Meinung kundzutun,
- sich selbst klar und präzise ausdrücken,
- mehr offene Fragen stellen („Wie beurteilen Sie …?" statt „Halten Sie das für richtig?"),
- die eigenen Erwartungen an den Mitarbeiter eindeutig formulieren („Ich möchte, dass Sie …", „Ich erwarte von Ihnen, dass …"),
- auf Augenhöhe mit dem Gegenüber reden, sich ggf. auf dessen Wortschatz und Kenntnisse einstellen,
- nicht eigene Launen an anderen auslassen,
- eigene Fehler einräumen und sich entschuldigen können.

Gelingende Kommunikation ist kein nettes Extra für die Mitarbeiter, kein Wellness-Programm für den Unternehmensalltag, sondern in Ihrem ureigenen Interesse: Nur auf diese Weise bringen Mitarbeiter ihr Wissen und ihre Kompetenzen vollständig für den gemeinsamen Erfolg ein. Und darauf ist jede Führungskraft in einem immer komplexeren wirtschaftlichen Umfeld dringend angewiesen.

Vertrauen

Vertrauen sei „die Erwartung, nicht durch das Handeln anderer benachteiligt zu werden"
und damit „unverzichtbare Grundlage jeder Kooperation", definiert das *Gabler Wirtschaftslexikon* (http://wirtschaftslexikon.gabler.de). Wer anderen nicht vertrauen kann, darf in kein
Flugzeug steigen und sollte Arztpraxen meiden. Wo Vertrauen herrscht, treten Regelungswut und kleinteilige Kontrolle in den Hintergrund. Insofern ist Vertrauen, wie der bekannte
Soziologe Niklas Luhmann einst schrieb, ein „Mechanismus zur Reduktion sozialer Komplexität" (Luhmann 2014). In der Führung wird Vertrauen vor allem als Zutrauen in die
Kompetenz, das Engagement und in die Integrität der Mitarbeiter wirksam.

Wie vertrauensvoll das Klima in einer Abteilung ist, gibt die Führungskraft vor. Sie
ist gefordert, einen Vertrauensvorschuss zu gewähren, denn die Mitarbeiter werden sich
an ihrem Vorbild orientieren. Konkret wird dieser Vorschuss in der Delegation auch
anspruchsvoller Aufgaben erkennbar; in Ermutigung, im Verzicht auf Detailkontrolle –
nicht in der Abschaffung jeglichen Spielraums, wie Lenins bekanntes Bonmot („Vertrauen
ist gut, Kontrolle ist besser!") fälschlicherweise unterstellt. Warum (Ergebnis-)Kont-
rolle gut und richtig ist, wird in Kap. „§ 6 Kontrollieren statt Frustrieren" erläutert. Normalerweise revanchiert ein Mitarbeiter, dem Vertrauen entgegengebracht wird, sich mit
Vertrauen in die Führungskraft, anders ausgedrückt: mit der Überzeugung, dass die Führungskraft es gut mit ihm meint (siehe den Regelkreis der Vertrauensbildung in Abb. 14).
In einem Klima des Vertrauens kann ein Mitarbeiter Fehler eingestehen und Unsicherheiten (etwa in Phasen der Umstrukturierung) leichter ertragen. Vertrauen reduziert Angst und
fördert Kreativität, verhindert das Verschweigen von Missständen und stärkt die Motivation. Insofern ist auch Vertrauen ein weicher Faktor, der harte Fakten nach sich zieht.

Es bringt also nichts, in Krisenzeiten „Vertrauen" einzuklagen, ohne vorher auf das
Vertrauenskonto eingezahlt zu haben. Vertrauensbildende Maßnahmen sind:

- Charakterliche Integrität,
- authentisches Führungsverhalten (vgl. Kap. „§ 1 Souveränität statt herumeiern"),
- allen Mitarbeitern den möglichen Vertrauensvorschuss gewähren,
- Vereinbarungen einhalten,
- höfliche, respektvolle Umgangsformen pflegen,
- niemanden vor anderen bloßstellen oder demütigen,
- großzügig bei der Weitergabe von Wissen und Kontakten sein,
- sich konsequent von Intriganten trennen,
- offen sein für Kritik und kritische Themen ansprechen,
- Vertrauensbrüche thematisieren,
- sich vor die Mitarbeiter stellen, auch bei Fehlern (Fehler der Mitarbeiter sind auch
  Fehler des Chefs),
- respektieren, dass Erfolge der Mitarbeiter den Mitarbeitern gehören,
- nur wirklich persönliche (Führungs-)Erfolge für sich selbst beanspruchen.

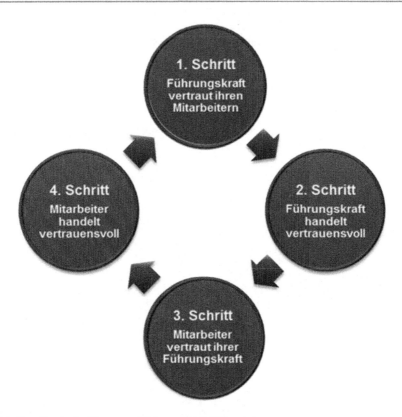

Abb. 14 Regelkreis der Vertrauensbildung. (© Ralf Gasche)

Wertschätzung

Jemanden wertzuschätzen bedeutet im Wortsinne, ihn als Person sowie seine Leistung positiv zu würdigen. Interesse am Menschen, gute Kommunikation, gegenseitiges Vertrauen bereiten den Weg. Im Zentrum der Wertschätzung stehen eine auf die Person bezogene positive Grundausrichtung und Anerkennung – Anerkennung nicht als pauschales und damit wenig aussagekräftiges Lob, sondern als präzise Würdigung tatsächlich erbrachter Leistungen. Im Alltag herrscht nicht selten Problemfixierung: Was gut läuft, wird kommentarlos hingenommen. Klappt etwas nicht, folgt die Kritik auf dem Fuße. Machen Sie es sich zur Regel, Teamerfolge als solche zu benennen, beispielsweise zu Beginn eines Team-Meetings. Notieren Sie sich dazu im Vorfeld erwähnenswerte Leistungen. Würdigen Sie konkrete Einzelleistungen, bedanken Sie sich für außergewöhnlichen Einsatz. Feiern Sie größere Erfolge, etwa den Abschluss eines wichtigen Projektes, die Gewinnung eines wichtigen Kunden, gemeinsam mit Ihrem Team. Zur Wertschätzung gehört auch, Geburtstage, runde Jahrestage der Unternehmenszugehörigkeit und wichtige Begebenheiten im Leben eines Mitarbeiters präsent zu haben. Auch dabei unterstützt Sie die Mitarbeitermatrix am Ende dieses Kapitels.

Außer in Worten drückt sich Wertschätzung auch in sachlichen Gegebenheiten aus: angemessene Bezahlung, ansprechend möblierte Büros, gut funktionierende IT, gute Qualität der
Kantine und/oder Pausenräume. Wie wertgeschätzt soll sich jemand fühlen, der auf einem
wackeligen Bürostuhl sitzt und seine Pause in einer fensterlosen Kammer verbringen soll?
Der US-Berater und Ex-FBI-Mitarbeiter Joe Navarro überträgt die „Broken-Window"-Theo-
rie der Kriminologen auf das Arbeitsumfeld: Ähnlich wie in einem Stadtteil, der immer mehr
herunterkommt, wenn erst einmal die ersten Fensterscheiben eingeschlagen sind, leiden
Einstellungen und Engagement einer Abteilung, wenn deutlich sichtbar bestimmte äußere
Faktoren vernachlässigt werden, schmutzige Arbeitskleidung hingenommen wird, herunter-
gekommenes Mobiliar nicht ersetzt wird (Navarro 2015, S. 173). Es besteht die Gefahr, dass
eine solche „Nehmen wir's nicht zu genau"-Haltung ausstrahlt: Gehen Sie davon aus, dass
Ihre Mitarbeiter mit Kunden ähnlich umgehen wie Sie mit Ihren Mitarbeitern.

Wertschätzung heißt auch, Kontroversen auszuhalten und sie als Bereicherung schätzen zu lernen. Wenn Ihre Mitarbeiter immer Ihrer Meinung sind, sollte Sie das stutzig
machen. Möglicherweise ist es Ihnen bisher nicht gelungen, das Potenzial der Mitarbeiter zu mobilisieren. Schlimmstenfalls haben Sie ein Klima der Gleichgültigkeit und des
Duckmäusertums erzeugt. *„Wo Chef und Stellvertreter immer die gleichen Ansichten vertreten, ist einer von ihnen überflüssig"*, gab Winston Churchill einmal zu bedenken.

Sympathie

An die Spitze der Wertschätzungspyramide habe ich die Sympathie gestellt: Ein Mitarbeiter arbeitet gern für Sie, *auch* weil er Sie mag, Ihnen geht es mit dem Mitarbeiter
ähnlich. Möglicherweise regt sich gerade Protest in Ihnen: Muss man sich mögen, um
gemeinsam Erfolge zu erzielen? Nein, man muss nicht. Aber es hilft. Und damit meine
ich ausdrücklich nicht die Einstellung nach „Nasenfaktor", sondern die mit der Zusammenarbeit wachsende gegenseitige Zuneigung.

Mit dem Phänomen der Sympathie hat sich der US-Psychologe Robert B. Cialdini
beschäftigt. Er verweist auf die Alltagserfahrung, dass wir „am ehesten bereit sind, den
Bitten von Leuten nachzukommen, die wir kennen und mögen", und beschreibt den
gezielten Einsatz von Sympathiefaktoren in Werbung und Verkauf. Kurz gefasst führt er
Sympathie auf folgende Einflüsse zurück (Cialdini 2008, S. 211 ff.):

- Äußerliche Attraktivität (wir schließen von gutem Aussehen auf einen guten Charakter),
- Ähnlichkeit bei „Meinungen, Charaktereigenschaften, Herkunft oder Lebensstil",
  selbst bei oberflächlichen Aspekten wie Kleidung, Name, Heimatregion,
- Komplimente, Sympathiebekundungen des anderen (wir finden sympathisch, wer uns
  sympathisch findet),
- Kontakt und Kooperation (wir finden sympathisch, wer uns in der Zusammenarbeit
  nützt/bei der Erreichung von Zielen hilft),
- positive Assoziationen (wir finden beispielsweise Überbringer guter Nachrichten sympathisch, schlechte Nachrichten „infizieren" den Überbringer; wir mögen Menschen,
  die mit Sympathieträgern gemeinsam auftreten).

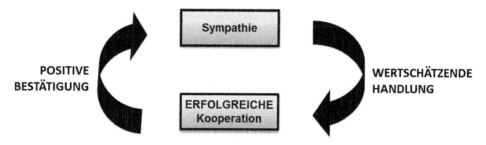

Abb. 15 Kreislauf der Sympathie. (© Ralf Gasche)

Für Führung sehr interessant ist die von Cialdini hervorgehobene wichtige Rolle der Kooperation: Sympathie ist mehr als der kurze Reflex des ersten Eindrucks – Sympathie kann auch daraus erwachsen, dass man sich im Verlauf einer Zusammenarbeit kennen und schätzen lernt. Zudem ist die Sympathie, die uns entgegengebracht wird, in gewissem Grad auch ein Spiegel der Haltung, mit der wir anderen gegenübertreten. Wer mehr Wärme ausstrahlt, bekommt auch mehr zurück. Sie haben es also in der Hand, ob Sie die Zusammenarbeit so gestalten, dass Sie eine Erfolgsspirale gegenseitiger Kooperation und menschlicher Wertschätzung in Gang setzen (vgl. Abb. 15). Oder ob Sie den menschlichen Faktor vernachlässigen und dadurch das Risiko eingehen, dass auch die Arbeitsergebnisse leiden. Wie hoch Mitarbeiter eine positive Arbeitsatmosphäre schätzen, belegt eine Arbeitsmarktstudie im Auftrag der Bertelsmann-Stiftung und der Barmer GEK. 72 % der Befragten sei „ein gutes Betriebsklima" wichtig, gegenüber 35 %, die eine „leistungsgerechte Bezahlung", als wichtig einstuften, meldete die Krankenkasse Anfang 2012.[3]

Was aber tun Sie, wenn ein Mitarbeiter Ihnen trotz allem so richtig unsympathisch ist? Wenn er Ihnen zu langsam, zu hektisch, zu pingelig, zu unkonzentriert, zu unterwürfig, zu hochfahrend, zu … [hier können Sie gern Ihren eigenen Punkt einsetzen] ist? Viele Chefs haben Lieblingsmitarbeiter, ganz so wie viele Eltern insgeheim Lieblingskinder haben. Sich das nicht anmerken zu lassen, ist schwer, aber unerlässlich, wenn Sie fair und gerecht führen wollen. Der Umgang mit dem inneren ablehnenden Gefühl gegenüber einem anderen Menschen ist eine der schwierigsten Herausforderungen im Führungsalltag, die sich Ihnen stellen kann. Wenn Sie in der Lage sind, hiermit souverän umzugehen, sind Sie auf dem Weg zum Excellent Leader. Jede Herausforderung beinhaltet auch eine enorme Chance, die Sie für sich nutzen sollten, zur Weiterentwicklung der Führungsbeziehung und vor allem auch für Sie selbst. Oft lehnen wir an anderen Menschen unbewusst ab, was wir uns selbst versagen. Dann nervt beispielsweise der „lässige" Mitarbeiter, weil man selbst sich doppelt anstrengt, statt fünf gerade sein zu lassen. Oder der andere muss dafür zahlen, dass er uns an jemanden erinnert, mit dem wir uns nicht verstehen, vom Ex-Mann, einem Lehrer aus der Schulzeit bis zu einem früheren Vorgesetzten. Das zu bedenken kann helfen, positiver auf das Gegenüber zuzugehen.

---

[3]Mehrfachnennungen waren möglich.

Fach-, Branchen-, Führungs-, Unternehmenswissen und warum es wirklich wichtig für Sie ist

Eine gute Führungskraft besitzt nicht nur „Menschenkompetenz", sondern auch Fachkompetenz. Zur fachlichen Kompetenz zähle ich dabei neben fachbezogenem Überblickswissen ebenso aktuelle Branchenkenntnisse, Kenntnisse über das eigene Unternehmen und über grundlegende Führungstools. All das versteht sich von selbst? Die Praxis sieht leider anders aus. In einer Studie der Personalberatung *LAB & Company* in Zusammenarbeit mit der *Hochschule Coburg* bemängelte die Hälfte der 322 befragten Manager, eigene Kollegen und Vorgesetzte würden unzureichend informieren. 49 % kritisieren, dass es keine klaren Zuständigkeiten gibt, 44 % vermissen die klare Kommunikation der eigenen Erwartungen (LAB Managerpanel 2012). Sich selbst schätzen Chefs überwiegend positiv ein, wie eine *Forsa*-Umfrage Anfang 2014 ergab. 95 % aller Vorgesetzten halten sich für „eine gute und bei den Mitarbeitern akzeptierte Führungskraft" (afp 2014). Mitarbeiterbefragungen zeichnen ein anderes Bild. In einer Umfrage des Assessment-Spezialisten *Metaberatung* unter 1100 Arbeitnehmern sagen 57 % der Mitarbeiter, der eigene Chef sei als Führungskraft eine Fehlbesetzung (Bildungsspiegel 2012). All das erinnert ein wenig an den biblischen Splitter im Auge des Bruders, der registriert wird, während man den Balken im eigenen Auge übersieht. Welches Wissen also ist hilfreich, wenn Sie Ihre Führungsaufgabe erfolgreich wahrnehmen wollen?

Fach- und Branchenwissen

Als Führungskraft ist es nicht Ihre Aufgabe, beim Detailwissen Ihrer Mitarbeiter mitzuhalten. Angesichts der rasanten Entwicklung in Technologie und Wissenschaft ist das schlicht unmöglich. Was Sie brauchen, um neue Entwicklungen rechtzeitig zu erkennen und Herausforderungen anzugehen, bevor sie sich zu echten Problemen auswachsen, ist Überblickswissen beispielsweise zu

- aktuellen Trends in Ihrer Branche,
- neuen technischen Entwicklungen,
- Marktposition, Verhalten von alten und neuen Wettbewerbern,
- Diskussionsthemen (was beschäftigt Entscheidungsträger aktuell),
- wichtigen Personalien,
- Innovationen.

Es genügt nicht mehr, einmal sein Geschäft gelernt zu haben, um 30 Jahre damit erfolgreich zu sein. Dazu ändert sich die Praxis in Zeiten der Europäisierung und Globalisierung zu rasant. Wer relevante Entwicklungen verschläft, verschwindet vom Markt, wie der schnöde Untergang eines einstigen Vorzeigeunternehmens wie *Quelle* illustriert. Hätte man sich in diesem Versandhaus ebenso offensiv mit dem Online-Handel auseinandergesetzt wie beim Konkurrenten *Otto*, wäre die Geschichte vielleicht anders verlaufen. Der Niedergang der deutschen HiFi-Industrie oder des Mobilfunkunternehmens *Nokia* sind weitere markante Beispiele dafür, wie die Zeichen der Zeit verkannt und potente Wettbewerber mit neuen technischen Angeboten unterschätzt wurden. Das für kluge strategische Entscheidungen erforderliche Überblickswissen kann man heute nicht länger der Unternehmensspitze allein zuweisen, auch im Mittelmanagement sind Führungskräfte gefragt, die fachlich auf der Höhe der Zeit sind und proaktiv handeln. Instrumente, die dies gewährleisten, sind

- Lektüre der Fach- und Wirtschaftspresse,
- einschlägige Fach- und Sachbücher,
- Teilnahme an Messen und Kongressen,
- Nutzung der Angebote von Industrieverbänden, IHKs, Handelskammern etc. (Arbeitskreise und Workshops zum Erfahrungsaustausch, Seminare),
- Austausch mit Kollegen im Unternehmen und darüber hinaus.

Führungswissen

Souveräne Führung ist vor allem eine Frage der Persönlichkeit und damit der Selbstreflexion sowie der eigenen Weiterentwicklung, wie in Kap. „§ 1 Souveränität statt herumeiern" beschrieben. Dazu kommt eine handwerkliche Komponente, die auf Kenntnissen und Praxiserfahrung beruht. Kenntnisse zum Thema Menschenführung kann man sich in Seminaren und durch Bücher aneignen, die Feuertaufe jedoch ist der Alltag, in dem man Erfahrungen sammelt. Fast alle erfahrenen Führungskräfte geben im Zweiergespräch zu, zu Beginn ihrer Führungslaufbahn etliche, auch gravierende, Führungsfehler begangen zu haben. Angesichts der Komplexität der Aufgabe ist dies nicht verwunderlich. Entscheidend ist die Bereitschaft, aus eigenen Fehlern zu lernen und nicht dieselben Fehler immer wieder zu begehen. Das ist nicht immer der Fall. So belegte eine Studie bei *Volkswagen* schon vor Jahren, dass Vorgesetzte den Krankenstand ihrer Abteilung bei einem Wechsel mitnehmen. VW setzte Führungskräfte mit hoher Krankenrate gezielt an die Spitze von Abteilungen mit wenigen Krankheitstagen. Nach einem Jahr war dort die Krankenrate so hoch wie im vorigen Zuständigkeitsbereich (vgl. Dettmer 2011). Vor allem, wenn es an Wertschätzung und Anerkennung mangelt, kann Führung krank machen, belegen Berichte der Krankenkassen sowie eine *GEVA*-Studie (vgl. Gasche 2015, S. 23 ff.). Umso erstaunlicher ist es, dass nur knapp die Hälfte der Chefs ein Führungsseminar besucht hat, wie eine *Forsa*-Umfrage unter 502 Managern ergab (afp 2014).

Worüber also sollte eine Führungskraft Kenntnisse haben? Hier eine Aufstellung der wichtigsten Bereiche:

Nützliches Führungswissen im Überblick

- Arbeitsorganisation (Planung, Aufgabenzuweisung, Kontrolle, Evaluierung)
- Budgetierung und Kostenkontrolle (einschließlich Kostenbewusstsein und Gespür für „versteckte" Kosten)
- Ziele formulieren (eigene Ziele, Abteilungsziele, Zielvereinbarungsgespräche und Zielerreichungsgespräche mit Mitarbeitern)
- Entscheidungstechniken
- Situatives Führen (Einschätzung von Engagement und Kompetenz von Mitarbeitern und entsprechendes Führungsverhalten: anweisen, trainieren, partizipieren, delegieren)
- Delegieren (Zyklus: Auswahl von Aufgaben, Mitarbeitern und individuellem Delegationsgrad, Übergabegespräche, Ergebniskontrolle, Feedback)
- Feedback geben und annehmen
- Kommunikation (verbale und nonverbale Faktoren, Ich-Botschaften, anerkannte Modelle wie Eisbergmodell, 4-Ohren-Modell)
- Schriftliche Kommunikation (Klarheit und Präzision in Briefen, E-Mails, Memos, Protokollen, schriftlichen Anweisungen)
- Mitarbeitergespräche führen (Klärungsgespräche, Kritikgespräche, Konfliktgespräche, Zielvereinbarungsgespräche)
- Mitarbeiterentwicklung (Kompetenzprofile, Personalbeurteilungstechniken, Perspektivgespräche, Fragetechniken aus dem Coaching, Entlohnungs- und Incentivierungssysteme, 360-Grad-Feedback)
- Motivation und Inspiration von Mitarbeitern (Wissen darüber, welche Faktoren motivieren und welche demotivieren)
- Meetings, Konferenzen, Klausuren, Sitzungen, Workshops vorbereiten und effektiv leiten
- Präsentieren und reden/Ansprachen halten
- Kreativitätstechniken (Ideenfindung)
- Recruiting (Stellenbeschreibungen formulieren, Vorstellungsgespräche führen, Auswahl der „richtigen" und passenden Mitarbeiter, Einarbeitung von Mitarbeitern, Grundlagen im Arbeitsrecht, Zeugniserstellung)
- Strategien entwickeln und formulieren (Unternehmens- bzw. Abteilungsziele jenseits des Alltagsgeschäftes einschließlich Wege zur Zielerreichung/strategische Planung)
- Veränderungsprozesse: Change und wie man ihn managt
- Teamrollen und Teamprozesse
- Zeitmanagement (Unterscheidung dringend/wichtig, effiziente und effektive Nutzung der eigenen Zeit)
- Stressmanagement/Stressbewältigung
- Umgangsformen (Business-Knigge)

Zur Vertiefung der aufgelisteten Punkte empfehle ich die intensive Lektüre entsprechender Fachliteratur und den Besuch von Seminaren. Auch wenn die Investition manchmal nicht unerheblich erscheint, so wird sie sich über kurz oder lang bezahlt machen und Ihr Standing festigen. Eine Auswahl guter Bücher finden Sie auch auf meiner Webseite.[4] Konzentrieren Sie sich auf die Kompetenzen, die Sie in Ihrem Alltag selbst als Engpass erleben. Wenn Sie rhetorisch begabt sind, wird ein Vortragsseminar nicht auf Ihrer Liste stehen – es sei denn, Sie machen einen Karrieresprung und werden demnächst deutlich mehr Reden halten müssen. Ein persönliches Coaching – auch wenn Sie es selbst finanzieren müssen – bzw. die Zusammenarbeit mit einem Mentor sind weitere Möglichkeiten, sich zu professionalisieren und an der eigenen Führungsexpertise zu feilen. Beobachten Sie auch Vorgesetzte und Kollegen: Was machen sie anders und in manchen Punkten vielleicht besser als Sie? Daneben geben Rückmeldungen von Mitarbeitern sowie Beurteilungen im Rahmen eigener Jahresgespräche oder Personalentwicklungsmaßnahmen (wie z. B. 360-Grad-Feedback) Ihnen nützliche Hinweise. Auf zwei Punkte möchte ich hier näher eingehen, weil ich sie im Führungsalltag häufig vermisse: die strategische Planung und das Gespür für versteckte Kosten (Transaktionskosten). Beides hat mit einer elementaren Aufgabe von Führung zu tun: dem Blick über den Tellerrand der Alltagsaufgaben hinaus. Die Übernahme dieser beiden Themen in das Portfolio Ihrer Führungstools wird Ihnen einen entscheidenden Vorteil auf Ihrem Karriereweg verschaffen.

Strategische Planung

Bei der strategischen Planung geht es darum, vorausschauend zu agieren, um so die eigene Abteilung, den eigenen Unternehmensbereich oder das Unternehmen – je nach Hierarchieebene – auf zukünftige Entwicklungen und potenzielle Engpässe vorzubereiten, einem dynamischen Markt (intern wie extern) vorbereitet gegenüberzutreten und so auf Erfolgskurs zu halten. Ihr Anspruch: immer „die Nase vorn" behalten und einen Schritt schneller sein als der Wettbewerb. Dynamik nicht nur zu bewältigen, sondern marktführend zu initiieren, ist entscheidender Teil der Führungskunst in unserer global-modernen, hart umkämpften und vernetzten Zeit. Dazu gehören insbesondere folgende Punkte:

- Veränderungen im eigenen Unternehmen sensibel wahrnehmen, beobachten, Tendenzen erkennen, reagieren, auf den eigenen Bereich übertragen oder bei Fehlentwicklungen engagiert entgegenwirken,
- gesellschaftliche Veränderungen beobachten und auf mögliche Einflüsse auf das Unternehmen und sein Geschäftsfeld abklopfen (z. B. veränderte Konsumgewohnheiten oder Alterung der Kundenstruktur),
- technische Innovationen anstoßen oder übernehmen (intensive Marktanalyse und Beobachtung der internen sowie externen Wettbewerber),

---

[4]www.gasche.com (Buchtipps finden Sie unter „Aktuell", Seminare unter „Akademie").

- anspruchsvolle, interessante und herausfordernde Ideen und Zielkorridore für den eigenen Zuständigkeitsbereich (Stillstand ist Rückschritt) sowie für das Unternehmen entwickeln,
- Notfallszenarien für verschiedene denkbare Fälle entwerfen (z. B. Absatzeinbrüche beim derzeit wichtigsten Produkt oder neue gesetzliche Regelungen, die das Tagesgeschäft beeinflussen könnten),
- Nachfolgeregelungen für ausscheidende Mitarbeiter frühzeitig planen,
- Mitarbeiter-Ausfälle berücksichtigen (z. B. bei Familien- und Elternzeit),
- Entwicklungsmöglichkeiten für Leistungsträger einplanen,
- eigene Positionierung analysieren und Karriereentwicklung langfristig planen, eigenen Marktwert erheben, Entwicklungsfelder identifizieren und strategisch bearbeiten, Netzwerke ausbauen.

Transaktionskosten

„Transaktionskosten" sind Kosten, die aufgrund der Art und Weise entstehen, wie ein Unternehmen geführt und organisiert wird – Ausgaben, für die es oft keine Kostenstelle gibt und die genau deswegen leicht aus dem Blick geraten. Gäbe es eine Kostenstelle, könnte man sie mit „Missmanagement, Bürokratie- und Regelungswut" überschreiben. Darunter fällt vieles, was man tut, weil man sich irgendwann dazu entschlossen und dann den Sinn der Maßnahme nicht mehr hinterfragt hat: Statistiken und Berichte, die regelmäßig erstellt werden und die keiner liest, überflüssige Meetings, aufwendige Dokumentationen für den Papierkorb, um nur einige Beispiele zu nennen. Wenn acht hoch bezahlte Fachkräfte einmal pro Woche für zwei Stunden zusammensitzen, obwohl ein Monatsmeeting ausreichend wäre, kostet das geschätzte 2000 € monatlich, also rund 24.000 € pro Jahr.[5] Dabei ist noch nicht mit eingepreist, was in der Meetingzeit alternativ geleistet werden könnte. Jede Führungskraft überlegt gründlich, bevor sie eine Investition von über 20.000 € bewilligt, doch für das Meeting muss man eben keine Rechnung anweisen. Noch teurer sind Fehlgriffe beim Personal, etwa wenn eine unfähige Führungskraft über Jahre Fluktuation und Krankenstand in ihrem Zuständigkeitsbereich in die Höhe treibt. Auf diese Weise können Millionen (oder sogar ganze Unternehmensbereiche und Unternehmen) vernichtet werden. Dennoch werden Fehlbesetzungen stoisch mitgeschleppt, manchmal über Jahrzehnte (mehr zu diesem Punkt in Kap. „§ 5 Führen statt geführt werden" im Abschnitt „Grundsatz: Unangenehmes sofort!"). Die Transaktionskosten zu senken bedeutet also, regelmäßig die beiden Messlatten Effektivität und Effizienz an das eigene Tun anzulegen: „Tun wir das Richtige? Und tun wir es auf die richtige Art und Weise?"

---

[5]Die (grobe) Rechnung: 8 Mitarbeiter × 2 Std. × 3 Wochen × 45,- Euro Bruttostundenarbeitslohn inkl. aller Lohnnebenkosten = 2160,- Euro pro Monat.

Unternehmenswissen

Um erfolgreich zu handeln, muss man die Ausgangslage kennen, in der man sich befindet. Eine banale Erkenntnis. Dennoch beklagte fast die Hälfte der Manager in der oben zitierten *LAB*-Umfrage, die Zuständigkeiten in ihrem Unternehmen seien nicht klar. „Menschen stolpern nicht über Berge, sondern über Maulwurfshügel", so Konfuzius, und offenbar gilt das auch in Organisationen. Ein anderes Beispiel für eigentlich triviale Hindernisse, die im Alltag dramatische Wirkung entfalten können, sind unklare Erwartungen. Was erwartet Ihr Chef von Ihnen? Was erwarten Sie von Ihren Mitarbeitern? Was diese von Ihnen? Ist das wirklich glasklar?

Das Seminar – Kontrolle oder Förderung?

Für einen mittelständischen Maschinenbauer führen wir ein zweitägiges Führungsseminar durch, dem weitere folgen sollen. Für die meisten Führungskräfte Ende 20 bis Mitte 40 ist es das erste Seminar dieser Art. Der Auftraggeber hatte uns mitgeteilt: „Ich schicke Ihnen meine besten Leute. Die haben Potenzial!" Dennoch ist die Stimmung merkwürdig verhalten. Schließlich stellt sich heraus, dass die Teilnehmer verunsichert sind, warum „gerade sie zum Seminar geschickt" wurden: „Ist man etwa so unzufrieden mit ihren Leistungen?!" Mancher wähnte sich schon auf der „Abschussliste" – ein klarer Fall nicht kommunizierter Erwartungen.

Worüber also sollte Klarheit bestehen, wenn Sie souverän führen wollen? Im angelsächsischen Raum ist das so genannte GRIP-Modell verbreitet – basierend auf dem englischen Akronym „grip" (dt. Griff). Ursprünglich für die Zusammenarbeit in Teams entwickelt, eignet es sich auch hervorragend zur eigenen Situationsanalyse. Ausgehend vom diesem Modell haben Sie alles „im Griff", wenn die Fragen in Abb. 16 positiv beantwortet sind.

Offizielles Organigramm und eigentliche Machtverteilung, vorhandene Regelungen, Prozesse, Standards und tatsächliche Praxis, formale Absichtsbekundungen (etwa in Leitbildern) und gelebte Werte können gravierend voneinander abweichen. Das ist manchmal das Ergebnis schlechter Organisation, manchmal durchaus gewollt (etwa bei einer Unternehmensführung nach der Maxime „Teile und herrsche"). Um eine bewusste Entscheidung treffen zu können, wie Sie sich dazu stellen und ob Sie den Status quo ändern wollen, müssen Sie wissen, was im Unternehmen los ist. Achten Sie nicht nur auf Worte, sondern auch auf Taten, schauen Sie genau hin! In der Praxis entsprechen die wenigsten Unternehmen den Idealbildern ihrer Imagebroschüren und Webauftritte. Das ist unvermeidlich, denn Menschen sind weder perfekt noch gefeit vor Fehlern. Gegensteuern sollten Sie, wenn die Diskrepanz zwischen Idealbild und Alltagspraxis so groß ist, dass sie Erfolge gefährdet, Kosten hochtreibt und Menschen leiden lässt – Sie selbst eingeschlossen.

Um die eigene Situation klarer zu sehen und bewusste Entscheidungen treffen zu können, habe ich das VISA-Tool entwickelt. VISA steht für „Visualisierte Informationsfluss- und System-Analyse". VISA ist ein Werkzeug, das Sie bei der Analyse Ihrer individuellen Führungssituation unterstützt. Die Grundidee ist, durch eine bildliche Darstellung – sei es ein Flussdiagramm, ein Schema oder ein echtes Bild/eine metaphorische Umsetzung – mehr

G	**Goals** (Zielklarheit)	• Wissen alle, was wir tun und warum wir es tun?
		• Herrscht Einigkeit über unsere Vision, Mission, Ziele (im Unter-nehmen/in der Abteilung/im Projekt)?
		• Ist klar, wie das Ziel erreicht werden soll (Prioritäten, Vorgehensweise)?
R	**Roles** (Rollen & Verantwortlichkeiten)	• Weiß jeder, was von ihm erwartet wird und was er zu tun hat?
		• Sind die Hierarchien klar (Wer entscheidet worüber)?
		• Ist klar, wie die Verantwortlichkeiten miteinander verzahnt sind (Schnittstellen, Zuständigkeiten)?
I	**Interactions** (Grundlagen der Zusammenarbeit: Werte & Normen)	• Basiert unsere Zusammenarbeit auf positiven Normen und Werten?
		• Gehen wir professionell und respektvoll miteinander um?
		• Finden alle ausreichend Gehör und können sich entsprechend ihren Stärken einbringen?
P	**Processes** (Arbeits- und Kommunikations-prozesse)	• Existieren klare Pläne, Prioritäten, Standards und Prozesse für relevante Aufgaben?
		• Haben wir die erforderlichen Ressourcen (personelle, finanzielle, zeitliche)?
		• Funktionieren Kommunikation, Feedback und Erfolgskontrolle?

Abb. 16 GRIP-Modell Was sollte geklärt sein, damit Sie den Alltag „im Griff" haben?

Klarheit über die Struktur, die genaue personelle Zusammensetzung und die Informations-flüsse zu gewinnen. Nutzen Sie dafür ein großes Blatt Papier oder ein Flipchart und mehrere Farben. Diese Aufgabe mag Ihnen möglicherweise ungewöhnlich erscheinen, sie hat sich jedoch in vielen Einzelcoachings und Seminaren mehr als bewährt. Das „Malen" zwingt uns dazu, die Dinge auf den Punkt zu bringen, und häufig werden schon beim Reflektieren sowie beim Blick auf das Ergebnis Zusammenhänge bewusst, die man sich so noch nicht klargemacht hat. Neben komplizierten Diagrammen wurden in meinen Veranstaltungen schon einsame Inseln, Fußballfelder mit suboptimaler Mannschaftsaufstellung, Seilschaften am Berg, atonale Orchester und untergehende Tanker gemalt. Versuchen Sie es einmal selbst!

VISA – Visualisierte Informationsfluss- und System-Analyse

(© Ralf Gasche)

- *Die Aufgabe:* Wie stellt sich meine momentane Führungssituation für mich dar? Halten Sie Ihre Situation in einem Bild fest!

- *Das brauchen Sie:* einen großen Bogen Papier, dicke Filzstifte in verschiedenen Farben.

- *Mögliche Darstellungsformen:* Flussdiagramm, Schema/Organigramm, bildliche Umsetzung (Metapher).

- Achten Sie darauf, dass Sie sich selbst auf dem Bild deutlich positionieren und dass Sie alle für Sie relevanten Stakeholder und „Mitspieler" sowie Einflussfaktoren berücksichtigen.

Zur Anregung hier einige Darstellungsformen und Symbole, die Sie nutzen können:

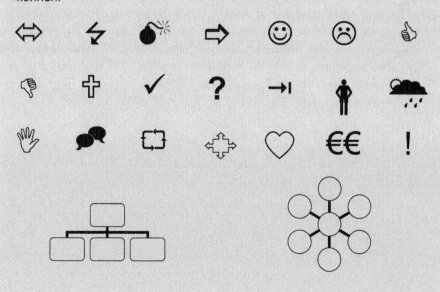

Wer hat wirklich das Sagen? Wer übt am meisten Druck auf Sie aus? Welche Anforderungen sind unvereinbar? Wo verlaufen Fronten, wo gibt es Koalitionen? Wo gibt es Informationskanäle, wo wird gemauert? Fragen wie diese lassen sich anhand der Bildanalyse leichter durchdenken. Möglicherweise sind Sie neugierig darauf, wie Kollegen ihre Situation skizziert haben. In Abb. 17 einige Beispielbilder, für die wir Teilnehmerbilder etwas verfremdet haben.

Fazit: Das Führungsgesetz „Durchblick"
Erst verstehen, dann handeln, lautet dieses Gesetz kurzgefasst. Es bezieht sich auf Mitarbeiter, Kollegen und Vorgesetzte, Strukturen und Prozesse im Unternehmen, Führungsinstrumente, Machtverhältnisse, neue Branchenherausforderungen, Einwirkungen von außen. Gute Führungskräfte schöpfen Souveränität und Selbstvertrauen daraus, dass sie sich stetig professionalisieren und ihr Umfeld aufmerksam beobachten. Fachkompetenz (Fach-, Branchen-, Führungs- und Unternehmenswissen) ist dafür ebenso Voraussetzung wie „Menschenkompetenz" (Rolle von Emotionen und eigenen Sichtweisen).

Matrix: Mitarbeiterprofil

Die folgende Matrix unterstützt Sie dabei, Ihre Mitarbeiter besser kennenzulernen. Sie schärft Ihren Blick, strukturiert Ihre Beobachtungen als Führungskraft und erlaubt Ihnen bessere und schnellere Team- und Projektentscheidungen. Ich empfehle Ihnen, sich regelmäßig (mindestens einmal monatlich) Zeit zu nehmen, um die Matrix-Informationen für jeden Ihrer unmittelbaren Mitarbeiter („direct reports") zu überdenken. Mit den Matrix-Kategorien im Hinterkopf werden Sie im Alltag fast automatisch genauer beobachten und Dinge registrieren, die Ihnen früher entgangen sind. Da Privates unweigerlich das Arbeitsleben beeinflusst, sollten Sie auch über die private Situation eines Mitarbeiters Bescheid wissen, soweit er diese von sich aus offenbart.

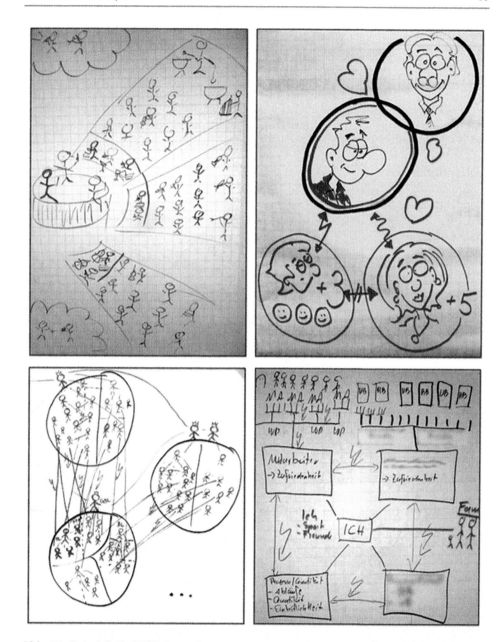

Abb. 17 Beispielhafte VISA-Darstellungen

PRIVATES

Vorname Name
Geburtsdatum (gratulieren!)
Private Situation (Familienstand, Kinder, Sonstiges)
Orientierung (Religion, Politik)
Hobbys/Interessen
Besonderheiten

BERUF

Aktuelle Position (seit wann)
Firmeneintritt/Jubiläum (gratulieren!)
Abschluss und Ausbildungen
Historie/Werdegang außerhalb unseres Unternehmens
Historie/Werdegang innerhalb unseres Unternehmens
Wichtigste Projekte/Tätigkeiten
Initiativen/Verbesserungsvorschläge
Berufliches Engagement (sehr hoch/hoch/durchschnittlich/gering)
Karriereziele (Einschätzung des Mitarbeiters)
Karriereziele (eigene Einschätzung)
Wirkungsgrad (%)
Auslastungsgrad (%)
Besondere Stärken (Was kann der Mitarbeiter besonders gut?)
Eventuelle Schwächen (Bei welchen Aufgaben erzielt er weniger gute Ergebnisse?)

Ausprägungsgrad der Führungsfähigkeiten (bei Mitarbeitern, die selbst Mitarbeiter führen)
z.B. Selbstvertrauen, Führungswille, Ziel- und Erfolgsorientierung, Verantwortungsbewusstsein, Risikobereitschaft, Reflexionsfähigkeit und -bereitschaft, Überzeugungsfähigkeit, unternehmerisches Denken und Handeln, Kommunikationsfähigkeit, Führung durch Vertrauen, Ehrlichkeit, Offenheit, Berechenbarkeit, Kontinuität, Lebenserfahrung, Begeisterungsfähigkeit ...)

Welche Aufgaben reizen den Mitarbeiter besonders?

Was motiviert den Mitarbeiter aus meiner Sicht?

Welche Motivatoren nennt der Mitarbeiter?

Wofür engagiert sich der Mitarbeiter?

Wird sein Einsatz ausreichend gewürdigt?

Welche Entwicklungsperspektiven gibt es?

Die Einstellung des Mitarbeiters zum Unternehmen

Die Einstellung des Mitarbeiters zu mir (als Mensch & Chef)

Meine Meinung über den Mitarbeiter (als Mensch & Mitarbeiter)

Besonderheiten

PERSÖNLICHES

Sucht eher Distanz oder eher Nähe

Zieht eher Abwechslung oder eher Stabilität vor

Hervorstechende Persönlichkeitsmerkmale
z.B. verlässlich, gewissenhaft, ausdauernd, korrekt, selbstsicher, zupackend, kreativ, innovativ, flexibel, risikofreudig, mitfühlend, mitreißend, ausgleichend, durchsetzungsstark, intelligent, analytisch, kontaktstark, zurückhaltend, sensibel, kritisch, unabhängig …

Bevorzugte Rolle im Team
(Macher/Antreiber, Umsetzer, Bedenkenträger, Beobachter)

Wie beliebt ist der Mitarbeiter?

Zu wem hat er besonders gute Beziehungen?

Mit wem versteht er sich nicht?

Besonderheiten

EIGENE ÜBERLEGUNGEN

Was ist mein nächster Schritt? Was will ich in Bezug auf den Mitarbeiter erreichen?

Wie kann ich den Mitarbeiter noch besser kennenlernen?

Was kann ich für den Mitarbeiter tun?

Was (oder wen) werde ich besonders im Auge behalten?

Was möchte ich in Bezug auf diesen Mitarbeiter zukünftig anders machen?

Sonstiges

Literatur

afp. 2014. Fast alle Chefs halten sich für gute Führungskräfte. Zitiert nach *Die Welt* vom 31.1.2014. www.welt.de. Zugegriffen: 30. März 2015.

Barmer GEK. 2012. Betriebsklima wichtiger als Bezahlung. https://presse.barmer-gek.de. Zugegriffen: 30. März 2015.

Bildungsspiegel. 2012. Studie: 60 % der deutschen Arbeitnehmer bemängeln die Führungsqualitäten ihrer Chefs. www.bildungsspiegel.de. Zugegriffen: 30. März 2015.

Buckingham, Marcus, und Curt Coffman. 2001. *Erfolgreiche Führung gegen alle Regeln*. Frankfurt a. M.: Campus.

Cialdini, Robert B. 2008. *Psychologie des Überzeugens*. 5 Aufl. Bern: Hans Huber.

Damasió, Antonió. 2004. *Descartes' Irrtum. Fühlen, Denken und das menschliche Gehirn*. München: List.

Dettmer, Markus. 2011. Burnout-Gefahr: Firmen fürchten den Stressfaktor Chef. unter www. spiegel.de. Zugegriffen: 30. März 2015.

Ekman, Paul. 2014. *Gefühle lesen. Wie Sie Emotionen erkennen und richtig interpretieren*. 2 Aufl. Heidelberg: Spektrum Akademischer Verlag.

Gasche, Ralf. 2015. Achtsam leben, klug entscheiden, mutig handeln! Erfolgreich führen ohne auszubrennen. In *Chefsache Prävention II*, Hrsg. Peter Buchenau, 23–48. Wiesbaden: Springer.

Goleman, Daniel, Richard, Boyatzis, und Annie McKee. 2002. *Emotionale Führung*. München: Econ.

LAB Managerpanel. 2012. Die häufigsten Führungsfehler der Chefs. http://labcompany.net/de/ press/releases/2012/148. Zugegriffen: 30. März 2015.

Luhmann, Niklas. 2014. *Vertrauen. Ein Mechanismus zur Reduktion sozialer Komplexität*. 5 Aufl. Konstanz: UVK (UTB-Taschenbuch).

Nasher, Jack. 2012. *Durchschaut! Das Geheimnis, kleine und große Lügen zu entlarven*. München: Heyne.

Navarro, Joe. 2015. *Menschen verstehen und lenken*. 6 Aufl. München: mvg.

Pantleon, Eva. o. J. „Die Suppe schmeckt super – ehrlich!" Die Psychologie des Lügens. www. wissen.de. Zugegriffen: 30. März 2015.

Riemann, Fritz. 2013. *Grundformen der Angst*. 41 Aufl. München: Ernst Reinhardt.

Springer Gabler, Hrsg. 2013. *Gabler Wirtschaftslexikon*. Stichwort: Vertrauen. http://wirtschaftslexikon.gabler.de/Archiv/9314/vertrauen-v6.html. Zugegriffen: 30. März 2015.

Stöcker, Christian. 2005. Ausgetrickste Wahrnehmung: Blind für den Wechsel. *Spiegel* vom 1.9.2005. www.spiegel.de. Zugegriffen: 30. März 2015.

Thomann, Christoph, und Friedemann Schulz von Thun. 2011. *Klärungshilfe 1. Handbuch für Therapeuten, Gesprächshelfer und Moderatoren in schwierigen Gesprächen*. 6 Aufl. Reinbek bei Hamburg: Rowohlt.

Universität Osnabrück. 2014. Wie sorgfältig achten Unternehmen in der Praxis auf gute Führung? Pressemitteilung der Universität Osnabrück vom 26.9.2014. www.hs-osnabrueck.de. Zugegriffen: 30. März 2015.

§ 3 Haltung statt „Führungsstil"

Was Mitarbeiter wirklich wollen

Zusammenfassung

Warum Sie ohnehin nicht aus Ihrer Haut können und was das für Ihre Führung bedeutet – Das Wichtigste: Sicherheit geben – Äußere und innere Haltung: Was strahlen Sie aus? – Das richtige Auftreten in Krisensituationen – Die Stärken der Mitarbeiter erkennen – Jede Führungskraft hat die Mitarbeiter, die sie verdient – Recruiting: Die Tücken des Bauchgefühls – Fazit: Das Führungsgesetz „Haltung" – Matrix: Führen durch Haltung

---

Warum Sie ohnehin nicht aus Ihrer Haut können und was das für Ihre Führung bedeutet

Folgt man Psychologen, ist die Persönlichkeitsbildung eines Menschen schon im Jugendalter weitgehend abgeschlossen. Gene, Erziehung, soziales Umfeld, Vorbilder, Erfahrungen, Rolle in der Familie, Geschwisterposition: Wie wir „sind", wie wir uns verhalten, welche Werte und Einstellungen uns lenken, all das ist das Ergebnis eines komplexen Zusammenspiels zahlreicher Einflussfaktoren. In der Forschung der vergangenen Jahrzehnte schwang das Pendel mal zur Seite der Gene, anschließend zur Gegenseite sozialer Einflüsse, um sich irgendwann in der Mitte einzupendeln. Zurzeit sind gerade Hirnforschung und Neurologie en vogue, Verhalten wird zum Reflex neuronaler Trampelpfade im Gehirn und biochemischer Prozesse. Nüchtern betrachtet bedeutet das: Unser Verhaltensrepertoire – das, was wir authentisch, glaubwürdig, dauerhaft und auch unter hoher Belastung an Verhaltensweisen zeigen können – ist begrenzt, bei mir, bei Ihnen, bei Ihren Mitarbeitern ebenso wie bei Ihren eigenen Vorgesetzten. Der Mensch ist keine Tabula rasa, die man immer wieder neu beschreiben kann. Wir können

© Springer Fachmedien Wiesbaden GmbH 2018
R. Gasche, *So geht Führung!*, https://doi.org/10.1007/978-3-658-18248-9_4

uns Wissen aneignen, wir können Verhaltensweisen trainieren und dazulernen, doch der Kern unserer Persönlichkeit bleibt weitgehend stabil. Prominente Führungspersönlichkeiten illustrieren das: Angela Merkel hat zweifellos einen weiten Weg von der ungelenken Nachwuchspolitikerin („Kohls Mädchen") zur europäischen Spitzenpolitikerin hinter sich. Doch sie wirkt bis heute zurückhaltend, nüchtern, sachlich und manchmal sogar hölzern. Und in Gerhard Schröders Ausbruch in der TV-„Elefantenrunde" nach der verlorenen Bundestagswahl 2005 (vgl. Youtube) offenbarte sich nicht nur der „Basta"-Kanzler, sondern schon der Juso-Vorsitzende, der 1982 nach dem Kneipenbesuch am Zaun des Bonner Kanzleramts rüttelte und rief: „Ich will da rein!" (vgl. Lexikon Das war Rot-Grün 2005).

Wir können also nicht aus unserer Haut. Und doch wird in der Führungsliteratur und auch in manchen Führungstrainings so getan, als könne man einen Führungsstil überstreifen wie einen neuen Mantel. Das Ergebnis: Fragt man heute einen Kandidaten im Vorstellungsgespräch nach seinem Führungsstil, sagt er pflichtschuldig, er führe „kooperativ". Doch was heißt das konkret? Es gelte, Mitarbeiter an Entscheidungsprozessen zu beteiligen, Verantwortung abzugeben, gemeinsam auf Unternehmensziele hinzuarbeiten, erfährt man dann. Aber gilt das auch, wenn in einer akuten Krise schnelles Handeln geboten ist? Oder wenn ein Mitarbeiter erkennbar von seiner Aufgabe überfordert ist? Aus dieser Falle scheint zumindest teilweise das bekannte Modell des „Situativen Führens" herauszuführen, das ein erweitertes Handlungsrepertoire von vier Führungsstilen propagiert, die sich an der jeweiligen Kompetenz und am Engagement des Mitarbeiters orientieren (Abb. 18).

Natürlich sind solche Modelle hilfreich dabei, das eigene Verhalten zu reflektieren. Außerdem schärft der situative Ansatz den Blick dafür, dass es gefährlich ist, alle Mitarbeiter über einen Kamm zu scheren. Besser sieht man genauer hin, was der Einzelne braucht – Vorgaben? Hilfestellung? Ermutigung? Freie Hand? Nur lässt sich die Realität leider nicht in vier handliche Schubladen pressen. Und wer sich schon beim Hinsehen schwertut, dem nützt auch das schöne Modell wenig. Dennoch ertönt beim Thema Führung häufig der Ruf nach „Tools, Tools, Tools", und eine handliche Grafik befriedigt dieses Bedürfnis erst einmal. Gerade diese Handlichkeit macht das Modell angesichts der realen Vielfalt aber problematisch. Im Zweifelsfall und unter dem Ansturm der täglichen Herausforderungen fallen Führungskräfte meist zurück auf persönliche Verhaltensstile und intuitive Rezepte. Ergebnis: Es gibt so viele Führungsstile wie Führende. Der Abstand zwischen Modell und Wirklichkeit ist einfach zu groß, als dass sich für jede Situation das passende „Tool" vorausdenken ließe, und das persönliche Verhalten ist nicht auf Knopfdruck veränderbar. Ich möchte Ihnen daher nicht zum x-ten Mal den „kooperativen" Führungsstil erklären und umständlich erläutern, welchen Preis Sie für autoritäre Führung zahlen, als da wären: Unselbstständigkeit der Mitarbeiter, Demotivation, Kreativitätsverlust, nicht zuletzt die eigene Überforderung, da komplexe Aufgaben

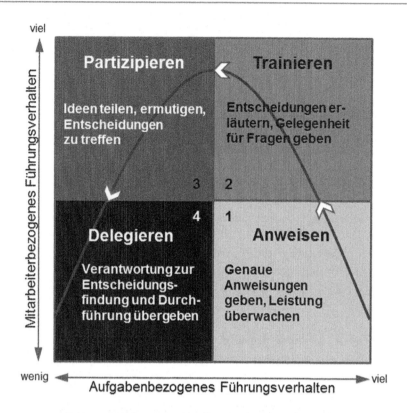

Abb. 18 Situatives Führen nach Hersey und Blanchard (2012)

heute mitdenkende Mitarbeiter erfordern. Ich möchte vielmehr tiefer ansetzen, an grundlegenden Einstellungen und Haltungen, die Ihnen das Führen erleichtern und dabei helfen, das zu tun, was Sie ohnehin tun werden: in Ihrem eigenen Stil zu führen.

Das Wichtigste: Sicherheit geben

Jenseits aller Persönlichkeitsunterschiede haben Menschen natürlich vieles gemeinsam. Dazu zählen auch die Dinge, vor denen wir am meisten Angst haben. Die drei Grundängste des Menschen, die sich auch im Beruf auswirken, sind:

1. die Angst zu sterben, und daraus resultierend das Bedürfnis nach existenzieller Sicherheit,
2. die Angst vor Ablehnung (nicht geliebt zu werden), und daraus resultierend das Bedürfnis nach Wertschätzung und sozialer Nähe,
3. die Angst vor dem eigenen Versagen, und daraus resultierend das Bedürfnis nach Bestätigung (Bergner 2012).

Eine Führungskraft, die diese elementaren Bedürfnisse erfüllt, wird im Regelfall ihre Mitarbeiter hinter sich scharen und gemeinsam mit ihnen Ziele erreichen können. Auf welche Weise sie dies tut, welche „Tools" sie nutzt, ist sekundär. Jeder kann nach seiner Führungsfasson selig werden, solange er/sie einige Grundanforderungen erfüllt:

- Mitteilen, was man will, worauf man Wert legt, wie man selbst „tickt" (Eindeutigkeit),
- Einheit von Reden und Handeln gewährleisten (Konsequenz),
- klar sagen, wo man hin will und warum (Zielklarheit),
- den Informationsfluss in der Abteilung gewährleisten (Offenheit),
- zeitnah Feedback geben, und zwar positives wie kritisches (Berechenbarkeit),
- ansprechbar sein bei Anregungen, Fragen, Sorgen der Mitarbeiter (Nahbarkeit),
- auf unterschiedliche Mitarbeiter eingehen, ohne Lieblinge, Sündenböcke etc. (Fairness),
- genau hinschauen und nachfragen, was einen Mitarbeiter bewegt und was er braucht, bevor man urteilt und handelt (Achtsamkeit),
- Konflikte ernst nehmen und schlichten, unfaire Praktiken im Team unterbinden (Durchsetzungsvermögen),
- höflich und wertschätzend miteinander umgehen, Verzicht auf Verhaltensweisen, die Personen herabwürdigen (Respekt).

Wie viel Sicherheit geben Sie? Selbsteinschätzung für Führungskräfte

Wie bewerten Sie Ihr eigenes Verhalten auf einer Skala von 1 (wenig) bis 5 (sehr stark)?

	1	2	3	4	5
Eindeutigkeit	☐	☐	☐	☐	☐
Konsequenz	☐	☐	☐	☐	☐
Zielklarheit	☐	☐	☐	☐	☐
Offenheit	☐	☐	☐	☐	☐
Berechenbarkeit	☐	☐	☐	☐	☐
Nahbarkeit	☐	☐	☐	☐	☐
Fairness	☐	☐	☐	☐	☐
Achtsamkeit	☐	☐	☐	☐	☐
Durchsetzungsvermögen	☐	☐	☐	☐	☐
Respekt	☐	☐	☐	☐	☐

Wo haben Sie eventuell Nachholbedarf? Was wollen Sie ändern? Und (als Strategie gegen blinde Flecken in der Eigenwahrnehmung): Gibt es Personen in Ihrem Umfeld, denen Sie eine glaubwürdige Fremdeinschätzung zutrauen? Dies sind Freunde, Weggefährten, Vertraute aus alten oder neuen Zeiten, Menschen, die es ehrlich mit Ihnen meinen und zu denen Sie eine vertrauensvolle Beziehung aufgebaut haben. Bitten Sie diese um eine Rückmeldung zu Ihnen und Ihrem Führungsverhalten.

Mitarbeiter wollen wissen, woran sie sind, und sie wollen sich auf ihren Chef verlassen können, wenn es Probleme gibt. Darüber hinaus sind sie – von „Umgewöhnungsphasen" von einem Chef auf den anderen einmal abgesehen – in der Lage, sich mit unterschiedlichen Führungsweisen anzufreunden. Sagen Sie also, was Ihnen wichtig ist und wie Sie zu führen gedenken. Ob Sie jederzeit ansprechbar sind oder sich dafür die Stunde nach der Mittagspause reservieren wollen, ob Sie schriftliche Notizen oder eine mündliche Info bevorzugen, wie detailliert Sie auf dem Laufenden gehalten werden wollen, ob Sie kurze Anerkennungs-E-Mails verschicken oder sich das für den Jour fixe mit dem Mitarbeiter aufheben usw., all das können Sie selbst entscheiden. Wichtig ist nur, **dass** Sie es für sich bewusst entscheiden. *Wie wollen Sie führen?* Organisieren Sie Ihren Führungsalltag so, dass er zu Ihnen passt, und teilen Sie Ihren Mitarbeitern mit, wie Sie organisiert sind. Das gibt Sicherheit – Ihnen wie Ihren Leuten.

In meinen Seminaren habe ich eine cognacfarbene lederne Hundeleine dabei, mit Karabinerhaken an einem und einer Handschlaufe am anderen Ende. Ich frage die Teilnehmer, was die Leine mit Führung zu tun haben könnte. Meist stoßen sie rasch auf ein elementares Moment: Man kann nur an einem Ende der Leine sein, entweder führen oder geführt werden. Als Führungskraft sollten Sie darauf achten, dass Sie immer wissen, an welchem Ende der Leine Sie sich gerade befinden. Im Regelfall sollten Sie die Schlaufe in der Hand haben und die Richtung vorgeben, statt nur zu reagieren oder sich gar von Ihrer Umgebung manipulieren zu lassen. Manchmal werden Sie die Führung einem Teammitglied oder der Gruppe überlassen, etwa wenn Sie den Vorschlägen des Fachexperten folgen oder eine Frage ans Team delegieren. Wichtig ist nur, dass Ihnen immer bewusst ist, was Sie tun und an welcher Seite der Leine Sie sich befinden!

„Faschistoide" Strukturen im Team

„Bei uns in der Abteilung herrscht der blanke Faschismus!", klagt ein Teilnehmer in der Seminarpause. Starker Tobak. Was steckt dahinter? Ein Intimus des durchsetzungsschwachen Abteilungsleiters hat die Macht an sich gerissen. Er schüchtert Kollegen ein, wälzt Arbeit ab, droht mit seinem „guten Draht zum Chef", wenn sich jemand wehrt. Leider verlässt sich der Abteilungsleiter auf den langgedienten Mitarbeiter, der ihn mit Kritik verschont, und wiegelt alle Klagen aus dem Team ab. Von Fairness oder Konsequenz keine Spur. Schlimmer noch: Dem Vorgesetzten scheint nicht einmal bewusst zu sein, dass er längst nicht mehr führt, sondern geführt wird. Die Folge ist eine „Abstimmung mit den Füßen": Wer kann, lässt sich versetzen oder bewirbt sich weg. Statt Sicherheit zu bieten, hat der Abteilungsleiter der Willkür eines Einzelnen Tür und Tor geöffnet.

Äußere und innere Haltung: Was strahlen Sie aus?

Ich verblüffe Führungskräfte gern mit dem Rat, sich jeden Morgen unmittelbar vor dem Verlassen des Hauses noch einmal kurz in einem Ganzkörperspiegel zu betrachten: „Das ist es, was Ihre Mitarbeiter heute zu sehen bekommen werden. Gefällt Ihnen das?" Viele erzählen mir später, dass sich ihre Haltung unwillkürlich strafft, wenn sie mit diesem Gedanken in den Spiegel schauen. Gut so! Ein Führungsanspruch drückt sich auch körpersprachlich aus, wie schon im ersten Kapitel betont wurde. Der Einfluss nonverbaler Faktoren in der Kommunikation ist durch Studien von Albert Mehrabian ins breite Bewusstsein gerückt, die angeblich ergaben, dass der Eindruck einer Person zu 55 % von der Körpersprache, zu 38 % von der Stimme und nur zu sieben Prozent von ihren Worten bestimmt würde. Übersehen wird dabei oft die Versuchsanordnung Mehrabians: in sich widersprüchliche Botschaften, bei denen Gesagtes und Tonfall oder Gesichtsausdruck nicht zusammenpassten. Auch wenn die „55-38-7-Regel" aufgrund dieser besonderen Voraussetzung eher Zahlenspielerei ist (vgl. Wikipedia „Albert Mehrabian"), stimmt die Grundaussage: Wie wir vom Gegenüber wahrgenommen und verstanden werden, ist viel stärker von unserer Haltung, Mimik, Stimme abhängig, als wir uns gemeinhin bewusst machen. Heißt das, dass Sie am besten ein Körpersprache-Training für Alphatiere besuchen? Eindeutig nein, denn das wäre ein bloßes Herumdoktern an Symptomen. Ihre Körperhaltung wird durch Ihre innere Haltung bestimmt, und um die geht es mir hier. Es hat seinen tieferen Sinn, dass das Wort „Haltung" im Deutschen sowohl die Körperhaltung als auch die innere Einstellung bezeichnet. Beides ist untrennbar miteinander verwoben. Ich möchte Sie daher ermutigen, Ihre innere Haltung zu sich selbst, zu Ihren Mitarbeitern und zu Ihrer Führungsaufgabe zu reflektieren.

Ihre Haltung zu sich selbst

Ihrer Einstellung zu sich selbst können Sie mit einer einfachen Übung auf den Grund gehen.

Haltungs-Übung: *„Ich liebe mich!"*

1. Wenn Sie abends ins Bett gehen, legen Sie sich hin, breiten Sie die Arme aus und entspannen sich. Atmen Sie ein paar Mal tief durch.
2. Jetzt sagen Sie laut (!) zu sich selbst: „Ich liebe mich!"

Manche Seminarteilnehmer schwanken zwischen Ungläubigkeit und Entsetzen, wenn ich das vorschlage. Sollte es Ihnen ähnlich ergehen, nehmen Sie die Version für Anfänger: Sie legen sich auf Ihr Bett, breiten die Arme aus, entspannen und sagen laut „Ich mag mich!"

Was sagt es über Ihre Haltung zu sich selbst aus, wenn Sie beide Sätze partout nicht über die Lippen bringen? Oder wenn sie in Ihren Ohren schal und unglaubwürdig klingen? Und wie wollen Sie glaubwürdig anderen Menschen vorangehen, wenn Sie sich selbst nicht annehmen können? Viele Führungskräfte bringt diese simple Übung ins Grübeln. Sie zwingt zur Selbstreflexion und dazu, die Einstellung zu sich selbst oder sein Verhalten zu justieren, oft beides. Sie ist ungewohnt und gerade deswegen so wirksam.

Ihre Haltung zu Ihren Mitarbeitern

Südländer sind faul, Schwaben fleißig, Japaner höflich? Den meisten Menschen wären solche (Vor-)Urteile wohl zu pauschal. Doch wie ist es mit Folgendem?

1. „Die meisten Menschen arbeiten gern und wollen etwas leisten."
2. „Wenn man sie lässt, werden Mitarbeiter aktiv und entwickeln eigene Ideen."

3. „Geld ist nicht alles – Freiräume sind die beste Motivation."
4. „Wenn man Mitarbeitern nicht ständig auf die Finger sieht, tanzen sie einem auf der Nase herum."
5. „Die meisten Menschen drücken sich gern vor Verantwortung."
6. „Wirklich leistungswillig ist nur eine kleine Minderheit."

Wo haben Sie in Gedanken eher Ihr Kreuzchen gemacht? Beim optimistischen Menschenbild (These 1 bis 3) oder beim pessimistischen Gegenbild (These 4 bis 6)? Die Thesen sind angelehnt an die bekannten „Theorien X und Y", die der Managementexperte Douglas McGregor schon 1960 formulierte. Der Theorie X zufolge sind Menschen von Natur aus eher träge und leistungsunwillig, sie müssen konsequent angewiesen und beaufsichtigt werden. Die Theorie Y postuliert dagegen Leistungswillen und Engagement, Führung soll Freiräume schaffen und Eigeninitiative ermöglichen. Das moderne Menschenbild folgt eher der Theorie Y, zumindest offiziell. Trotzdem gibt es in fast jedem Unternehmen Vorgesetzte, die sich schwer damit tun, Mitarbeitern Vertrauen entgegenzubringen. Ergebnis ist nicht selten eine selbsterfüllende Prophezeiung: Der Chef kontrolliert jeden Arbeitsschritt und bemängelt jeden Fehler, Mitarbeiter lehnen sich genervt zurück („Dem kann man es ohnehin nicht recht machen!") und machen tatsächlich mehr Fehler. „Die gegenwärtige Situation eines Menschen ist das genaue Spiegelbild seiner Glaubenssätze", sagt der bekannte Managementberater und Erfolgstrainer Anthony Robbins (Schäfer 2000, S. 90). Auch wenn es nicht offen ausgesprochen wird, drückt sich unser Menschenbild unweigerlich in unserer nonverbalen Haltung und unserer Wortwahl aus. Und das wiederum hat Einfluss darauf, wie sich Mitarbeiter verhalten und welche Führungs-„Wirklichkeit" wir schaffen. Für Führungskräfte ist es daher ratsam, das eigene Menschenbild zu reflektieren, statt sich unbewusst davon steuern zu lassen. Kaum jemand hängt heute noch den holzschnittartigen Theorien X und Y an. Doch wie stehen Sie zu Glaubenssätzen wie:

- „Mitarbeiter über 55 sind weniger leistungsfähig und nicht so flexibel."
- „Frauen sind kommunikativer als Männer, haben aber eher Probleme, sich durchzusetzen."
- „Wer heute frisch von der Uni kommt, ist meist ganz schön verwöhnt!"

Niemand ist gegen implizite Menschenbilder und psychologische Laientheorien gefeit. Sie erleichtern das Leben, können aber auch ungerecht und blind für den Einzelnen machen. Denn selbst wenn die Annahmen oben statistisch relevant wären, sagen sie überhaupt nichts über den Einzelfall aus. Das Gegenmittel: Lieb gewonnene (Vor-)Urteile regelmäßig ins Bewusstsein rufen und sich um Unvoreingenommenheit bemühen. Vielleicht versuchen Sie einmal, einem Mitarbeiter, der Sie „nervt", so zu begegnen, als sähen Sie ihn zum ersten Mal.

Wertungs-Übung: *„Gute Eigenschaften"*

Denken Sie fünf Minuten an Ihren – subjektiv empfunden – schlimmsten, nervigsten, anstrengendsten, schwierigsten Mitarbeiter oder sogar an denjenigen Menschen in Ihrem Leben, den Sie am meisten verabscheuen. Hier meine Aufgabe dazu:

Schieben Sie fünf Minuten Ihre bisherige Meinung, Ihre Einstellung und Ihre Emotionen beiseite und suchen Sie fünf gute Eigenschaften dieses Menschen (für Fortgeschrittene: zehn gute Eigenschaften).

Dem Kybernetiker und Philosophen Heinz von Förster verdanken wir zudem den Hinweis auf die Nicht-Ausrechenbarkeit des Menschen, den er als „nicht-triviale Maschine" bezeichnet. Es gibt keinen Automatismus menschlicher Reaktionen, dazu sind Menschen und Umstände zu komplex. Folglich lohnt es sich immer, genau hinzuschauen, möglichst wenig zu unterstellen und lieber genauer nachzufragen, was den anderen zu seinem aktuellen Verhalten motiviert.

Ihre Haltung zur aktuellen Führungsaufgabe

Keine Führungskraft handelt völlig autonom, sie ist eingebunden in ein Netz von Sachzwängen, konkurrierenden Abteilungsinteressen, Direktiven von oben, wirtschaftlichen Erfordernissen, Vorschriften, Gesetzen, Standards usw. In solchen Abhängigkeiten und Zwängen wird Führung konkret. Dies mündet im Alltag in schwierige Situationen. Beispiele: 1) Sie sollen einem zuverlässigen und sympathischen Mitarbeiter kündigen, obwohl Sie ihn gerne halten würden. 2) Die Geschäftsführung beschließt Maßnahmen, die Sie selbst für falsch halten. 3) Sie sind mit moralisch oder sogar juristisch fragwürdigem Ansinnen konfrontiert und befürchten Sanktionen, wenn Sie sich wehren („Werden Sie den Mitarbeiter los, egal wie!"). Häufig befinden sich Führungskräfte in einem Dilemma, aus dem es keinen echten Ausweg gibt.

Einer muss gehen!

Im Zuge unternehmensweiter Maßnahmen zur Kostensenkung bekommt die Redaktionsleiterin in einem Medienunternehmen die Anweisung, einem ihrer fünf Teammitglieder zum Jahresende zu kündigen. Die Zahl der Projekte werde nicht reduziert. „Sehen Sie zu, wie Sie das hinkriegen! Da müssen alle eben 'ne Schippe drauflegen!" Die Redaktionsleiterin hat schlaflose Nächte. Am einfachsten wäre es, nach Betriebszugehörigkeit vorzugehen und einen jungen Mitarbeiter zu entlassen, der erst seit zwei Jahren dabei ist. Allerdings ist der ein echter Leistungsträger, während eine Kollegin, die länger im Haus ist, in puncto Leistung das Schlusslicht bildet. Noch dazu lässt sich diese Kollegin gerade scheiden. Darunter hat ihr Output weiter gelitten, es macht eine Kündigung aber noch heikler. Was tun?

Eine „richtige" Lösung gibt es in solchen Fällen nicht. Abhängig von persönlichen Werten und Lebenshaltungen ist die Entscheidung zu treffen, mit der Sie am ehesten leben können. Wie müssen Sie handeln, damit Sie morgen noch in den Spiegel schauen können? Einen Preis werden Sie in jedem Fall bezahlen. Wird im Beispiel die Kollegin entlassen, gilt die Führungskraft als herzlos; trifft es den jungen Kollegen, erhöht dies den Arbeitsdruck auf alle. Es hilft, solche Probleme mit einem Sparringspartner (Freund, Kollegen, Coach) durchzusprechen, aber abnehmen kann Ihnen die Entscheidung niemand. Entscheiden Sie konsequent und stehen Sie dazu. Auch das gehört zur inneren Führungshaltung. Lavieren Sie nicht herum, verstecken Sie sich nicht hinter der Geschäftsführung, jammern Sie nicht, wie etwa: „Ich kann da nichts machen, der Vorstand will das so!" Wer so argumentiert, hat in der Führung nichts verloren.

Das richtige Auftreten in Krisensituationen

Das Beispiel oben illustriert es – Schönwetterkapitän zu sein ist einfach. Wie souverän eine Führungskraft tatsächlich ist, erweist sich in stürmischen Zeiten. Sinkende Umsätze, erste Gerüchte über Personalabbau, ein zunehmend schmallippiger Vorstand: Es braucht wenig, um Menschen zu beunruhigen. Mitarbeiter wittern, wenn etwas „im Busch" ist. Um nicht „noch mehr Unruhe in den Laden zu bringen", setzen Führungskräfte dann häufig auf Abwiegeln und Runterspielen. Sie unterschätzen, wie sensibel Mitarbeiter selbst auf winzige Indizien reagieren, den Rest erledigt dann der hausinterne „Flurfunk". Damit aus Unruhe nicht Panik wird, sind gerade in Krisensituationen Präsenz und Führungsstärke gefragt. Eine wichtige Fähigkeit guter Führer besteht darin, sich nicht aus der Ruhe bringen zu lassen, Unsicherheit auszuhalten und in schwierigen Zeiten Zuversicht auszustrahlen. Zugegeben, das ist leichter gesagt als getan, denn auch Chefs haben natürlich Ängste. Da unsichere Situationen aber eher die Regel als die Ausnahme sind, ist jede Führungskraft gut beraten, für sich einen Weg zu finden, damit umzugehen. Das beginnt damit, Existenzängste im Zaum zu halten, indem man vermeidet, sich durch einen zu hohen Lebensstandard finanziell zu strangulieren. Es geht weiter damit, den eigenen „Marktwert" zu pflegen, indem man seine Professionalität stärkt, sein Branchen- und Führungswissen stetig entwickelt (vgl. Kap. „§ 1 Souveränität statt herumeiern"). Dazu gehört ferner, Methoden des Stressabbaus zu kennen und durch Sport, soziale Kontakte, Hobbys für Ausgleich zu sorgen. Vermeiden Sie Raubbau an Ihrer Gesundheit, übermäßigen Konsum von Alkohol, Nikotin, aufputschenden Medikamenten oder noch Schlimmerem. Sorgen Sie für Gespräche, die Sie entlasten und stärken, sei es mit Partner oder Partnerin, mit einem guten Freund oder mit einem Profi (Mentor, Coach). All das hilft Ihnen, die Sicherheit, die Sie Ihren Mitarbeitern vermitteln sollten, auch tatsächlich zu empfinden – meistens jedenfalls. Und es gibt Ihnen die Souveränität, sich den Ängsten der Mitarbeiter zu stellen und die Abteilung arbeitsfähig zu halten. Denn Menschen, die Angst haben, sind nur mit halber Kraft bei der Sache.

Der nervöse Vorgesetzte

Ein mittelständisches IT-Unternehmen ist von einem Konzern übernommen worden. Obwohl dies als Erfolgsgeschichte kommuniziert wird (das Großunternehmen runde sein Portfolio dadurch ab, dass es ein attraktives Produktsegment dazu nehme), verfällt ein Abteilungsleiter in hektische Aktivität. Man müsse jetzt beweisen, was man „wirklich draufhabe", und dürfe sich keine Fehler erlauben, so die wiederholte Botschaft ans eigene Team. Sitzungen mit Konzernvertretern werden akribisch vorbereitet, der Chef fordert immer wieder Daten nach, ist erkennbar nervös. Dies überträgt sich auf die Mitarbeiter, die befürchten, dass schon bald „Köpfe rollen". Einige Teammitglieder beginnen, sich nach neuen Stellen umzusehen. Es dauert nicht lange, bis einer der Leistungsträger ein attraktives Angebot bekommt und kündigt.

Führung in Krisensituationen ist mindestens ebenso sehr Emotionsmanagement wie Management von Prozessen. Dies gelingt nur, wenn die Führungskraft Ängste der Menschen ernst nimmt und gleichzeitig Optimismus ausstrahlt. Weder Abwiegeln und Abschotten von Sorgen noch deren Anheizen wie im Beispiel oben entsprechen souveräner Führung. Geben Sie Ihren Mitarbeitern Gelegenheit, über ihre Befürchtungen zu sprechen. Äußern Sie Verständnis, lenken Sie den Blick aber auch auf die möglichen Chancen der Veränderung. Lassen Sie den Kommunikationsfaden nicht abreißen: Teilen Sie mit, was Sie wissen und weitergeben dürfen. Stehen Sie dazu, wenn Sie selbst noch im Unklaren sind, und informieren Sie zeitnah, wenn sich das ändert.

Was die sachlichen Anforderungen in Change-Prozessen und anderen schwierigen Unternehmenssituationen angeht, so gibt es dazu eine Reihe einschlägiger Bücher (z. B. Hohl 2012; Kotter 1996; Vahs und Weiland 2010). Ich möchte mich hier auf einen grundsätzlichen Hinweis beschränken. Meiner Beobachtung nach bricht in schwierigen Situationen nicht selten große Hektik aus. Nachdem man lange Zeit alle Warnsignale und Probleme tapfer ignoriert hat, heißt es plötzlich, „Wir müssen sofort …!!", und es hagelt von allen Seiten Vorschläge und von oben Aufträge, was alles zu tun sei, und zwar möglichst schnell. Führungsstärke besteht dann darin, sich nicht von diesem Alarmismus anstecken zu lassen und den Überblick zu behalten. Bewilligen Sie sich den Abstand und die Zeit, die es braucht, überlegte Entscheidungen zu treffen. „Parken" Sie Dinge, die sekundär oder noch nicht entscheidungsreif sind. Hast ist immer ein schlechter Ratgeber, und von anderen aufgebauter Zeitdruck ist teilweise taktisch motiviert. „Wenn Du es eilig hast, mache einen Umweg", empfiehlt ein japanisches Sprichwort. Möglicherweise rettet Sie dieser Umweg vor einer Maßnahme, die sich hinterher als Irrtum oder nutzlos herausgestellt hätte. Mehr zu diesem Thema in Kap. „§ 5 Führen statt geführt werden" im Abschnitt „Klarer Kopf in Krisensituationen".

Die Stärken der Mitarbeiter erkennen

Führung zeichnet sich in meinem Verständnis also vor allem durch eine souveräne Grundhaltung aus, nicht durch ein Sammelsurium von „Tools". Anstelle pseudopräziser „Führungsstile" empfehle ich Ihnen ein allgemeines Führungsprinzip, das Sie persönlich mit Leben füllen können: das stärkenorientierte Führen. Die Grundidee dieses Ansatzes ist, dass Arbeitserfolg und -motivation steigen, wenn ein Mitarbeiter seine besonderen Talente einsetzen kann. Der Ansatz ist eng verknüpft mit dem *Gallup-Institut*, das alljährlich mit der Veröffentlichung des „Motivations-Index" auf sich aufmerksam macht. Zu den Kennzeichen eines „erstklassigen Arbeitsumfeldes" zählt für die *Gallup*-Forscher die Bejahung der folgenden Frage: „Habe ich bei der Arbeit jeden Tag die Gelegenheit, das zu tun, was ich am besten kann?" (Buckingham und Coffman 2001, S. 21) Ausgehend von der empirisch untermauerten Wirkung „passender" Arbeitsaufgaben propagiert *Gallup* eine Führungsphilosophie, die sich auf die Stärken der Mitarbeiter konzentriert (vgl. Buckingham 2009; Buckingham und Clifton 2011). Menschen das tun zu lassen, was sie am besten können, scheint intuitiv plausibel. Die Praxis sieht dennoch häufig anders aus: Die Aufmerksamkeit vieler Führungskräfte richtet sich darauf, wo ein Mitarbeiter mäßige Ergebnisse liefert. Im Extremfall wird der introvertierte Zahlenmensch zum Kommunikationsseminar verdonnert und der kontaktfreudige Kommunikator in Sachen Balanced Scorecard nachgeschult. „Defizitorientiertes Führen" nennt Alexander Groth das (Groth 2015, S. 6). Diesen „Fehlerblick" begünstigt die Schule, wo jeder Patzer rot angestrichen wird und alle dasselbe breite Spektrum von Fächern und Aufgaben bewältigen müssen. Wer in einer Disziplin versagt, muss eben üben oder bekommt Nachhilfe. Möglicherweise wurzelt hier der Irrglaube, das größte Wachstumspotenzial eines Menschen bestehe in der Behebung seiner Schwächen. Nüchtern betrachtet ist das Unsinn: Am meisten kann ein Mensch leisten, der seine Stärken einsetzt und gezielt weiterentwickelt. Einen guten Läufer schult man ja auch nicht zum Gewichtheber um.

Dass man „Stärken stärken statt Schwächen bekämpfen" soll, hat sich inzwischen herumgesprochen. Woran es hapert, ist die Umsetzung in die Praxis. Noch immer gleichen viele Stellenanzeigen einer Bestell-Liste für die „eierlegende Wollmilchsau", und noch immer werden in Mitarbeitergesprächen eher opportune Fähigkeiten behauptet als ernsthaft Stärken ausgelotet. Doch was genau ist eine „Stärke"? Im stärkenorientierten Führen wird der Begriff verstanden, wie in Abb. 19 dargestellt.

STÄRKE =	TALENT	+	WISSEN	+	FERTIGKEITEN
	(angeborene Wahrnehmungs-, Denk-und Verhaltensmuster)		(erworbene/ erlernte Kenntnisse)		(durch häufige Ausübung perfektioniertes Können)

Abb. 19 Komponenten einer Stärke. (nach Groth 2015)

Wer sich beispielsweise für komplizierte technische Zusammenhänge interessiert, zeigt das oft schon als Kind, verschlingt Technikzeitschriften und übt sich in seiner Stärke durch jahrelange Bastelei. Dennoch sind wir uns unserer Stärken nicht immer bewusst – auch die Eigenwahrnehmung vieler Menschen ist instinktiv defizitorientiert. Misserfolgserlebnisse brennen sich emotional tiefer ein, während stetige Erfolge selbstverständlich werden („Das ist doch nichts Besonderes!"). Ein verlässlicher Stärkenindikator ist damit schon benannt: Dauerhaft sehr gute Arbeitsergebnisse auf einem bestimmten Gebiet weisen auf einschlägige Fähigkeiten hin. Mit weiteren Indikatoren fasst *Gallup*-Forscher Marcus Buckingham das als „Sign"-Formel zusammen. Eine persönliche Stärke liegt vor, wenn die in Abb. 20 dargestellten Indikatoren zusammenkommen.

Genau hinzuschauen, wo ein Mitarbeiter Exzellentes leistet, ist demzufolge ein guter erster Schritt. Machen Sie sich Notizen zu Ihren Beobachtungen. Außerdem empfehlen sich Fragen an Mitarbeiter wie:

- „Welche Aufgaben gehen Ihnen besonders leicht von der Hand?"
- „Wo erzielen Sie stetig sehr gute Ergebnisse, ohne sich dafür allzu sehr anstrengen zu müssen?"
- „Bei welchen Aufgaben vergessen Sie die Zeit?"
- „Welche Arbeit macht Ihnen besondere Freude?"
- „Auf welchen Gebieten werden Sie oft um Hilfe gebeten oder um Rat gefragt?"
- „Was würden Arbeitskollegen, die Sie gut kennen, sagen, wenn ich sie nach Ihren Stärken fragte?" (Ausführlicher zu diesen Punkten: Groth 2015, S. 42 ff.).

Fragen wie diese bringen im Allgemeinen weiter als die typische Bewerberfrage: „Worin sehen Sie Ihre größten Stärken?", die häufig taktisch beantwortet wird (mehr zum Recruiting im übernächsten Abschnitt). Gelegentlich wird gegen den stärkenorientierten Ansatz eingewandt, dass im Arbeitsalltag ja nicht jeder nur seinen persönlichen Vorlieben und Stärken folgen könne. Darum geht es auch nicht. Niemand arbeitet zu 100 % nur auf seinem Stärkengebiet. Es geht vielmehr darum, dort, wo Wahlmöglichkeiten bestehen, Mitarbeiter gezielt zu fördern und besser einzusetzen und auch bei der Besetzung von Positionen darauf zu achten, welche Stärken im Team noch gefragt sind und fehlen. Sich jeden Tag nur eine Stunde seiner Lieblingstätigkeit widmen zu dürfen, kann bereits

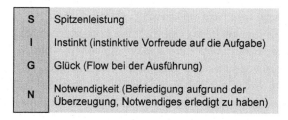

Abb. 20 Stärken-Indikatoren. (nach Buckingham 2009)

spürbar beflügeln. Ein Nebeneffekt des stärkenorientierten Ansatzes ist, dass er Ihren Blick auf Menschen verändert: Er zwingt Sie, auf das Positive zu schauen, das, was Menschen können (und sich nicht mehr nur auf das zu konzentrieren, was sie nicht können). Auch das wird Ihre innere Haltung verändern und beim Gegenüber als Wertschätzung ankommen. Und, um es nicht unerwähnt zu lassen: Natürlich lohnt es sich, auch über die eigenen Stärken und deren Einsatz im aktuellen Arbeitsalltag nachzudenken!

Jede Führungskraft hat die Mitarbeiter, die sie verdient

Den Spruch, jeder bekomme auf Dauer die Mitarbeiter, die er verdiene, kennen Sie vermutlich. Aber warum ist das eigentlich so? Warum haben manche Chefs angeblich „nur Nieten im Team" (O-Ton eines Vorgesetzten) und andere immer die guten Leute? Fünf Gründe, die alle mit Ihrer grundsätzlichen Haltung zu Ihrer Führungsaufgabe zu tun haben:

1. Erstklassige Chefs stellen erstklassige Mitarbeiter ein
   Souveräne Führungskräfte haben keine Angst vor angeblichen „Stuhlsägern" – sie wollen die Besten für ihr Team. Wie gehen Sie mit Bewerbern um, die Sie beeindrucken? Mit selbstbewussten und kritischen Mitarbeitern? Meine Empfehlung: Betrachten Sie exzellente Mitarbeiter nicht als Konkurrenz, sondern als Chance, Ihre Abteilung im Unternehmen als Talentschmiede zu profilieren. Gute Leute ziehen andere gute Leute an, und echte Stuhlsäger werden in der Regel von oben installiert (vgl. die in Kap. „Einführung: Im Dschungel der Führungstheorien" erwähnte Strategie, einen „Königsmörder" als Stellvertreter einzustellen). Dagegen können Sie ohnehin wenig unternehmen.
2. Souveräne Chefs haben selbstständige Mitarbeiter
   „Zutrauen veredelt den Menschen, ewige Vormundschaft hemmt sein Reifen", schrieb der Johann Gottfried Frey, ein Vertrauter des preußischen Reformers vom Stein, vor rund 200 Jahren. Je mehr Sie Ihren Mitarbeitern zutrauen und je gezielter Sie delegieren, desto mehr Zeit werden Sie für originäre Führungsaufgaben wie Strategie, Planung, Mitarbeitergespräche haben. Mitarbeiter, die auch in Details „erst mal den Chef fragen" müssen, werden Sie niemals ernsthaft entlasten. Mancher Chef, der die Unselbstständigkeit seiner Mitarbeiter beklagt, hat diese selbst hervorgerufen.
3. Man schart Menschen um sich, die „passen"
   Hier wirkt die viel beschworene „Chemie": Sie können mit manchen Menschen besser und diese besser mit Ihnen – ein Aspekt, der mit Vorsicht zu genießen ist, denn das kann zu ungesunden Monokulturen in der Abteilung führen. Im besten Fall ziehen ambitionierte Mitarbeiter andere nach. Beobachten Sie selbstkritisch, welche Leute Sie anziehen und welche Sie vertreiben. Wer bleibt in Ihrer Abteilung, wer geht schnell wieder?
4. Das eigene Vorbild wirkt stärker als jedwede Absichtserklärungen

Es bringt wenig, Wertschätzung, Respekt, Höflichkeit, Zuverlässigkeit und weitere Aspekte des Umgangs zu beschwören, wenn sie von oben nicht gelebt und Verstöße nicht entschieden geahndet werden. Gedruckte Leitbilder und Absichtserklärungen allein bewirken nichts, entscheidend ist, welches Vorbild Sie geben. Propagieren Sie beispielsweise eine fehlerfreundliche Kultur, müssen Sie auch selbst zu eigenen Fehlern stehen.

5. Konsequente Chefs trennen sich von Problemfällen

   Konfliktscheu rächt sich auf Dauer. Viele Führungskräfte tun sich sehr schwer damit, unfähigen oder unwilligen Mitarbeitern zu kündigen, und selbst vor berechtigten Abmahnungen schrecken sie zurück. Auch dass die Probezeit ungenutzt verstreicht, in der vagen Hoffnung, der bislang enttäuschende Neuzugang werde sich noch bessern, gehört zum Unternehmensalltag. In der Regel werden die Probleme auf Dauer jedoch nicht kleiner, sondern größer. Das wirkt sich auf das gesamte Team aus, wenn Kollegen fachliche Versäumnisse ausbügeln oder menschlich problematisches Verhalten ertragen müssen.

Antreten zum Putzdienst!

Ein leitender Manager führt Kunden durch das Unternehmen. Es handelt sich um einen mittelständischen Automobilzulieferer, der im letzten Jahrzehnt rasant gewachsen ist. Während er den Firmenkunden die Produktion zeigt, ruft ihm eine Mitarbeiterin im Vorbeigehen barsch zu: „Denken Sie dran: Sie haben nachher noch Putzdienst!" Die Führungskraft ringt um Fassung, die Kunden reagieren amüsiert bis pikiert. Hintergrund: Die Frau, eine Mitarbeiterin der ersten Stunde, Anfang 50, beruft sich auf eine Tradition aus alten Tagen – jeder ist mal dran mit dem Aufräumen der Besprechungsräume (= „Putzdienst"). Auch sonst ist sie für ihr herrisches Auftreten berüchtigt. Niemand im Management hat ihr bisher die Stirn geboten.

Wenn Sie eine neue Abteilung übernehmen, können Sie erst einmal nichts für die aktuell dort beschäftigten Mitarbeiter. Spätestens nach zwei, drei Jahren jedoch ist das Verhalten der Menschen um Sie herum auch das Resultat Ihrer Führungsarbeit.

Recruiting: Die Tücken des Bauchgefühls

Gute Führung bedeutet, *andere* zum Erfolg zu führen. Ihr eigener Erfolg ist untrennbar mit dem Ihrer Mitarbeiter verwoben, und jeder Chef ist daher gut beraten, bei Neueinstellungen genau hinzusehen. „Der Wettbewerb der Zukunft wird auf den Personalmärkten entschieden", unterstreicht Reinhard K. Sprenger (2012, S. 121). Obwohl diese These alles andere als neu ist, hat die Abteilung Personal in vielen Organisationen wenig Gewicht. In mittelständischen Unternehmen läuft die Einstellung neuer Mitarbeiter oft nebenher, weil das Tagesgeschäft vorgeht. In Großunternehmen sieht es nicht unbedingt besser aus. „Nur in sieben Dax-Konzernen gibt es einen eigenständigen Personalvorstand", meldete die *Zeit* im Sommer 2014. Oft sei der Bereich an ein anderes Ressort gekoppelt, etwa beim Finanzvorstand angesiedelt (Schwertfeger 2014). Bei den Unternehmen insgesamt liegt die Quote bei 50 %, d. h., nur in jedem zweiten ist der Personalbereich auf Leitungsebene vertreten. In Schweden ist das dagegen bei 91 % der Unternehmen der Fall. „Personal" kann jeder, ist offenbar die Haltung. Daher ist es nicht verwunderlich, dass Führungskräfte sich bei der Einstellung neuer Mitarbeiter auf ihren intuitiven Eindruck verlassen. Dabei wird eine Reihe von Faktoren ignoriert, die unser Urteilsvermögen trüben, zum Beispiel:

- Wir nehmen selektiv wahr, und zwar bevorzugt das, was unsere Erwartungen und Vorurteile bestätigt.
- Wir bevorzugen, was wir kennen.
- Wer uns ähnelt, ist uns sympathisch.
- Wir schließen von souveränem Auftreten und sympathischer Erscheinung auf Kompetenz (Halo-Effekt).
- Wir verlassen uns auf vorher zurechtgelegte Antworten zu Standardfragen aus der Bewerbungsliteratur.
- Wir möchten gern glauben, dass ein Bewerber passt, weil wir dringend jemanden brauchen.

Im schlimmsten Fall bekommt auf diese Weise nicht der am besten geeignete Kandidat die Stelle, sondern der beste Selbstdarsteller, der uns sympathisch ist, weil er dieselbe Universität besucht hat oder wie wir selbst aus Schwaben/Bayern/Hamburg kommt. Stellt er sich hinterher als Fehlgriff heraus, glauben wir tapfer daran, dass es „schon noch werden wird", weil wir sonst ein eigenes Fehlurteil einräumen müssten. Angesichts des üblichen Arbeitsdrucks mag die Versuchung groß sein, auf die rasche Entscheidung per Bauchgefühl zu vertrauen. Trotzdem lohnt es sich, bei der Personalauswahl Sorgfalt walten zu lassen. Fehlbesetzungen sind teuer und bedeuten Ärger, womöglich jahrelang, sollten Sie sich entschließen, mit dem Kandidaten zu leben. Machen Sie sich als Fachvorgesetzter dafür stark, gemeinsam mit der Personalabteilung ein fundiertes Einstellungsverfahren durchzuführen. Dazu gehören:

Präzise Anforderungsprofile
Was muss der Kandidat können? Welche Stärken (siehe Abb. 19) sollte er mitbringen? Welche Teamrolle sollte er wahrnehmen können? Machen Sie nicht Einzelfertigkeiten zum Entscheidungskriterium („Frau A. kennt sich zusätzlich noch mit Datenbanken aus!"). Fertigkeiten lassen sich schulen, die Persönlichkeit bleibt – und in der Regel ist sie der Grund, warum jemand entlassen wird.

Strukturiertes Auswahlverfahren

Definieren Sie einen mehrstufigen Auswahlprozess. Für den Unternehmer und Personal-experten Jörg Knoblauch, der die These vertritt, schwaches Personalmanagement rui-niere Unternehmen, erfolgt ein Einstellungsprozess idealerweise in neun Stufen:

1. aussagekräftiges Anforderungsprofil,
2. Stellenanzeige und Mobilisierung von Netzwerken,
3. Vorauswahl anhand eines stellenbezogenen standardisierten Fragebogens,
4. Telefoninterview,
5. strukturiertes Interview,
6. Einholen von Referenzen,
7. zweites Vorstellungsgespräch,
8. intensives Werben um den geeignetsten Kandidaten (Umzugshilfe, Unterstützung in Sachen Familie etc.),
9. Probezeit, die auch als solche genutzt wird (Klarheit über Erwartungen und Ziele, regelmäßiges Feedback) (vgl. Knoblauch 2012, S. 155 ff.).

Wie gehen Sie bislang vor? Und welche Zwischenstufen könnten Sie zusätzlich einbauen?

Strukturierte Vorstellungsgespräche mit individuellen Fragen

„Warum bewerben Sie sich für diese Position?", „Wo wollen Sie in fünf Jahren ste-hen?", „Nennen Sie Ihre drei größten Stärken!" – Fragen wie diese kann jeder in der Bewerbungsliteratur nachlesen und Vorschläge für opportune Antworten gleich dazu. Wer sich im Gespräch nur auf vorgestanzte Fragen verlässt, erfährt, wie gut der Bewer-ber vorbereitet ist, und nicht unbedingt, was er tatsächlich mitbringt. Brechen Sie aus dem Raster des Erwartbaren aus und stellen Sie individuelle Fragen. Besonders geeignet sind situative Fragen und Fallbeispiele, die sich auf den künftigen Arbeitsbereich und dessen Weiterentwicklung beziehen. Wie würde ein Bewerber im Vertrieb handeln, wenn ein Schlüsselkunde sich wegen mangelhafter Produktqualität beschwert? Wie würde eine Bewerberin in der PR-Abteilung vorgehen, wenn sie mit der Überarbeitung der Firmen-website beauftragt wäre? Auch Fragen nach dem aktuellen Projekt im jetzigen Job, nach einem typischen Arbeitstag oder nach dem bisher besten Chef verlassen das übliche Ras-ter. Was halten Sie z. B. von folgenden Fragen:

- „Für wen waren Sie in Ihrem bisherigen Berufsleben besonders hilfreich?"
- „Womit haben Sie das erreicht?"
- „Was werden Sie tun, um Ihr Team voranzubringen?"
- „Worauf werden Sie hierbei unter Umständen persönlich verzichten?"
- „Woran werden Sie den Erfolg Ihres gesamten Teams messen?"

Erstellen Sie einen Gesprächsleitfaden, um eine bessere Vergleichbarkeit der Gespräche zu gewährleisten.

Einarbeitung statt Wurf ins kalte Wasser

Unter dem Begriff „Onboarding" empfehlen Personalexperten die systematische Integration neuer Mitarbeiter. In der Praxis ist der Wurf ins kalte Wasser nach wie vor weiter verbreitet, manchmal mangels Vorbereitung auf Unternehmensseite, manchmal als bewusster Stresstest für den Neuzugang. Übersehen wird dabei, dass die Haltung, „Mal sehen, wie der/die Neue klarkommt" gegen elementare Mitarbeiterbedürfnisse wie Sicherheit, Wertschätzung, Respekt verstößt, häufig in Demotivation mündet und nicht selten ehrgeizige Nachwuchskräfte „verbrennt". Dabei können schon zwei Wochen systematische Einarbeitung ein Jahr Orientierungslosigkeit ersparen. Als Richtschnur dessen, womit ein neuer Mitarbeiter vertraut gemacht werden sollte, kann das in § 2 vorgestellte GRIP-Modell dienen (siehe Abb. 16 im Kap. „§ 2 Durchblick statt durchgreifen"): Es geht darum, Informationen zu Zielen, zu Rollen und Verantwortlichkeiten, zu Werten und Normen im Unternehmen sowie zu konkreten Arbeitsabläufen und Prozessen zu vermitteln. Sie als Chef oder Chefin sollten Ihre Erwartungen an den neuen Mitarbeiter eindeutig formulieren und regelmäßig Feedbackgespräche führen, beispielsweise am Ende der ersten Woche, nach einem Monat, nach drei Monaten. So signalisieren Sie von Anfang an Respekt und Wertschätzung und legen das Fundament für einen gemeinsamen Erfolg.

> **Fazit: Das Führungsgesetz „Haltung"**
> Führen mit „Haltung" bedeutet Klarheit nach innen wie außen. Jeder Führende muss seinen eigenen Führungsstil finden und seinen Mitarbeitern vermitteln, wie er führen will und was ihm wichtig ist. Sicherheit zu geben, mit sich selbst im Reinen zu sein und dem Gegenüber vorurteilsfrei zu begegnen, sind für den Führungserfolg entscheidender als die Orientierung an abstrakten Modellen. Ein konstruktiver Umgang mit Mitarbeitern und Ihrer Organisationseinheit insgesamt wird durch das Prinzip des „stärkenorientierten Führens" gefördert, das den Blick weg von Defiziten und hin zu Ressourcen des Einzelnen lenkt, sowie durch eine sorgfältige Personalauswahl und systematische Einarbeitung.

Matrix: Führen durch Haltung

Ich bin als Führungskraft präsent und berechenbar. Ich bemühe mich um Zielklarheit, Eindeutigkeit, Konsequenz sowie ein faires und respektvolles Miteinander.

Ich weiß, wie ich führen will, und habe dies auch meinen Mitarbeitern klar kommuniziert. (Wann bin ich ansprechbar? Welche Informationen erwarte ich? Worauf lege ich besonderen Wert?)

Mir ist in jedem Moment bewusst, ob ich gerade führe oder geführt werde (an welchem Ende der Leine ich mich befinde).

Wenn ich geführt werde, so geschieht dies, weil ich anderen das bewusst und aus guten Gründenzugestehe.

Ich kann unangenehme Entscheidungen treffen und vor mir selbst wie vor meinen Mitarbeitern vertreten.

Ich versuche, im Verhalten gegenüber Mitarbeitern und allgemein im Umgang mit Menschen, Stereotype und vorgefasste Urteile zu vermeiden und offen auf mein Gegenüber zuzugehen.

Ich spreche problematisches Verhalten im Team an und lasse Konflikte nicht schwelen.

Ich kann meine Ängste beherrschen und auch in Krisensituationen Zuversicht vermitteln.

Ich lasse mich nicht von anderen zu überhasteten Aktionen drängen, sondern treffe wichtige Entscheidungen mit Ruhe und Gelassenheit.

Ich gehe davon aus, dass jeder Mitarbeiter Stärken und Talente mitbringt, und lenke meine Aufmerksamkeit darauf.

Ich wähle neue Mitarbeiter sorgfältig aus und verlasse mich nicht ausschließlich auf mein Bauchgefühl.

Ich bin mir bewusst, dass Arbeitsqualität, Selbstständigkeit und Klima in meinem Team Ergebnis meines Führungshandelns sind.

Literatur

Bergner, Thomas. 2012. *Gefühle: Die Sprache des Selbst*. Stuttgart: Schattauer.

Buckingham, Marcus. 2009. *Nutzen Sie Ihre Stärken jetzt!* Frankfurt a. M.: Campus.

Buckingham, Marcus, und Donald O. Clifton. 2011. *Entdecken Sie Ihre Stärken jetzt!* 4. Aufl. Frankfurt a. M.: Campus.

Buckingham, Marcus, und Curt Coffman. 2001. *Erfolgreiche Führung gegen alle Regeln*. Frankfurt a. M.: Campus.

Groth, Alexander. 2015. *Stärkenorientiertes Führen*. 6. Aufl. Offenbach: Gabal.

Hersey, Paul, und Kenneth H. Blanchard. 2012. *Management of organizational behavior: Utilizing human resources*. 10. Aufl. Upper Saddle River: Prentice Hall.

Hohl, Dieter. 2012. *Change-Prozesse erfolgreich gestalten. Menschen bewegen – Unternehmen verändern*. Freiburg: Haufe.

Knoblauch, Jörg. 2012. *Die Personalfalle. Schwaches Personalmanagement ruiniert Unternehmen*. Frankfurt a. M.: Campus.

Kotter, John P. 1996. *Leading Change. Wie Sie Ihr Unternehmen in acht Schritten erfolgreich verändern*. München: Vahlen.

Lexikon Das war Rot-Grün. R wie Rein, ich will da. Frankfurter Allgemeine Zeitung vom 29.06.2005, www.faz.net. Zugegriffen: 30. März 2015.

Schäfer, Bodo. 2000. *Der Weg zur finanziellen Freiheit. In sieben Jahren die erste Million*. 16. Aufl. Frankfurt a. M.: Campus.

Schwertfeger, Bärbel. 2014. Mitarbeiter sind zweitrangig, Die Zeit vom 26.06.2014; www.zeit.de. Zugegriffen: 30. März 2015.

Sprenger, Reinhard K. 2012. *Radikal führen*. Frankfurt a. M.: Campus.

Vahs, Dietmar, und Achim Weiland. 2010. *Workbook Change Management. Methoden und Techniken*. Stuttgart: Schäffer-Poeschel.

Wikipedia „Albert Mehrabian". http://de.wikipedia.org/wiki/Albert_Mehrabian. Zugegriffen: 30. März 2015.

Youtube („Gerhard Schröder in der Elefantenrunde"): www.youtube.com/watch?v=SdkuQNvuJgs. Zugegriffen: 30. März 2015.

§ 4 Erfolg statt „Motivation"

Wie Sie das Beste aus Ihren Mitarbeitern herausholen

Zusammenfassung

Echte Motivation kommt von innen – Was stärkt die Motivation, was demotiviert Mitarbeiter? – Stehen Sie Ihren Mitarbeitern zur Seite oder stehen Sie im Weg? – Stille Post oder echte Kommunikation? – Ein Mitarbeiter riecht/lügt/faulenzt? Klartext, ohne zu demotivieren – Kampf den „Strombergs": Psychoterror als Motivationsgift – Ist die Generation Y wirklich anders? – Fazit: Das Führungsgesetz „Mitarbeiter erfolgreich machen" – Matrix: Motivationsanalyse.

Echte Motivation kommt von innen

Die meisten Chefs wünschen sich „motivierte" Mitarbeiter. Viele Chefs sind ferner der Ansicht, es sei ihre Aufgabe, ihre Mitarbeiter zu „motivieren". Doch geht das überhaupt? Und wie? Welche Knöpfe muss man drücken, damit ein Mitarbeiter engagiert seine Arbeit erledigt? So einfach ist es leider nicht. Die gute Nachricht: Die allermeisten Menschen wollen von sich aus etwas bewegen. Sie sind „intrinsisch" motiviert, ihren Beitrag im Unternehmen zu leisten. Hinter dieser Motivation stehen menschliche Grundmotive wie das Bedürfnis dazuzugehören, der Wunsch nach Anerkennung, auch das Streben nach Einfluss und Status (vgl. McClelland 2009).[1] Die schlechte Nachricht: Die intrinsische Motivation eines Menschen kann zerstört werden, wenn im Unternehmen gegen diese elementaren Grundbedürfnisse verstoßen wird, es also an Wertschätzung, Anerkennung und Einflussmöglichkeiten für den Mitarbeiter fehlt. Die Aufgabe in der Führung besteht folglich darin, die Eigenmotivation der Mitarbeiter zu stärken und ihre Demotivation zu

---

[1]Als grundlegende Handlungsantriebe betrachtet McClelland Zugehörigkeit, Macht und Leistung.

© Springer Fachmedien Wiesbaden GmbH 2018
R. Gasche, *So geht Führung!*, https://doi.org/10.1007/978-3-658-18248-9_5

verhindern, wie Reinhard K. Sprenger unter dem Titel „Mythos Motivation" schon vor Jahren betont hat. Das ist nicht neu, im Alltag aber alles andere als leicht einzulösen.

Wenn Sie schon einige Jahre im Arbeitsleben stehen, werden Sie vielleicht protestieren: „Alle" sind intrinsisch motiviert? Wahrscheinlich erkennen Sie deutliche Unterschiede unter Ihren Mitarbeitern, was Anstrengungsbereitschaft und Ehrgeiz angeht. Am einen Ende stehen diejenigen, die Sie zum Jagen tragen müssen, das andere Extrem sind diejenigen, die sich manchmal schon zu viel zumuten und bis zur Erschöpfung ackern. Personalexperten wie Jörg Knoblauch unterscheiden daher zwischen „A"-, „B"- und „C"-Mitarbeitern und wählen das Bild vom Unternehmenskarren, den die A-Mitarbeiter ziehen, neben dem die B-Mitarbeiter herlaufen und auf dem C-Mitarbeiter oben sitzen und mitfahren (vgl. www.joerg-knoblauch.de/personal). Lassen wir einmal die Möglichkeit zuvor erfahrener Demotivation beiseite (und auch die Frage, ob es zielführend ist, Mitarbeiter in solche Schubladen einzuordnen). Unbestreitbar variiert die Leistungsmotivation von Menschen, und ebenso unbestreitbar variiert ihre Bestrebung, das eigene Potenzial am Arbeitsplatz auszuleben. Mancher, der einen ganz ordentlichen Nine-to-Five-Job macht, läuft nach 17:00 Uhr als Jugendtrainer, Oldtimer-Experte oder ehrenamtlicher Stadtrat zu wahrer Hochform auf. Wie stark ein Mitarbeiter sich am Arbeitsplatz einbringt, hängt also nicht nur vom Unternehmen und von Ihnen als Chef ab, sondern auch vom Mitarbeiter selbst:

- Von seinen persönlichen Werten: Was ist wichtiger: Familie oder Job? Ehrenamt oder berufliche Aufgabe?
- Von seinen Motiven, zur Arbeit zu gehen: Welches Bedürfnis ist der relevanteste Antreiber: Status/Macht, Inhalte/Gestaltungsmöglichkeiten, Geselligkeit/Zusammenarbeit, Anerkennung, Geld/Konsum, …?
- Von seinen persönlichen Eigenschaften und Einstellungen: Wie wettbewerbsorientiert ist jemand? Wie stark ist sein Glaube, dass Anstrengung sich im Leben auszahlt?

Für Führungskräfte interessant ist die letzte Frage, die Psychologen unter dem Begriff der „Selbstwirksamkeit" subsumieren. Dahinter verbirgt sich eine tief verwurzelte Grundhaltung, in der individuelle Anlagen, frühkindliche Prägungen, Vorbilder sowie bisherige Erfolgs- und Misserfolgserlebnisse verschmelzen. Menschen mit hoher Selbstwirksamkeitserwartung gehen davon aus, dass es sich auszahlt, sein Schicksal in die eigenen Hände zu nehmen, und dass es in hohem Maße von einem selbst abhängt, wie erfolgreich man ist. Menschen mit niedriger Selbstwirksamkeitserwartung glauben eher, dass die Umstände, die anderen, Pech oder Zufall über Erfolg oder Misserfolg entscheiden. Mit anderen Worten: Jeder von uns verortet sich irgendwo auf einem Kontinuum zwischen „Alles ist möglich!" am einen und „Hat ja doch alles keinen Sinn!" am anderen Ende. In puncto Leistungsmotivation mündet die erste Haltung in eine Erfolgsspirale: Wer glaubt, dass der eigene Erfolg vom eigenen Handeln abhängt, strengt sich mehr an und hat Erfolgserlebnisse. Die wiederum bestärken ihn, sich weiteren Herausforderungen zu stellen. Wenn etwas nicht klappt, sucht der Erfolgsorientierte die Ursache in mangelndem Engagement. Die zweite Haltung kann in eine Misserfolgsspirale führen. Wer glaubt, dass Erfolge von Glück und Umständen abhängen, scheut Herausforderungen und hat weniger Erfolgserlebnisse. Misserfolge schreibt er unglücklichen Umständen oder eigener Unfähigkeit zu. Psychologen sprechen in diesem Zusammenhang auch von „Erfolgsmotivation" und „Misserfolgsmotivation" (vgl. z. B. Schüler 2009, S. 135 ff.).

„Die" Welt stellt sich also für jeden Menschen abhängig von seinen Erfahrungen, seinem Wissen, seinem kulturellen und gesellschaftlichen Hintergrund individuell etwas anders da. Wir „konstruieren" unsere Wirklichkeit bis zu einem gewissen Grad selbst, wie die Vertreter des Kognitiven Konstruktivismus betonen. Besonders stark spürbar wird dies in der Diskussion mit radikalen Anhängern bestimmter religiöser oder politischer Ausrichtungen, die tatsächlich in einer ganz anderen Welt zu leben scheinen. Aber auch das Weltbild des Nachbarn, Kollegen oder Mitarbeiters wird sich graduell von unserem unterscheiden, was Missverständnissen und Fehlinterpretationen Tür und Tor öffnet (vgl. hierzu Watzlawick 2006).

All das bedeutet: Menschen sind unterschiedlich, auch in Grad und Ausrichtung ihrer intrinsischen Motivation. Sie als Chef sind nicht für alles verantwortlich und werden nicht jeden zu Höchstleistungen „motivieren" können. Unbestreitbar gibt es sogenannte „Low Performer", die auch durch Geld und gute Worte nicht zu mehr Engagement zu bewegen sind – Mitarbeiter, die im falschen Job feststecken, Mitarbeiter, die frühere Negativerfahrungen über eine hartnäckige Verweigerungshaltung zu verarbeiten versuchen, Mitarbeiter, die aufgrund fragwürdiger Vorbilder Leistungsanforderungen als Zumutung betrachten. Unglücklicherweise bekommen diese „Problemfälle" häufig die meiste Aufmerksamkeit vom Chef.

Die frustrierte Geschäftsführung

Im Workshop mit der Führungscrew eines Bauunternehmens: Obwohl hier sehr unterschiedliche Charaktere aufeinandertreffen, arbeiten die fünf Geschäftsführer im Tagesgeschäft sehr erfolgreich zusammen. Der Workshop soll neue Impulse für die Unternehmensentwicklung bringen. Sehr rasch schießt sich die Gruppe auf das Thema „demotivierte Mitarbeiter" ein. Es wird geklagt über Faulheit, Desinteresse, sogar Sabotage. Dabei habe man „alles" versucht: Gespräche, Seminare, Incentives… Irgendwann erkundige ich mich vorsichtig, wie viele Mitarbeiter denn zur Gruppe der Demotivierten gehören? „Etwa 20 %", so die einhellige Schätzung. Und wie viel der Führungsenergie geht für diese Gruppe und den Umgang mit ihr drauf? Betroffenes Schweigen. Dann: Sehr viel, bestimmt ein Drittel. Ich schlage vor, den hartnäckig Unwilligen zur Abwechslung einmal die Aufmerksamkeit komplett zu entziehen. Die gewonnene Energie könne man in motivierte Mitarbeiter investieren, um gemeinsam mehr zu erreichen. Aus dem Stand schmiedet die Gruppe begeistert Pläne zur Umsetzung dieser Strategie. Einige Wochen später die Rückmeldung: Die guten Mitarbeiter sind begeistert, und ein Teil der bisherigen Verweigerer lenkt plötzlich ein, weil er nicht völlig im Abseits stehen will.

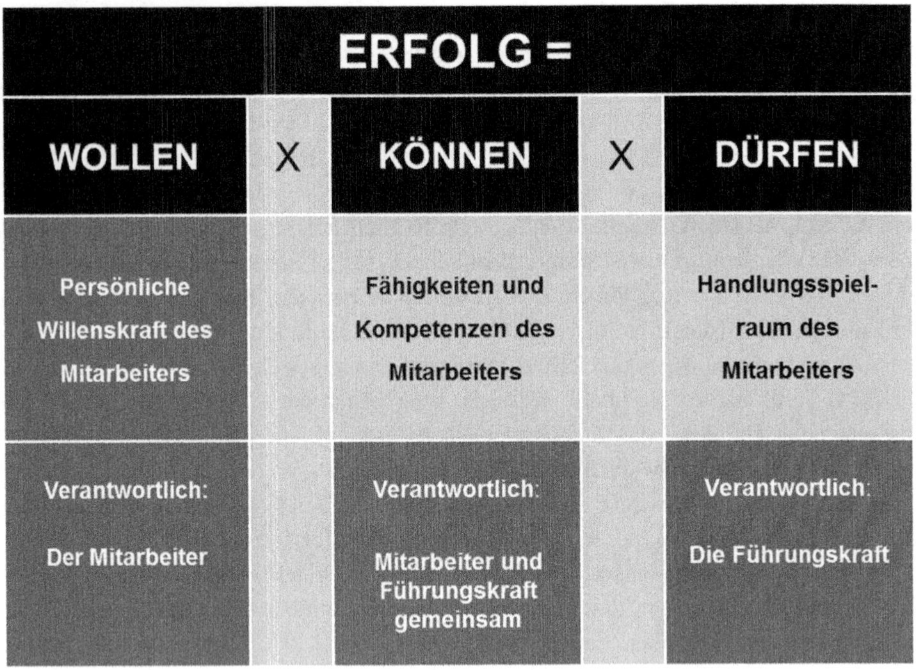

Abb. 21 Komponenten des Handlungserfolgs. (nach Sprenger 2000; Niermeyer und Seyffert 2011)

Wenn jemand partout nicht will, können Sie als Chef nicht zaubern. Wo Ihre Verantwortung und Ihr Handlungsspielraum liegen, verdeutlicht eine einfache Formel für den Handlungserfolg (vgl. Abb. 21).

Die Multiplikation ist bewusst gesetzt: Wenn eine der Komponenten gegen null geht, bleibt der Erfolg aus. Wer will, aber nicht kann, dem nützt es auch nichts, wenn er darf. Und wer will und kann, aber nicht darf, tritt ebenfalls auf der Stelle. Der Grad des „Wollens" eines Mitarbeiters hängt außer von Selbstwirksamkeitsüberzeugung und Erfolgs- bzw. Misserfolgsmotivation auch von der Begehrlichkeit des angestrebten Zieles ab. Wer Karriere nicht als Maß aller Dinge betrachtet, den werden Sie mit einer Beförderung allein nicht motivieren können. Einmal mehr kommt es also darauf an, genau hinzusehen: Was motiviert den einen, was den anderen? Für die ehrgeizige Nachwuchskraft können das anspruchsvolle Projekte sein, für Mitarbeiter und Mitarbeiterinnen in der Phase der Familiengründung flexible Arbeitszeiten und Homeoffice-Tage, für den erfahrenen Senior der Abteilung auch die äußere Aufwertung seines Status (etwa durch Übertragung einer Mentorenfunktion für Nachwuchskräfte oder übergeordnete strategische Aufgaben). Insofern erinnert eine gute Führungskraft an einen aufmerksamen Gärtner, der genau hinsieht, was jedes Gewächs in seinem Garten braucht. Abschließend als „Sehhilfe" einige Leitfragen für Ihren Führungsalltag:

Fragen zur Motivation Ihrer Mitarbeiter

- Entspricht das Aufgabengebiet des Mitarbeiters seinen persönlichen Wertvorstellungen und Bedürfnissen? Kenne ich diese Werte und Bedürfnisse überhaupt?
- Was sagt mir sein Verhalten, was sagen Gestik und Mimik über die augenblickliche Motivation des Mitarbeiters aus?
- Was würde mein Gegenüber im Mitarbeitergespräch auf die Frage antworten: „Womit könnte Ihre Motivation noch gesteigert werden?"
- Stimmt bei meinen Mitarbeitern nicht nur die materielle Anerkennung, sondern auch die menschliche?
- Was würden meine Mitarbeiter auf die Frage antworten: „Wie motivierend ist der Chef durch sein eigenes Verhalten?"

Was stärkt die Motivation, was demotiviert Mitarbeiter?

Motivation ist also komplexer, als viele Führungskräfte sich wahrscheinlich wünschen. Dennoch gibt es einige Faktoren, die tendenziell motivierend und andere, die tendenziell demotivierend sind. Dazu ist in den letzten Jahrzehnten eine Fülle von Studien und Befragungen angestellt worden. Sicher ist, dass es nicht das Geld allein ist, mit dem man Mitarbeiter locken kann.

Mythos: „Dafür werden die Leute schließlich gut bezahlt!"

Die Haltung „Unsere Leute werden schließlich gut bezahlt! Sie sollen einfach ihre Arbeit machen" ist immer noch verbreitet. Dem korrespondieren ausgeklügelte Gehaltsstufen, Prämien, Boni, Sonderzahlungen und andere Anreizsysteme. Als Motivationsinstrument taugt Geld jedoch nur sehr bedingt, aus mindestens drei Gründen:

1. Eine angemessene Bezahlung ist selbstverständlich.
   Schon Ende der Fünfzigerjahre wies der US-Psychologe Frederick Herzberg nach, dass Geld zu den „Hygienefaktoren" zählt, wie z. B. auch akzeptable äußere Arbeitsbedingungen oder klare Aufgaben (Herzberg 1959). Hygienefaktoren sorgen dafür, dass Mitarbeiter „nicht unzufrieden" sind. Sie erzeugen noch keine Zufriedenheit. Motivatoren oder „Zufriedenheitserreger" sind etwa Anerkennung, Verantwortung, Entwicklungsmöglichkeiten. Offenbar wird dies, wenn Mitarbeiter sagen: „Das Gehalt ist bei uns Schmerzensgeld!" Das klingt nicht besonders zufrieden, schlimmer noch: Es klingt resigniert und demotiviert.

2. Geld nutzt sich ab, man gewöhnt sich schnell daran.

   Selbst Lottogewinner fallen nach einem Millionengewinn nach kurzer Euphorie wieder auf das frühere Zufriedenheitslevel zurück. Nach vier Wochen seien Gewinner kaum glücklicher als vor dem Geldsegen, so der Psychologe Johannes Ullrich von der Universität Frankfurt am Main (vgl. ZDF.de 2014). Man müsste im Unternehmen also immer wieder nachlegen, weil die Ansprüche parallel steigen.

3. Es gibt Hinweise darauf, dass Geld die Eigenmotivation beschädigt.

   In der Psychologie spricht man vom Korrumpierungseffekt, den Sie vielleicht aus eigener Erfahrung kennen: Geben Sie Ihrem Sohn fünf Euro fürs Rasenmähen, und bald wird er nur noch aktiv, wenn Sie ihn bezahlen. Der Psychologe Edward Deci wertete insgesamt 128 Studien zur Wirkung von Belohnungen aus und kam zu dem Schluss, dass materielle Anreize intrinsische Motivation zerstören (Deci 1999). Überlegen Sie auch, wie Sie selbst reagieren würden, wenn man Ihnen für etwas, das Sie sehr gern getan haben, einen Geldschein in die Hand drücken würde.

All das schließt nicht aus, dass für konsum- und statusorientierte Mitarbeiter (etwa im Verkauf) Boni und Incentives wichtig sind. Doch auch hier gilt: Geld ist nicht alles. Es ist auch deswegen ein fragwürdiger Motivator, weil in den westlichen Industrienationen die Grundbedürfnisse der Menschen über die Sozialsysteme und mehr und mehr auch durch ererbte Vermögen gedeckt sind. Nicht ohne Grund bilden „physiologische Bedürfnisse" und „Sicherheitsbedürfnisse" nur die Basisebenen der bekannten Maslowschen Bedürfnispyramide. Sind sie erfüllt, streben Menschen nach anderen Formen persönlicher Befriedigung. Wer als Führungskraft die Eigenmotivation seiner Mitarbeiter stärken will, muss daher höher ansetzen, bei weichen Faktoren wie Wertschätzung und bei inhaltlichen Anreizen wie Eigenverantwortung und Freiräumen.

Basis für Mitarbeitermotivation: Motivierte Führungskräfte

Ein frustrierter Chef wird kein motiviertes Team haben. Nur wer sich selbst motivieren und führen kann, ist in der Lage, auch andere zu motivieren und zu führen. Warum sollte sich ein Mitarbeiter ins Zeug legen, wenn sein Vorgesetzter Zweifel an den Zielen, Aufgaben und Prozessen in der Abteilung ausstrahlt oder Unlust und Resignation? Dazu bedarf es nicht einmal vieler Worte. Es genügt eine geduckte Haltung, ein Seufzer an entscheidender Stelle, eine zynische Nebenbemerkung oder ein Sich-Vergraben hinter verschlossener Bürotür in schwierigen Zeiten. Ihre Mitarbeiter müssen Ihnen vertrauen; sie müssen das Gefühl haben, mit Ihnen auf dem richtigen Weg zu sein. Strahlen Sie Tatkraft und Zuversicht aus? Gehen Sie mit Schwung durch den Tag? Verstehen Sie es, andere zu ermutigen, vielleicht sogar zu begeistern? Zur Schärfung der Eigenwahrnehmung empfiehlt sich hier der morgendliche Blick in den Ganzkörperspiegel, der bereits in Kap. „§ 3 Haltung statt „Führungsstil'" empfohlen wurde („Äußere und innere Haltung: Was strahlen Sie aus?").

Glaubt man einer Untersuchung des Mainzer Marktforschungsunternehmens *forum*, ist Motivation auf der Chefetage durchaus nicht selbstverständlich. Auf der Basis einer repräsentativen Befragung von 2400 Arbeitnehmern teilten die Marktforscher 2014 Mitarbeiter in „Erfolgsgaranten" (sind motiviert, d. h. wollen beste Leistungen erbringen), „Unternehmensbewohner" (sind mit den Arbeitsbedingungen zufrieden, aber wenig motiviert), „Enttäuschte" (sind unzufrieden *oder* unmotiviert) und „Frustrierte" (sind unzufrieden *und* unmotiviert). Selbst auf der obersten Führungsebene zählen nach dieser Umfrage nur 60 % aller Chefs zu den Erfolgsgaranten, 13 % sind frustriert. Im Mittelmanagement sieht es mit 42 % Erfolgsgaranten und 23 % Frustrierten noch schlechter aus (Saathoff 2014a). Die Fähigkeit, sich selbst zu motivieren und Herausforderungen anzupacken, ist daher elementar für souveräne Führung. Impulse für den Ausstieg aus der oft selbst gewählten Resignation bekommen Sie im letzten Kapitel (§ 8 „Mut statt gemütliches Elend").

Wer sich selbst als erfolgreich erlebt, ist motiviert

Noch einmal zurück zu einem Phänomen, das bereits kurz gestreift wurde: Wie kommt es, dass mancher Mitarbeiter, der im Büro Dienst nach Vorschrift schiebt, außerhalb des Unternehmens zu Hochform aufläuft, Festivals organisiert, ein Fachwerkhaus restauriert, Jugendmannschaften in die nächste Liga führt? Viele Führungskräfte würden staunen, wüssten sie, was ihre Mitarbeiter alles bewirken. Dabei spielen natürlich auch Neigung und Talent zu bestimmten Aufgaben eine Rolle, ein Aspekt, der in Kap. „§ 3 Haltung statt „Führungsstil"" unter der Überschrift „Stärken der Mitarbeiter erkennen" behandelt wurde. Wer entsprechend seinen Stärken arbeiten kann, empfindet tiefe Befriedigung. Er erlebt sich selbst als erfolgreich. Und genau das ist meines Erachtens der Kern der Motivation, denn im erzielten Erfolg schwingt vieles mit:

- Die Erfahrung, etwas bewegen zu können,
- sich selbst als kompetent zu erleben,
- Anerkennung zu bekommen,
- einen Beitrag zu etwas Größerem zu leisten,
- Zugehörigkeit zu erfahren.

Kaum etwas ist so erfüllend wie das Erreichen eines Ziels aus eigenem Antrieb, davon bin ich überzeugt. Daraus folgt: Wer als Führungskraft seine Mitarbeiter motivieren will, sollte ihnen vor allem ermöglichen, erfolgreich zu sein, und er sollte für diese Erfolge Anerkennung zollen. Zusätzliche Motivationsspritzen erübrigen sich dann. Dazu passt, dass in der Motivationsforschung seit Jahrzehnten ähnliche Schlüsselfaktoren als entscheidend angesehen werden. Bei Abraham Maslow bilden „soziale Bedürfnisse", „Wertschätzung/Ich-Bedürfnis" und schließlich „Selbstverwirklichung" die Spitze der Bedürfnispyramide. Frederick Herzberg nennt als Motivatoren eine subjektiv ansprechende Tätigkeit, Anerkennung, Aufstiegschancen, Verantwortung, herausfordernde, interessante Arbeitsinhalte, persönliche Entwicklungsmöglichkeiten, Erfolgserlebnisse. Die *Gallup*-Forscher und Erfinder des „Engagement-Index" machen über 30 Jahre später ein „erstklassiges Arbeitsumfeld" auf breiter empirischer Basis an folgenden sechs Schlüsselfragen fest:

1. „Weiß ich, was bei der Arbeit von mir erwartet wird?"
2. „Habe ich die Materialien und Arbeitsmittel, um meine Arbeit richtig zu machen?"
3. „Habe ich bei der Arbeit jeden Tag die Gelegenheit, das zu tun, was ich am besten kann?"
4. „Habe ich in den letzten sieben Tagen für gute Arbeit Anerkennung und Lob bekommen?"
5. „Interessiert sich mein/e Vorgesetzte/r oder eine andere Person bei der Arbeit für mich als Mensch?"
6. „Gibt es bei der Arbeit jemanden, der mich in meiner Entwicklung unterstützt und fördert?" (Buckingham und Coffman 2001, S. 21 und 28)

Die Quintessenz dieser Fragen lautet einmal mehr: Motiviert ist, wer die Möglichkeit hat, Erfolge zu erzielen, und wer für diese Erfolge Anerkennung erfährt. Und noch einmal 15 Jahre später sagt Heinz Mandl, Professor für Empirische Pädagogik und Pädagogische Psychologie in München, zentral für Mitarbeitermotivation sei das „Erleben von Autonomie" und unterstreicht: „Durch das Treffen eigener Entscheidungen erleben sich Mitarbeiter als kompetent und ernst genommen." Hinzukommen müsse das häufige Feedback für geleistete Arbeit (Rippler (o. J.). Im Folgenden habe ich Ihnen einige zentrale Motivationsfaktoren zusammengestellt.

Verantwortung übertragen

„Wenn an einer Stelle Verantwortung übernommen werden soll, muss sie an anderer Stelle auch tatsächlich abgegeben werden", stellen Rainer Niermeyer und Manuel Seyffert treffend fest (2011, S. 227). Eigenverantwortliches Handeln aufseiten des Mitarbeiters setzt entschlossene Delegation aufseiten des Vorgesetzten voraus. Salopp formuliert: Der Chef muss abgeben und machen lassen, auch auf die Gefahr hin, dass das Ergebnis etwas anders ausfällt, als ihm vorschwebt, und der Weg dorthin etwas anders verläuft als sein eigener. Das erfordert sorgfältige Aufgabenübertragung und Ermutigung statt Gängelei und kleinlichen Vorgaben. Mitarbeiter spüren, ob ein Vorgesetzter ihnen eine Aufgabe wirklich zutraut oder schon beim Übergabegespräch befürchtet, das könnte schiefgehen. Mehr dazu im nächsten Abschnitt.

Erfolge ermöglichen

Damit ein Mitarbeiter Erfolge erzielen kann, muss erstens das Ziel klar sein und es muss zweitens zu seinen Kompetenzen und Möglichkeiten passen. Beflügelnde Ziele sind anspruchsvoll, aber machbar. Überzogene Zielvorstellungen (etwa extreme Umsatzvor-gaben im Vertrieb oder unrealistische Deadlines) demotivieren. In schwierigen Zeiten zehn Prozent Mehrumsatz zu fordern in der Hoffnung, dadurch wenigstens fünf zu errei-chen, ist heikel: Statt Ansporn droht Frust. Wird der Manipulationsversuch durchschaut, verlieren Sie zudem Vertrauen. Zu einfache Ziele bringen Mitarbeiter um echte Erfolgs-erlebnisse und untergraben das Selbstvertrauen („Mehr traut man mir nicht zu?!").

Anerkennung spenden

„Chefs müssen mehr loben!", diese Forderung wird regelmäßig erhoben. Im Sommer 2014 beklagte beispielsweise Anita Saathoff vom Marktforschungsunternehmen *forum* auf Basis einer repräsentativen Umfrage: „Nicht einmal jeder zweite Arbeitnehmer in Deutschland wird regelmäßig von seinen Vorgesetzten gelobt." Dies sei eine „erschre-ckende Zahl". Genau genommen geht es am Arbeitsplatz aber nicht um (potenziell gön-nerhaftes) Lob, sondern um Anerkennung auf Augenhöhe. Eltern loben Kinder, Lehrer loben Schüler. Ein Lob (wie „Das hast Du prima gemacht!") markiert eine hierarchische Beziehung und hat unter Erwachsenen einen schalen Beigeschmack. Gefragt ist außer-dem nicht die pauschale Mehrverteilung von Lobesworten, sondern die umfassende Wür-digung von Leistungen und Fähigkeiten einer Person. „Mich hat beeindruckt, wie gut Sie in Ihrer Präsentation gestern auf die Situation des Kunden eingegangen sind!" oder „Danke für Ihre exzellente Vorbereitung des Meetings. Ich schätze nicht nur Ihre Sorgfalt und die gute Organisation, sondern auch Ihr strategisches Geschick, durch das wir auch dieses Mal wieder genau die richtigen Daten und Argumente parat hatten!", so klingt Anerkennung ohne herablassendes Schulterklopfen. Dass Anerkennung dünn gesät ist und umso lieber kritisiert wird, mag auch kulturelle Ursachen haben. „Eigenlob stinkt" und Lob anderer gilt schnell als „Lobhudelei". Mehr Anerkennung zu zollen erfordert daher möglicherweise eine Umstellung Ihrer Gewohnheiten, unter anderem

- darauf zu achten, was gut läuft,
- zeitnah darauf zu reagieren und dabei verschiedene Kommunikationskanäle zu nutzen, von der kurzen E-Mail, dem spontanen Anruf bis zur direkten Reaktion im Gespräch,
- präzise zu würdigen, was Ihnen gut gefallen hat,
- sich für den Einsatz eines Mitarbeiters zu bedanken,
- sich Anerkennung nicht für das Jahresgespräch aufzusparen,
- sich auf formelle Mitarbeitergespräche vorzubereiten, indem Sie dort anhand von Notizen konkretes Feedback geben, statt Zuflucht in wenig aussagekräftigen Pau-schalurteilen (etwa: „Alles prima!") zu suchen.

Dass viele Chefs in puncto Anerkennung noch Nachholbedarf haben, bestätigt auch eine Studie der Initiative „Kraftwerk Anerkennung", die Ende 2013 200 Arbeitnehmer befragte. Während 81 % der Vorgesetzten der Meinung waren, häufig Anerkennung oder

Lob auszusprechen, gaben über zwei Drittel der Mitarbeiter an, selten oder nie Anerkennung zu erfahren. Die meisten Arbeitnehmer ziehen dabei Anerkennung einem Dank und erst recht einem Lob vor: 48 % fühlen sich am meisten durch Anerkennung angesprochen, 39 % durch ein Dankeschön und nur 13 % durch ein Lob (Kraftwerk Anerkennung 2013, S. 4 und 8).

Anerkennung drückt sich aber nicht nur in Worten oder finanziellen Belohnungen aus, sondern auch nonverbal, durch ein bestätigendes Lächeln, durch einfache Gesten (Daumen hoch im Vorbeigehen), durch eine entspannte Haltung, die Ihre Gewissheit signalisiert, dass das Projekt beim Mitarbeiter in guten Händen ist. Starke Anerkennungssignale sind schließlich auch Taten, etwa die Übertragung attraktiver Aufgaben oder die Wertschätzung der Kompetenz eines Mitarbeiters dadurch, dass Sie seinen Rat suchen. Und schließlich: Wer mehr Anerkennung spendet, bekommt selbst auch mehr davon. Wenn Sie als Führungskraft selbst Anerkennung vermissen, tun Sie doch mal den ersten Schritt und würdigen Sie Ihre Mitarbeiter und Ihren eigenen Chef!

In Entscheidungen einbeziehen

Die meisten Menschen mögen es nicht, wenn über ihre Köpfe hinweg regiert wird. Je qualifizierter und/oder erfahrener ein Mitarbeiter ist, desto eher wird er erwarten, in Entscheidungen einbezogen zu werden. Dieser Gedanke ist der Kern der viel beschworenen „kooperativen" Führung. Die Beteiligung von Mitarbeitern ist nicht nur in deren Sinne, sondern auch in Ihrem eigenen: Nur so schöpfen Sie die Kompetenz Ihrer Mitarbeiter wirklich aus. Und selbst wenn die Entscheidung in letzter Instanz durch Sie getroffen wird und wenn Sie gegen Mitarbeitervorschläge entscheiden sollten, macht es einen Unterschied, ob man zuvor gehört wurde.

Die Macht der Einbeziehung

Der für Investmenthandel zuständige Direktor einer Großbank hat ein Problem: Einer seiner Teamleiter im Aktienhandel macht seit einiger Zeit nur noch das Nötigste und wird als Griesgram gefürchtet. Die Stimmung in seinem Team ist auf dem Nullpunkt. „Was soll ich bloß mit dem Mitarbeiter anstellen? Kündigen kann ich ihm nicht, dazu ist er schon zu lange da", so der Direktor. Was die Ursache des Verhaltens ist? „Ich habe keine Ahnung." Wir kommen überein, dass es eine gute Idee sein könnte, den Teamleiter einfach mal zu fragen. Es stellt sich heraus, dass der unzufrieden ist mit der Neuordnung der Teams vor etlichen Monaten und sich bei der Entscheidungsfindung übergangen fühlte. Vor allem hat ihn verärgert, dass ihm ausgerechnet der Mitarbeiter „aufgedrückt" wurde, mit dem ihn eine herzliche Abneigung verbindet. Diese Personalie lässt sich durch eine einvernehmliche Versetzung des Teammitglieds gesichtswahrend für alle lösen. Einige Monate später bekomme ich einen Anruf des Direktors: „Sie werden es nicht glauben! Der Umsatz in dem Team ist sofort nach oben geschnellt, und zwar um etliche Millionen!" Weiche Faktoren schaffen harte Fakten.

Entwicklungsmöglichkeiten eröffnen

Zeigen Sie Ihren Mitarbeitern, dass Sie wissen, was in ihnen steckt, durch Übertragung wichtiger Aufgaben, durch mehr Gestaltungsfreiraum, durch Weiterbildungsmöglichkeiten, die auf den nächsten Karriereschritt vorbereiten. Die Kunst besteht hier darin, zu fordern ohne zu überfordern. Machen Sie nicht den Fehler, gute Leute kleinhalten zu wollen aus Sorge, dass Sie sie sonst durch ihren Aufstieg verlieren. Wenn Ihre Abteilung als Talentschmiede bekannt ist, werden Sie auf Dauer die Besten anziehen. Und wirklich ambitionierte Mitarbeiter werden sich ohnehin nicht ausbremsen lassen. Widerstehen Sie der Versuchung, guten Mitarbeitern immer mehr aufzuladen, während die weniger Zuverlässigen sich ausruhen, nach dem zynischen Prinzip „Dummheit schafft Freizeit!"

Stehen Sie Ihren Mitarbeitern zur Seite oder stehen Sie ihnen im Weg?

Mit der konsequenten Delegation von Aufgaben tun Sie sich selbst wie Ihren Mitarbeitern einen großen Gefallen. Sich selbst, weil Sie auf diese Weise mehr Zeit für originäre, nicht delegierbare Führungsaufgaben gewinnen (Ziele setzen, Ergebnisse kontrollieren, Mitarbeitergespräche führen, übergeordnete strategische Aufgaben). Ihren Mitarbeitern, weil Sie durch Delegation für eine möglichst faire, gleichmäßige Arbeitsauslastung aller sorgen, Erfahrungszuwächse verschaffen und Entwicklungsmöglichkeiten bieten können. Erfolgreiches Delegieren setzt drei Dinge voraus:

1. Ein eindeutiges Ziel:
   Der Mitarbeiter weiß, was genau bis wann von ihm erwartet wird.

2. Die nötigen Kompetenzen:
   Der Mitarbeiter hat das erforderliche Know-how sowie alle erforderlichen Informationen, Mittel und Befugnisse.

3. Die Übertragung von Verantwortung:
   Der Mitarbeiter löst die Aufgabe eigenverantwortlich, auf seine Weise. Er entscheidet selbst und ohne kleinteilige Kontrolle über die genaue Vorgehensweise. Die Führungskraft steht für Rückfragen zur Verfügung, mischt sich aber nicht ungefragt in Details ein.

Richtig delegieren

Je erfahrener und kompetenter ein Mitarbeiter ist, desto größer sind die Aufgabenpakete, die ihm übertragen werden können, und desto weniger engmaschig sind Feedback-Termine während der Ausführung der Aufgabe zu planen. Dies ist der Grundgedanke des „Situativen Führens", das zu Beginn von Kap. „§ 3 Haltung statt „Führungsstil"" erläutert wurde. Eine Führungskraft tut daher gut daran, sich vor der Delegation einer Aufgabe die folgenden W-Fragen zu stellen:

1. Was soll getan werden?
2. Wer soll es tun?
3. Warum soll es getan werden? Warum speziell durch ihn/sie?
4. Wie soll er/sie es tun?
5. Womit soll er/sie es tun?
6. Bis wann soll er/sie es tun?

Das bedeutet: Delegationsgespräche müssen sorgfältig vorbereitet und durchgeführt werden, am besten in Ruhe und hinter einer verschlossenen Tür statt im Vorbeigehen und zwischen Tür und Angel. Sätze wie „Kümmern Sie sich mal eben um …, Herr X!" oder „Ich brauche ein Konzept für … Können Sie mir da bis Freitag einen Entwurf machen, Frau Y?" haben mit durchdachter Delegation nichts zu tun. Und was nicht klar vereinbart wurde, kann auch nicht eingefordert werden! Selbst wenn Mitarbeiter und Chef sich ausführlicher besprechen, sind Missverständnisse nicht ausgeschlossen. Wie Sie das gegenseitige Verständnis sichern, erfahren Sie im nächsten Abschnitt („Stille Post oder echte Kommunikation?").

Die Vorteile des Delegierens liegen auf der Hand und werden von den Teilnehmern unserer Führungstrainings rasch erkannt. Die wichtigsten:

- Delegieren schöpft die Kompetenz und das Know-how der Mitarbeiter aus.
- Delegieren schafft den Mitarbeitern Freiraum und Erfolgserlebnisse. Delegation motiviert!
- Delegieren hilft Mitarbeitern, sich weiterzuentwickeln.
- Delegieren entlastet Sie als Führungskraft. Sie können sich auf die Aufgaben konzentrieren, für die Sie eigentlich bezahlt werden, statt sich im operativen Geschäft zu verzetteln.
- Delegieren ist wirtschaftlich sinnvoll: Je tiefer in der Hierarchie eine Aufgabe gelöst wird, desto günstiger ist dies für das Unternehmen. Es ist ganz erhellend, einmal auf Euro und Cent auszurechnen, was die Erledigung einer Aufgabe durch einen Mitarbeiter kostet und mit was sie zu Buche schlägt, wenn Sie sich selbst damit herumschlagen. Womöglich brauchen Sie selbst noch dazu länger, weil Ihr Mitarbeiter vertrauter mit den operativen Details ist.

„Meine Mitarbeiter sind zu unselbstständig!"?

In unseren Führungsseminaren melden sich fast jedes Mal auch Delegationskritiker zu Wort: Theoretisch sei das ja alles gut und richtig. Doch um delegieren zu können, brauche es eben auch die „richtigen" Mitarbeiter. „Meine Leute sind so unselbstständig – die packen das einfach nicht!" Eine der häufigsten Klagen von Mitarbeitern lautet dagegen: „Mein Chef mischt sich in alles ein! Der lässt mich nicht machen." Im ungünstigsten Fall verstärken sich beide Haltungen gegenseitig: Ein misstrauischer Vorgesetzter führt an der kurzen Leine, und die resignierten oder eingeschüchterten Mitarbeiter trauen sich deswegen nichts mehr zu: Sie fragen bei jeder Kleinigkeit nach. Dies wiederum bestätigt den Chef darin, dass seine Leute ohne ihn nichts auf die Reihe bekommen. Wer nicht „darf", „kann" irgendwann auch nicht mehr. Und je mehr von oben kommt, desto mehr wird eben auch nach oben geguckt.

Es führt kein Weg daran vorbei: Wer selbstständige Mitarbeiter will, muss ein Grundvertrauen in ihre Fähigkeiten haben. Er muss ermutigen und zutrauen, statt zu gängeln und zu zweifeln. Er muss damit leben, dass Fehler passieren werden, und – für viele Chefs noch schwieriger – er muss die subjektive Angst überwinden, dass die Ergebnisse nicht so gut werden, wie er sie sich vorstellt, und dass eine schlechtere Performance auch die eigene Position angreifbarer macht. To-Mitarbeiter fallen nicht vom Himmel! Um zur Top-Kraft zu werden, brauchen Menschen die Möglichkeit zu wachsen, und dafür brauchen sie Freiräume sowie die Erlaubnis, Fehler zu machen. Sie als Führungskraft wiederum benötigen Geduld und Zeit – die Geduld, Mitarbeiter ausführlich zu briefen und langsam an größere Aufgaben heranzuführen, und die Zeit, Mitarbeiter eigene Lösungen finden zu lassen, statt ihnen „mal schnell eben" zu sagen, wie sie die Dinge handhaben sollten. Diese Geduldsprobe wird umso größer ausfallen, je stärker Sie sich in der Vergangenheit ins Operative eingemischt haben. Auch ein autoritärer Vorgänger auf dem Chefsessel ist für eine kooperativere Führungskraft eine Herausforderung: Es wird Monate oder sogar Jahre dauern, bis Mitarbeiter sich von der mittlerweile gewohnten (und vielleicht sogar geliebten, weil bequemen) Unselbstständigkeit verabschieden. In manchen Fällen wird es sogar unmöglich sein, weil durch und für den Erhalt des vorherigen Systems speziell die eher unselbstständigen Mitarbeiter ausgewählt wurden. Nur die wenigsten von ihnen werden später einen Turnaround in eigenverantwortliche Arbeit schaffen können.

Typische Delegationsbremsen

Bei welchen Gedanken ertappen Sie sich selbst? Je mehr Kreuze Sie machen, desto schwerer fällt es Ihnen vermutlich, Aufgaben abzugeben.

1. „Wenn ich es selbst mache, wird es besser."　❏
2. „Ich habe jetzt keine Zeit zum Delegieren."　❏
3. „Ob das Herr X/Frau Y überhaupt auf die Reihe bekommt?"　❏
4. „Besser, ich mach's selbst. Dann habe ich es wenigstens im Griff!"　❏
5. „Die halbe Stunde nehme ich mir gern dafür!"　❏

Auswertung:
Die Fragen entsprechen den häufigsten Delegationshemmnissen: Perfektionismus (1.), schlechtes Zeitmanagement (2.), Mangel an Zutrauen und Vertrauen (3.), Kontrollbedürfnis (4.), schließlich das Hängen an früheren Lieblingsaufgaben, die sichtbare Ergebnisse (und damit direkte Erfolge!) verschaffen (5.).

Insbesondere der letzte Punkt ist nicht zu unterschätzen: Wenn Vorstände plötzlich an Bauteilen mittüfteln, Marketingchefs selbst Hand an die neue Website legen oder IT-Leiter beim Programmieren helfen, drückt sich darin häufig die Sehnsucht nach „handfesten" Aufgaben und „echten" Erfolgserlebnissen aus. Auch die Flucht vor manchmal als undankbar empfundenen Führungsaufgaben kann dahinterstecken. Wie schön war es früher, als man abends wusste, was man geschafft hatte! Ein Missverständnis, denn Ihr Erfolg als Führungskraft besteht darin, Ihre Mitarbeiter erfolgreich zu machen. Das führt zwangsläufig zum Paradoxon, dass Sie umso erfolgreicher sind, je weniger Ihre Mitarbeiter Sie auf Dauer im Tagesgeschäft brauchen. Unentbehrliche Chefs sind schlechte Chefs. Souveräne Chefs geben ihren Mitarbeitern Raum zur Entfaltung und verstehen es, sie für gemeinsame Ziele zu begeistern, wie der international renommierte Führungsexperte Lance Secretan in seinem Buch „Inspirieren statt motivieren" betont (Secretan 2006). Stehen Sie Ihren Mitarbeitern also nicht im Weg, sondern stehen Sie ihnen zur Seite. Und investieren Sie die gewonnene Zeit und Energie in Ihre eigentlichen (Führungs-)Aufgaben!

Stille Post oder echte Kommunikation?

1985 kam es zu einem spektakulären Tornado-Absturz, bei dem die beiden Piloten ein voll funktionstüchtiges Flugzeug mit dem Schleudersitz verlassen hatten. Was war passiert? Das Schlauchboot unter dem Sitz des Waffensystemoffiziers hinten im Cockpit hatte durch einen technischen Defekt begonnen, sich aufzublasen und drückte gegen den Steuerungshebel des Offiziers. Der Pilot vorne hielt mit seinem Steuerungshebel dagegen, der Offizier hinten daraufhin ebenfalls. Schließlich löste der Waffensystemoffizier das Problem, indem er das Schlauchboot einfach aufstach. Bedingt durch die vorherigen Steuermanöver beider Piloten gegen den Druck des Schlauchbootes, der dann plötzlich weg war, ging der Tornado in einen Steigflug über. Die Piloten nahmen an, die Hydraulik sei defekt, und retteten sich mit dem Schleudersitz. Erst auf dem Boden redeten sie miteinander. Sie mussten erkennen, dass sie ein intaktes Flugzeug zum Absturz gebracht und einen Millionenschaden verursacht hatten, nur, weil sie in der Luft „vergessen" hatten, miteinander zu kommunizieren! Unglaublich, aber wahr.

Geheimwaffe Paraphrase

Das könnte bei Ihnen im Unternehmen nicht passieren? Seien Sie sich nicht zu sicher. Ich kenne ein Industrieunternehmen, das ohne Messestand auf der für sie entscheidenden Branchenveranstaltung auskommen musste, weil Leiter und Stellvertreter der Marketingabteilung stillschweigend vorausgesetzt hatten, der jeweils andere habe das erledigt. Mir ist ein landwirtschaftlicher Betrieb bekannt, der großen wirtschaftlichen Schaden erlitt, weil ein Mitarbeiter einen Teil der Ernte aufgrund eines Missverständnisses unterpflügte. Und in einem großen Beratungsunternehmen kündigte einer der Leistungsträger, weil er irrtümlich annahm, bei der geplanten Umstrukturierung werde auch sein Stuhl wackeln. In Wahrheit war er für eine Beförderung vorgesehen, bevor man ihn an die Konkurrenz verlor. Der folgende Vorfall lief zwar glimpflicher ab, verursachte aber ebenfalls unnötig Kosten und Stress.

Wer nicht fragt, zahlt drauf!
In einem mittelständischen Industriebetrieb mit 500 Mitarbeitern: Ein Abteilungsleiter in der Produktion bekommt vom Bereichsleiter den Auftrag, mit seinem Team an der Verbesserung einer der Anlagen zu arbeiten. Hierbei gibt der Bereichsleiter ausdrücklich eine verbesserte Bearbeitungstoleranz vor – einen Wert x, der zukünftig erreicht werden soll. Da die Gruppe kurz zuvor intensiv an einer ähnlichen Anlage mit anderen Toleranzwerten gearbeitet hat, verhört sich der Abteilungsleiter beim jetzt geforderten Wert. Das Team und er wundern sich zwar über die „sportliche" Forderung, doch man macht sich engagiert ans Werk. Erst drei Tage später stellt sich in einem Kontrollgespräch mit dem Bereichsleiter zufällig das Missverständnis heraus. Hätte der Abteilungsleiter gleich zu Beginn der Auftragsvergabe um eine kurze Rückbestätigung gebeten, wären allen einige Mühe, einiges Geld und einiger Stress erspart geblieben.

Pessimisten behaupten, die häufigste Form menschlicher Kommunikation sei das Missverständnis. Und auch Optimisten können ein Lied von Pannen, Versäumnissen und Beinahe-Katastrophen singen, die sich durch fehlerhafte Kommunikation in Organisationen im Laufe der Jahre ereignet haben. In sehr sensiblen Bereichen wie der Fliegerei wurde daher inzwischen ein strenges System ausdrücklicher Rückbestätigung eingeführt, und selbst in der Sterneküche muss jede Bestellung durch das Servicepersonal vom Küchenchef ausdrücklich wiederholt und vom Kellner bestätigt werden. In den meisten Unternehmen ließe sich viel Geld und Zeit sparen, wenn man sich das Paraphrasieren relevanter Informationen zur Gewohnheit machte. „Sie meinen also, dass …?", „Verstehe ich Sie richtig, dass …?", „Das bedeutet also Folgendes …?", solche Formulierungen sollten zu Ihrem Alltag gehören. Und auch am Ende jedes Delegationsgespräches empfiehlt es sich, den Mitarbeiter zu bitten, in eigenen Worten zu wiederholen, wie er den Auftrag versteht. Wir interpretieren Gesagtes zwangsläufig vor dem Hintergrund unseres Vorwissens und unserer Erwartungen. Sind wir müde, gestresst oder abgelenkt, wächst die Gefahr von Fehlinterpretationen. Es reicht daher nicht aus, einen Mitarbeiter zu fragen, ob er alles verstanden hat. Er wird in der Regel nicken. Wirkliches Verständnis sichert erst die Paraphrase, wie auch die folgenden Kommunikationsfallen untermauern.

Vier häufige Kommunikationsfallen

Falle 1: Was mir selbst „völlig klar" ist, muss meinem Gegenüber noch lange nicht klar sein.
Unterschiedliches Vorwissen und unterschiedliche Einstellungen zu einer Sache können zu ganz unterschiedlichen Einschätzungen führen.

Falle 2: Was ich denke, kann mein Gegenüber nicht hören.
Es sei denn, er ist Hellseher! Unterstellen Sie lieber nicht, der andere müsse selbst sehen, was zu tun sei.

Falle 3: Schweigen heißt nicht immer Zustimmung. Nicken auch nicht.
Sehen Sie genau hin, achten Sie auf Mimik und Körperhaltung. Haben Sie vielleicht das Gefühl, dass gerade etwas ungesagt bleibt?

Falle 4: Nachfragen ist überflüssig oder peinlich.
Fragen werden manchmal vermieden, weil sie als Signal eigener Unsicherheit, Unbedarftheit oder Inkompetenz verstanden werden. Dabei gilt: Besser einmal zu viel als einmal zu wenig! Wer nicht fragt, bleibt dumm.

Senden Sie auf der richtigen Frequenz?

Beim „Stille Post"-Spiel flüstert ein Spieler dem nächsten einen Satz ins Ohr, bis der letzte in der Kette laut sagt, was bei ihm angekommen ist. Meistens hat das mit der Ausgangsbotschaft nur noch wenig zu tun. Paradoxerweise kommt es jedoch auch in ganz normalen Gesprächen ständig zu Stille-Post-Phänomenen.

„Der braucht das ab und zu!"

Ich werde unfreiwillig Zeuge, wie der Firmenchef einer kleinen Druckerei ins Büro des Einkäufers stürzt: „Mann, Mann, Mann, beim Auftrag XY ist ja wohl wieder alles schiefgelaufen!!" Damit leitet er einen lautstarken Wortschwall ein, in dem Papierpreise, Konditionen, Lagerkosten eine Rolle spielen. Ich verstehe allenfalls die Hälfte, der Einkäufer lässt die Tirade scheinbar ungerührt über sich ergehen. Als der Chef wieder draußen ist, blicke ich mein Gegenüber fragend an. Der Einkäufer zuckt die Achseln: „Der braucht das ab und zu." Welche Konsequenzen er daraus ziehen würde? „Keine. Bei dem Tonfall schalte ich auf Durchzug." So unwichtig klang das Ganze für mich allerdings nicht.

Das „Vier-Ohren-Modell" des Kommunikationsforschers Friedemann Schulz von Thun soll die Augen dafür öffnen, dass beim Miteinanderreden nicht nur Sachbotschaften ausgetauscht werden, sondern drei weitere Ebenen ebenfalls eine Rolle spielen können. Illustriert wird das gern an dem immer gleichen Beispielsatz „Die Ampel ist Grün", den ein Beifahrer zum Fahrer sagt. Neben der Sachaussage („grüne Ampel") steckt darin noch ein möglicher Appell („Gib Gas!"), eine Selbstkundgabe („Ich hab's eilig!") und eine Beziehungsbotschaft („Ich darf Deinen Fahrstil kommentieren.") Säße der Chef daneben, würden sich die meisten Beifahrer den Ampel-Hinweis wohl verkneifen. Dieses Modell fehlt seit Jahren in kaum einem Führungsseminar, es ist zweifellos genial – und doch bewirkt es im Kommunikationsalltag meiner Beobachtung nach wenig. Vielleicht überfordern gleich vier potenzielle Ohren schlicht bei der Ad-hoc-Anwendung? Ich stelle meinen Klienten im Coaching daher eine simple Frage und empfehle, sich diese in heiklen Kommunikationssituationen ins Bewusstsein zu rufen: „Senden Sie auf der richtigen Frequenz?"

Erfahrungsgemäß spüren die meisten Menschen sehr genau, ob ein Gespräch glückt – oder eher nicht. Glückt es nicht, „dringt man irgendwie nicht durch", die Atmosphäre ist belastet. Ergebnisorientierte Führungskräfte neigen dazu, solche Eindrücke auszublenden, sich auf die Sachebene zu konzentrieren und ihre Botschaft einfach zu wiederholen, notfalls ein wenig lauter als vorher. Das ist ungefähr so wirkungsvoll, als wenn der Radiosender rauscht und Sie am Lautstärke-Knopf drehen. Der Psychologin Ruth Cohn, die sich unter dem Stichwort „Themenzentrierte Interaktion" mit der Kommunikation in Gruppen beschäftigte, verdanken wir den Hinweis „Störungen haben Vorrang". Mit anderen Worten: Es nützt nichts, „sachlich" über die Dinge reden zu wollen, wenn alte Konflikte ein Gespräch überschatten, vor der Türm gelärmt wird oder ein cholerischer Gesprächspartner sich im Ton vergreift. Die Störung bestimmt, was vom Gespräch hängen bleibt, siehe das Druckerei-Beispiel oben.

„Auf der richtigen Frequenz senden" bedeutet in diesem Zusammenhang, Störungen und emotionale Komponenten zu adressieren, bevor man sich der Sache zuwendet. Dazu gehört, eigene Emotionen in die bewährten Ich-Botschaften zu gießen („Ich bin verärgert über Pannen beim Projekt X, und zwar folgende …") statt loszupoltern. Und dazu gehört auch, Emotionen, Irritationen, Zögern, Unbehagen beim Gegenüber anzusprechen und nachzuhaken, statt kommentarlos zum Thema überzugehen: „Sie scheinen nicht begeistert zu sein von diesem Vorschlag. Was macht Ihnen Kopfzerbrechen?" oder: „Sie sind so still. Ärgert Sie etwas?" Verlassen Sie die „Sachfrequenz", wenn Ihr Gegenüber auf der Gefühlsfrequenz sendet. So verhindern Sie, dass Sie aneinander vorbei „funken".

Ein Mitarbeiter riecht/lügt/faulenzt? Klartext, ohne zu demotivieren

Offenheit, Ich-Botschaften, Gefühle ansprechen, damit sind bereits die wichtigsten Kommunikationsmaximen benannt, die in heiklen Führungssituationen einen Ausweg weisen. Nehmen wir an, ein Mitarbeiter kommt wiederholt zu spät, es gibt Kundenbeschwerden, er sei am Telefon nicht erreichbar, oder, schlimmer noch: Er schwitzt stark und die

Kollegen ekeln sich vor seinem Körpergeruch. Viele Führungskräfte stürzt dies in ein Dilemma: Wie thematisiert man das, ohne den Mitarbeiter vor den Kopf zu stoßen und „Dienst nach Vorschrift" auszulösen? Das unangenehme Gespräch wird immer wieder verschoben; jeden Tag gibt es gute Gründe, warum es heute wieder nicht passt. Übersehen werden dabei der Demotivationseffekt bei den Kollegen (Chef handelt nicht/Chef misst scheinbar mit zweierlei Maß) und die Gefahr, dass ungelöste Probleme erst recht eskalieren.

Mein Kollege Thomas Schmidt hat das empfehlenswerte Vorgehen in solchen Situationen in die griffige Formel „S.A.G. E.S.!" gepackt. Hinter dem Kürzel verbirgt sich ein bewährter Fahrplan, wie Sie in Konfliktsituationen lösungsorientiert kommunizieren und verhindern können, dass unnötig Porzellan zerschlagen wird (vgl. Abb. 22). Zu den einzelnen Punkten:

Konflikte/Themen konstruktiv ansprechen

S	**ichtweise schildern**	z. B. „Mir ist aufgefallen, dass ...", „In den letzten Tagen haben mich drei Kunden angerufen, ..."
A	**uswirkungen beschreiben**	z. B. „Für mich heißt das, ...", „Ich nehme an, dass ..."
G	**efühle benennen**	z. B. „Damit fühle ich mich ...", „Mir ist unangenehm, dass ..."
E	**rfragen, wie der andere die Situation sieht**	z. B. „Wie sehen Sie das?", „Wie nehmen Sie das wahr?"
S	**chlussfolgerung ziehen**	z. B. „Wie könnte eine Lösung aussehen?" „Ich wünsche mir ..."
!		

Abb. 22 Das „S.A.G. E.S.!"-Modell. (nach Schmidt 2015, S. 156 ff.)

- **S.:** Je konkreter Sie Ihre eigene Sichtweise schildern, desto besser. *„Mir ist bei unseren Meetings in den letzten Wochen aufgefallen, dass Sie stark schwitzen und es zu Körpergeruch kommt."* Berufen Sie sich nicht vage auf „andere" oder „einige Kollegen". Beschreiben Sie Vorfälle, vermeiden Sie pauschale Wertungen der Person (etwa „Sie riechen!").
- **A.:** Bleiben Sie eng am Thema und an möglichen Auswirkungen: *„Ich befürchte, dass Sie sich damit im Team isolieren."*
- **G.:** Beschreiben Sie Ihre Gefühle: *„Das macht mir Sorgen."*
- **E.:** Geben Sie dem anderen Gelegenheit, sich dazu zu äußern: *„Wie sehen Sie das?"*
- **S.:** Versuchen Sie, gemeinsam einen Ausweg zu finden: *„Wie lässt sich das ändern?"*

Das Ziel dieser Vorgehensweise ist es, dem anderen einen gesichtswahrenden Umgang mit dem Thema zu ermöglichen. Auf Kritik, auch auf vorsichtig formulierte, reagieren wir reflexhaft mit Abwehr, um unseren Selbstwert zu schützen. Du-Botschaften und pauschale Vorwürfe („Sie sind faul/unzuverlässig/ungepflegt …") verstärken diesen Effekt. Bei sich und seinen eigenen Wahrnehmungen zu bleiben, erhöht die Chancen auf eine Lösung, weil es Abwehrmechanismen dämpft. Der Abwehr-Rollladen beim anderen soll möglichst lange oben bleiben! Schließlich wollen Sie ja vor allem Lösungen erzielen und nicht nur Recht behalten. Oder?

Kampf den „Strombergs": Psychoterror als Motivationsgift

Die Kunstfigur Bernd Stromberg, in der gleichnamigen Serie Leiter der Abteilung Schadensregulierung M – Z bei der Capitol Versicherung AG, ist inzwischen zum Synonym des intriganten Egozentrikers geworden. Was im Fernsehen für Heiterkeit sorgt, kann sich in der Wirklichkeit zum echten Albtraum auswachsen.

Der destruktive Referatsleiter

Der Referatsleiter in einem Bundesministerium ist frustriert über seine Versetzung in ein Referat, das er nicht übernehmen wollte. Es kommt rasch zu Konflikten mit den dortigen Mitarbeitern, die gut eingearbeitet und engagiert sind und mit dem neuen Vorgesetzten hadern. Der lebt seinen Frust aus, indem er durch gezielt gestreute Halbwahrheiten Stimmung gegen das eigene Referat und die gesamte Abteilung macht. Dazu nutzt er seine alten Kontakte, die er in der Kantine oder vor übergreifenden Meetings mit Negativinformationen füttert. Langsam, aber sicher untergräbt dieses Verhalten das Ansehen der Abteilung und ihrer Leiterin, nach dem bekannten Motto „Irgendwas wird schon dran sein!".

Sieht die Abteilungsleiterin dem Treiben länger zu, kann dies ihrer eigenen Karriere massiv schaden. Überdies geht sie das Risiko ein, dass ein bislang gut funktionierendes Referat in Demotivation und Lustlosigkeit versinkt. Ein Team, dessen Vorgesetzter nicht nur keine Hilfe ist, sondern sogar das eigene Referat schlechtredet, löst früher oder später Fluchtgedanken aus. Gefordert ist in solchen Fällen eine unmissverständliche und sehr entschiedene Reaktion der übergeordneten Führungskraft. Das intrigante Verhalten muss klar benannt und deutliche Konsequenzen müssen angedroht werden. Mit kooperativer Konfliktlösung nach dem „Sag es!"-Muster kommen Sie in solchen Fällen vermutlich nicht weiter, weil Ihr Gegenüber kein Interesse an einer Lösung, sondern vielmehr ein Interesse an Zwietracht hat. Wichtig ist, dass Sie eventuell angedrohte Konsequenzen (etwa eine Abmahnung) notfalls auch wahr machen und deshalb nötigenfalls vorab mit übergeordneten Instanzen abstimmen. Können Sie Ankündigungen nicht einlösen, verlieren Sie als Vorgesetzter dramatisch an Autorität.

Meiner Erfahrung nach unterschätzen viele Führungskräfte die möglichen Auswirkungen destruktiven Verhaltens und verharmlosen sie als Charakterschwäche. Dabei werden Rufschädigung und Demotivation übersehen, die oft einzig und allein daraus erwachsen, dass jemand am falschen Platz ist. Die vermisste Aufmerksamkeit und Anerkennung beschafft sich der Betroffene, indem er durch üble Nachrede und Gejammer andere auf seine Seite zu ziehen versucht. Und wer jammert, findet leider schnell Verbündete. Im militärischen Kontext wird ein derartiges Verhalten „Zersetzung" genannt und gezielt zur Zermürbung der Gegenseite eingesetzt. Selbst bei „Asterix und Obelix" hat man der schleichenden Aushöhlung einer Gruppe von innen in Gestalt des „Tullius Destructivus" ein Denkmal gesetzt: Destructivus ist ein römischer Agent, der die Moral des tapferen gallischen Dorfes von innen zerstören und so den Sieg der Römer ermöglichen soll – was ihm beinahe auch gelingt.[2] In Unternehmen verursachen destruktive Mitarbeiter durch Eigenkündigungen, vergraulte Kunden und sinkendes Engagement hohe Kosten, die als „Transaktionskosten" (vgl. Kap. „§ 2 Durchblick statt durchgreifen") nirgendwo auftauchen und daher oft übersehen werden.

Das gilt auch für eine weitere Gruppe von Menschen, die in Unternehmen Werte vernichten und die in den letzten Jahren durch zahlreiche Publikationen verstärkt ins Bewusstsein der Öffentlichkeit gerückt sind: die „Psychopathen" (vgl. Dutton 2013; Hare 2005; Hirigoyen 2009; Navarro 2014). Psychopathische Persönlichkeiten sind kalt, berechnend, manipulativ, skrupellos und unfähig zur Empathie. Getrieben von der eigenen Großartigkeit gehen sie über Leichen, dank ihrer Intelligenz und ihres Charmes können sie es weit bringen. Sitzen sie erst einmal an den Schalthebeln der Macht, lassen sie häufig die Maske fallen. Psychopathen sind extreme Persönlichkeiten: Wir alle sind gelegentlich eitel, narzisstisch und selbstsüchtig. Psychopathen leben solche Neigungen bis zum Exzess aus. Das klingt extrem, doch so selten, wie man vermuten könnte, ist diese Persönlichkeitsstruktur nicht. Experten gehen von einem Anteil von ein bis zwei Prozent Psychopathen an der Gesamtbevölkerung aus. Im Top-Management steigt der Anteil auf knapp fünf Prozent, hat der kanadische Kriminalpsychologe und Experte für Psychopathie Robert Hare ermittelt (vgl. Schlütter 2011). Es ist also nicht ganz ausgeschlossen, es im Laufe seines Berufslebens einmal mit einem psychopathischen Vorgesetzten zu tun zu bekommen.

---

[2]Vgl. den Band „Streit um Asterix" (1973).

Schreckensherrschaft in der Vorstandsetage

Im Vorstand eines börsennotierten Finanzdienstleistungsunternehmens. Das sechs-köpfige Vorstandsteam leidet unter einem Vorsitzenden, der gestandene Manager durch herrisches Auftreten, persönliche Attacken, Wutausbrüche und unberechen-bare Stimmungs- wie Meinungsumschwünge regelmäßig wie Schulbuben zittern lässt. Der CEO dreht seinen Vorständen die Worte im Munde herum und attackiert sie regelmäßig für Positionen, die er kurze Zeit später als eigene verkauft. Jede Sit-zung gerät so zum angstvoll durchlebten Martyrium. „Wie kann ich das ändern, ohne gleich zu kündigen?", so die Frage unseres Klienten. Wir setzen auf eine Mentaltech-nik, auf die Visualisierung eines Schutzpanzers (siehe die Übung unten). Auf diese Weise schafft es der Manager, gelassener mit der Situation umzugehen, ohne sich den CEO durch offene Gegenwehr erst recht zum Feind zu machen. Und kein CEO amtiert ewig!

Übung: Sich einen Schutzpanzer zulegen

Wenn Sie sich einem cholerischen, tyrannischen oder sogar psychopathischen Menschen nicht entziehen können (etwa, weil er Ihr Chef oder Kollege ist), sollten Sie versuchen, sich innerlich von ihm zu distanzieren. So verhindern Sie, dass Sie sich ihm hilflos ausgeliefert fühlen und zu unklugen Reaktionen hinreißen lassen (etwa Tränen oder Gegenattacken).

1. Überlegen Sie, welche Art von Schutzpanzer Sie sich wünschen, um belastende Situationen besser durchzustehen: Eine Elefantenhaut? Eine Ritterrüstung? Ein Lichtschild? Eine Trennwand aus Panzerglas? Eine dicke Feuerwehrmontur?
2. Visualisieren Sie Ihren ganz persönlichen Schutzpanzer so lebhaft und konkret wie möglich, malen Sie sich Details aus: Größe, Farbe, wie fühlt er sich an?
3. Wappnen Sie sich innerlich, bereiten Sie sich auf die belastende Situation vor. Tanken Sie mentale Stärke, indem Sie sich vorab in die Situation hineindenken und sich auf den Einsatz Ihres Schutzpanzers vorbereiten.
4. Rufen Sie in der konkreten Situation Ihren Panzer ab. So liefern Sie sich dem Gegenüber nicht wehrlos aus.

Verabschieden Sie sich von der Vorstellung, Ihr Gegenüber zu ändern oder es durch besonders große Anstrengungen gewogen zu stimmen. Das funktioniert bei psycho-pathologischen Persönlichkeiten nicht. Wenn Sie also nicht in der Lage sind, den Psy-chopathen aus Ihrem Umfeld zu entfernen, sollten Sie sich innerlich distanzieren. Die „Schutzpanzer"-Übung funktioniert übrigens nicht nur bei Psychopathen, sie können Sie auch in anderen belastenden Situationen einsetzen, vor heiklen Gesprächen und Meetings etwa. Auf diese Weise schützen Sie Ihre Eigenmotivation und die Ihrer Mitarbeiter. Abschließend meine Handlungsempfehlungen für den Umgang mit schwierigen oder gar psychopathologischen Zeitgenossen auf einen Blick.

Egozentriker, Querulanten, Psychopathen: Was tun?

1. *Bei „Zersetzung" in Ihrer Abteilung:*
   > Nehmen Sie Hinweise auf üble Nachrede oder Intrigen ernst, wenn sie von verschiedenen vertrauenswürdigen Kollegen und Mitarbeitern kommen. Unterliegen Sie nicht dem Irrtum, das werde „sich schon geben".
   > Konfrontieren Sie Mitarbeiter, die Ihre Autorität, Ihren Ruf oder den Ihrer Abteilung untergraben, unmissverständlich mit ihrem Verhalten.
   > Drohen Sie mit ernsthaften Konsequenzen (Entfernung aus der Abteilung, Entzug von Arbeitsaufgaben, Abmahnung, im wiederholten Fall Entlassung).
   > Stellen Sie vorab sicher, dass Sie die angedrohten Konsequenzen auch durchsetzen können.
   > Wenn die verbale Konfrontation mit dem Intriganten nichts bewirkt: Handeln Sie entschlossen und machen Sie Ihre Drohung zeitnah wahr!

2. Bei Mitarbeitern, Kollegen oder Chefs mit psychopathologischen Zügen (Skrupellosigkeit, manipulatives Verhalten, Egozentrik, Unbeherrschtheit, tyrannisches Auftreten):
   > Trennen Sie sich von Mitarbeitern, die durch die unglückliche Mischung von Niedertracht, Egozentrik und Großspurigkeit auffallen. Warten Sie nicht zu lange damit, sondern bereiten Sie die Kündigung vor, indem Sie auf Grenzüberschreitungen mit Abmahnungen reagieren.
   > Beschränken Sie Ihren Kontakt zu Psychopathen im Kollegenkreis und in der Chefetage auf das notwendige Minimum.
   > Sichern Sie sich in wichtigen Fragen schriftlich ab.
   > Bieten Sie keine Angriffsfläche, bleiben Sie sachlich und höflich. Fallen Sie aber auch nicht auf momentane Charme-Offensiven herein.
   > Vermeiden Sie die offene Konfrontation. Psychopathen kennen nur Vasallen oder Todfeinde.
   > Hoffen Sie nicht auf ein Bündnis mit Kollegen: In der Regel ist der Psychopath geschickt genug, um die Front zum Bröckeln zu bringen.
   > Visualisieren Sie einen Schutzpanzer (siehe Übung), wenn Sie zur Zielscheibe des Psychopathen werden. Reagieren Sie gelassen, gehen Sie aber auch nicht zum Gegenangriff über. Auf diese Weise wächst die Chance, dass der Psychopath sich ein anderes Opfer sucht.

Ist die Generation Y wirklich anders?

Gerade die Karriere- und Arbeitsmotivation der jüngeren Mitarbeiter ist unter dem Stichwort „Generation Y" in den letzten Jahren ins Gerede gekommen. Daher einige Anmerkungen zu diesem Thema. Anspruchsvoll sei sie, versessen auf kurzfristiges und ständiges Feedback, schnell bereit zum Stellenwechsel, wenn der aktuelle Job missfalle, weniger karriereorientiert und gleichzeitig interessiert, die Welt zu retten – so etwa das häufig gezeichnete Bild der „Generation Y", der nach 1980 Geborenen, die ständig Warum („Why?") fragten und Schwierigkeiten hätten, traditionelle Hierarchien zu akzeptieren. Das deckt sich mit Beobachtungen von Führungskräften und HR-Managern, mit denen wir zusammenarbeiten: Es werde immer schwieriger, Nachwuchskräfte für eine Karriere zu motivieren. Schon im Bewerbungsgespräch werde nach Familienfreundlichkeit und Sabbaticals gefragt, der berufliche Aufstieg habe nicht mehr oberste Priorität.

Langsam kommen allerdings Zweifel auf, ob das obige Bild stimmt. Tickte die Jugend nicht immer anders als ihre Väter und Mütter? „Die Jugend liebt heutzutage den Luxus. Sie hat schlechte Manieren, verachtet die Autorität, hat keinen Respekt vor älteren Leuten und schwatzt, wo sie arbeiten sollte", klagte – Socrates. Der lebte um 469 bis 399 vor Christus. Auch die Umfragen und Studien, die nach und nach zum Thema erscheinen, untergraben das Bild einer uniformen Generation. „Es muss nicht immer Aufstieg sein", meldete etwa das *manager magazin* im Sommer 2012. Grundlage war eine Umfrage unter 300 Angehörigen der Generation Y. Nur 27 % stimmten der Aussage „Mein oberstes berufliches Ziel ist ein Aufstieg in der Hierarchie" voll oder eher zu; bei der Aussage „Der Beruf hat oberste Priorität, im Zweifel auch gegenüber Familie und Privatleben" waren es 26 %. Doch waren früher wirklich deutlich mehr Menschen auf den beruflichen Aufstieg fixiert? Mit der Generation Y sei man „weitgehend einem Phantom hinterhergelaufen", meint Heiko Weckmüller, Professor an der *FOM Hochschule für Oekonomie und Management*. Gestützt wird diese These auch durch eine Längsschnittuntersuchung des *Instituts der deutschen Wirtschaft (IW)*, in die Befragungen von 19.000 Personen einflossen. Ergebnis: Die Nachwuchskräfte sind im Schnitt nicht unzufriedener mit ihrem Leben als ihre Eltern, sie wechseln auch den Job nicht erheblich schneller, im Durchschnitt ganze zwei Monate früher als die Generation X. Peter Martin Thomas vom *Sinus Institut für Markt- und Sozialforschung* zählt ganze 15 bis 20 % der Jüngeren zu „echten" Vertretern der Generation Y. Wolfgang Runge, Geschäftsführer des Personaldienstleisters *Manpower*, hält jüngere Bewerber sogar für deutlich sicherheitsorientierter als ältere Generationen (vgl. Gillies 2015).

Was die Generation Y wirklich von der Elterngeneration unterscheidet: Anders als die Babyboomer, die Angehörigen der geburtenstarken Nachkriegsjahrgänge, sind sie weniger zahlreich. Und das bedeutet für einen Teil der Generation, für die gut ausgebildeten und am Arbeitsmarkt stark Gefragten: Sie können Forderungen stellen. Gleichzeitig haben sie erlebt, dass kein Job mehr sicher ist in einer globalisierten Wirtschaftswelt, in der eine Umstrukturierung die nächste jagt. Der psychologische Arbeitsvertrag, der Leistung und Loyalität des Arbeitnehmers gegen Sicherheit und stetigen Aufstieg tauschte, gilt nicht mehr. Zudem wird allerorten vor Stress und Burn-out gewarnt. Ist es da nicht naheliegend, dass ein Teil der Mitarbeiter die Sinnfrage stellt und sich Gedanken über die eigene (Work-)Life-Balance macht? Und tun das inzwischen nicht auch viele ältere Arbeitnehmer?

Ich halte es daher für kurzsichtig, ein uniformes Bild der „Generation Y" zu entwerfen und für diese Generation eigene Motivations- und Führungsstrategien zu propagieren (wenn man einmal davon absieht, dass manche strikte Konzernrichtlinie zur Mediennutzung bei den Digital Natives von heute schwer durchsetzbar ist). Es lohnt sich vielmehr zu fragen, ob viele der „Wohltaten", die Unternehmen sich einfallen lassen, um junge High Potentials zu gewinnen, in Wahrheit nicht generationsübergreifende Motivationsfaktoren sind – Angebote, die in einer Zeit, in der der Arbeitnehmer als „Lebensunternehmer" gefragt ist, der für seine eigene „Employability" zu sorgen hat, einfach zeitgemäß sind. Was kann ein Unternehmen bieten, wenn es den klassischen psychologischen Arbeitsvertrag nicht mehr einlösen kann? Einige Beispiele, die die *Zeit* in einem Artikel unter der Fragestellung „Gen Y: Wollen die auch arbeiten?" vorstellte:

- Deutsche Bahn: Flexible Arbeitszeiten, Homeoffice-Phasen für Führungskräfte (um 5:00 Uhr nach Hause, um mit den Kindern zu spielen).
- McKinsey: Möglichkeit einer dreimonatigen Auszeit vom Job (jeder sechste Berater nutzte das 2012).
- BASF: Das Unternehmen investierte einen hohen zweistelligen Millionenbetrag in ein „Work-Life-Management-Zentrum" mit Kinderkrippe, Sozialberatung (zu Problemen wie Pflege der Eltern) und Fitnessstudio.
- Trumpf (ein schwäbisches Maschinenbauunternehmen): Alle zwei Jahre dürfen die Mitarbeiter ihre wöchentliche Arbeitszeit neu bestimmen.
(Quelle: Heuser und Kunze 2013)

Es gibt sie sicher auch, die verwöhnten Mittzwanziger, die im Glauben an die eigene Grandiosität erzogen wurden und nicht bereit sind, sich ihre Sporen mühsam zu verdienen (vgl. Urban 2014). Die Mehrheit stellen sie sicher nicht. Wie viel Ihrer begrenzten Führungsenergie wollen Sie diesem Phänomen widmen? Wie viel den mehrfach geforderten Mitarbeitern in der Familiengründungsphase? Wie viel den Mittfünfzigern, deren Kraft langsam nachlässt? Oder den frustrierten Sandwichmanagern, denen sich aktuell keine Beförderung bietet? Sie alle haben es verdient, dass Iihr Chef ihnen die Möglichkeit eröffnet, sich als erfolgreich zu erleben!

Fazit: Das Führungsgesetz „Mitarbeiter erfolgreich machen"

Die beste Motivation ist der eigene Erfolg. Geben Sie Ihren Mitarbeitern die Möglichkeit, sich als erfolgreich zu erleben, und spenden Sie regelmäßig Anerkennung für das Geleistete. Die erste Voraussetzung dafür ist, dass Sie genau hinschauen, wie der Einzelne „tickt" und welche Faktoren ihn beflügeln. Die zweite Voraussetzung besteht darin, dass Sie Ihren Mitarbeitern Vertrauen und Zutrauen entgegenbringen und durchdacht delegieren. Die dritte Voraussetzung ist, demotivierenden Umständen entgegenzutreten, von Psychoterror bis zu Fehlverhalten im Team.

Matrix: Motivationsanalyse

Motivieren bedeutet, Mitarbeitern Möglichkeiten zu eröffnen und sie soweit machbar entsprechend ihren Stärken und Arbeitsmotiven einzusetzen. Unerlässlich dafür ist ein umfassender Einblick in das Geschehen in Ihrem Verantwortungsbereich. Darauf aufbauend können Sie als Führungskraft kurz- und mittelfristige Justierungen vornehmen. Die folgende Matrix unterstützt Sie beim Erstellen einer Übersicht, aus der hervorgeht, welcher Mitarbeiter wo für was mit welcher „Passung" eingesetzt ist. Die Übersicht zeigt Ihnen, wo Verbesserungsbedarf besteht. Gleichzeitig können Sie damit aktuelle Vertretungsregelungen auf den Prüfstand stellen (Gibt es überhaupt eine Regelung? Passt sie? Kann die Vertretung die Aufgaben erfüllen?). Sie bekommen Anregungen, auf welche Stärken und Motive Sie bei Neubesetzungen Wert legen sollten. Und schließlich sehen Sie auch, wann es Zeit für Sie wird, über Nachfolgeregelungen nachzudenken.

ÜBERBLICK: Wer MACHT WAS GENAU?

Wer arbeitet in meinem Bereich? Wer ist wo eingesetzt und macht was genau? Überblick gewinnen! Dazu ggf. V.I.S.A anfertigen (siehe § 2 , Abb. 17)!

Wie lauten gemäß Stellen- und Organisationsplan die genauen Aufgaben meiner Mitarbeiter? Sind sie entsprechend beschäftigt?

Entspricht die organisatorische Aufteilung den unternehmerischen Anforderungen, die an meinen Arbeitsbereich gestellt werden? Ja/Nein? Wenn nein: Wo bestehen Defizite?

Wer arbeitet mit wem zusammen? Entspricht das den Anforderungen der Organisation oder wurden Bereiche sukzessive „selbstgestrickt" (z. B. durch „Vermeidungsmanipulation", d. h. das eigenmächtige Liegenlassen bestimmter Aufgaben)?

DETAILS: MOTIVATIONSPROFILE DER MITARBEITER
[Siehe § „§ 2 Durchblick statt durchgreifen" : Auszug aus dem Mitarbeiterprofil]

Welche Aufgaben reizen den Mitarbeiter besonders?

Was motiviert den Mitarbeiter aus meiner Sicht?

Welche Motivatoren nennt der Mitarbeiter?

Wofür engagiert sich der Mitarbeiter?

Wird sein Einsatz ausreichend gewürdigt?

Welche Entwicklungsperspektiven gibt es?

SELBSTKRITIK: WIE GUT WEISS ICH BESCHEID?

Habe ich mich von jedem einzelnen Mitarbeiter in seinen Arbeitsbereich „einweisen" lassen? Habe ich mir genau zeigen lassen, wie er seine Aufgabe versteht, was er konkret tut und wie er an seine Aufgaben herangeht? Passt das zu den Anforderungen des Unternehmens und zu meinen Vorstellungen?

Kenne ich meine Mitarbeiter genau genug, um sie ihren Fähigkeiten und Neigungen entsprechend einsetzen zu können?

Was kann ich tun, um meine Mitarbeiter und ihre Talente noch besser kennenzulernen?

Inwieweit entsprechen die Arbeitsbereiche den Neigungen und Talenten der Mitarbeiter?

Sind meine Mitarbeiter ausgelastet, überlastet, unterfordert?

STRATEGISCHE PLANUNG: WAS WILL ICH ÄNDERN?

Wie kann eine Verschiebung in den Arbeitsfeldern aussehen, sodass jeder bestmöglich seinen Fähigkeiten entsprechend eingesetzt wird? Was kann ich unmittelbar tun? Was mittel- und langfristig? Mit welchen Kompromissen müssen wir inder Abteilung leben? Wer ist davon primär betroffen? Welchen Ausgleich kann ich anbieten?

Was will ich an der organisatorischen Aufteilung ändern, um den unternehmerischen Anforderungen, die an meinen Arbeitsbereich gestellt werden, (noch) besser gerecht zu werden? Was genau kann ich optimieren, verschieben, ergänzen, kürzen? Bis wann? Wie sehen konkrete erste Schritte aus?

Weiß ich immer und zu jeder Zeit, wer wen vertretenbzw. „beerben" könnte? Bin ich gewappnet für überraschende Ausfälle, Eigenkündigungen, interne Versetzungen, Verrentungen und ähnliche Ereignisse?

FAZIT: GEWICHTUNG DER TO-DOS

Was ist absolut unverzichtbar und muss schnellstmöglich umgesetzt werden?

Was ist gut und hilfreich und sollte daher mittelfristig angestrebt werden?

Was ist (lediglich) „Nice to have" und kann daher erst einmal warten?

Literatur

Buckingham, Marcus, und Curt Coffman. 2001. *Erfolgreiche Führung gegen alle Regeln*. Frankfurt a. M.: Campus.

Deci, Edward L., et al. 1999. A meta-analytic review of experiments examining the effects of extrinsic rewards on intrinsic motivation. *Psychological Bulletin* 125 (6): 627–668.

Dutton, Kevin. 2013. *Psychopathen. Was man von Heiligen, Anwälten und Serienmördern lernen kann*. München: dtv.

Gillies, Constantin. 2015. Gen Y: Auffällig unauffällig. *managerSeminare* 206:70.

Hare, Robert D. 2005. *Gewissenlos. Die Psychopathen unter uns*. Wien: Springer.

Herzberg, Frederick, et al. 1959. *The motivation to work*. 2. Aufl. New York: Wiley.

Heuser, Jean, und Anne Kunze. 2013. Generation Y: Wollen die auch arbeiten? *Die Zeit* vom 11.03.2013. www.zeit.de. Zugegriffen: 30. März 2015.

Hirigoyen, Marie-France. 2009. *Die Masken der Niedertracht.* 9. Aufl. München: dtv.

Kraftwerk Anerkennung OG. 2013. Umfrage: Anerkennungskultur in unserer Wirtschaft. Ergebnisse 2013. Wien. www.kW-A.com. Anerkennungskultur Umfrage. Zugegriffen: 30. März 2015.

McClelland, David C. 2009. *Human motivation.* Cambridge: Cambridge University Press. (Erstausgabe 1985).

Navarro, Joe. 2014. *Die Psychopathen unter uns.* München: mvg.

Niermeyer, Rainer, und Manuel Seyffert. 2011. *Motivation.* Freiburg: Haufe-Lexware.

Rippler, Stefan. o. J. Motivation: Motor des Menschen. *Focus online.* www.focus.de. Zugegriffen: 30. März 2015.

Saathoff, Anita. 2014a. Viele Chefs haben keine Lust auf ihre Arbeit. *Focus online* vom 29.04.2014. www.focus.de. Zugegriffen: 30. März 2015.

Saathoff, Anita. 2014b. Darum gibt es so selten Lob vom Chef. *Focus online* vom 16.07.2014. www.focus.de. Zugegriffen: 30. März 2015.

Schlütter, Jana. 2011. Psychopathen. Eine Welt ohne Empathie (15.12.2011). www.dasgehirn.info. Zugegriffen: 30. März 2015.

Schmidt, Thomas. 2015. *Konfliktmanagement-Trainings erfolgreich leiten.* 5. Aufl. Bonn: managerSeminare.

Schüler, Julia. 2009. Selbstbewertungsmodell der Leistungsmotivation. In *Handbuch der Allgemeinen Psychologie – Motivation und Emotion,* Hrsg. Veronika Brandstätter und H. Jürgen Otto, 135–141. Göttingen: Hogrefe.

Secretan, Lance. 2006. *Inspirieren statt motivieren! Mit Leidenschaft zum Erfolg – so leben und führen Sie besser.* Bielefeld: Kamphausen.

Sprenger, Reinhard K. 2000. *Mythos motivation.* Frankfurt a. M.: Campus. (Erstausgabe 1991).

Urban, Tim. 2014. Warum die Generation Y so unglücklich ist. *Welt* vom 31.10.2014. www.welt. de. Zugegriffen: 30. März 2015.

Watzlawick, Paul, Hrsg. 2006. *Die erfundene Wirklichkeit: Wie wissen wir, was wir zu wissen glauben? Beiträge zum Konstruktivismus.* 9. Aufl. München: Piper.

ZDF.de. 2014. Der Traum vom großen Geld. Macht ein Lottogewinn glücklich? (23.01.2014). www.zdf.de/sonntags/der-traum-vom-grossen-geld-31602670.html. Zugegriffen: 30. März 2015.

§ 5 Führen statt geführt werden

Wie Sie den Alltag souverän meistern

Zusammenfassung

Warum Sie kein Zeitproblem haben, sondern ein Entscheidungsproblem – Konsequent entscheiden und handeln – Grundsatz: Unangenehmes sofort! – Maßnahmen gegen Verzettelung und Ausweichstrategien – Warum Ihnen bei der Planung immer das Leben dazwischenkommt und wie Sie damit am besten umgehen – Klarer Kopf in Krisensituationen – Das Führungsgesetz „Konsequent entscheiden" – Matrix: Konsequent entscheiden

Warum Sie kein Zeitproblem haben, sondern ein Entscheidungsproblem

1967 veröffentlichte Peter F. Drucker ein inzwischen berühmtes Buch unter dem Titel „The Effective Executive". Das Thema schon damals: „Effektivität und Handlungsfähigkeit in der Führungsrolle" (Drucker 2014). Auch vor rund 50 Jahren war die Zeit für Führungskräfte offenbar knapp, und inzwischen dreht sich die Businesswelt erheblich schneller. Es wirkt angesichts all dessen, was Tag für Tag auf Sie einstürmt an Aufgaben, ungeklärten Fragen, Mitarbeiterproblemen, Kundenwünschen, Weisungen, Mitteilungen von Kollegen, Pannen und, und, und vielleicht wie eine Provokation, wenn ich behaupte, dass Sie kein Zeitproblem haben, sondern ein Entscheidungsproblem. Aber: Wie sollen Sie das alles schaffen können? Lapidar gesagt: Gar nicht. „Alles" ist im Alltag der wenigsten Führungskräfte zu bewältigen. Begraben Sie die Hoffnung, sämtlichen Anforderungen zu genügen, die von unten, oben und von der Seite an Sie gestellt werden, wenn Sie nur lange genug arbeiten. Auch mit noch so effizientem Zeitmanagement werden Sie nicht alles bewältigen können, wie selbst „Zeitpapst" Lothar Seiwert unter dem Stichwort „Ausgetickt" inzwischen einräumt (Seiwert 2011). Der einzige Ausweg aus der Zeitfalle besteht darin, ebenso souverän wie sorgfältig zu filtern, was Ihre Aufmerksamkeit und

Ihre Zeit verdient, und anderes ebenso konsequent zu ignorieren. Und damit sind wir bei der Entscheidungsfrage: Was ist wirklich wichtig? Das Zeitproblem wird so zum Problem der Priorisierung. Und auch in einem zweiten Sinne sind Entscheidungen der Ausweg aus der notorischen Zeitknappheit, die vermutlich Ihr ständiger Begleiter ist: Ungelöste Fragen, verschobene Entscheidungen, schwelende Konflikte sind wahre Energieräuber. Je beherzter Sie Entscheidungen treffen und damit das Hadern, Zögern und Aussitzen beenden, desto stärker entlasten Sie sich zeitlich wie psychisch. Das gilt übrigens nicht nur für offene Punkte auf der beruflichen Agenda, sondern auch für Privates.

Warum Entscheidungen manchmal schwerfallen

Jede Entscheidung, die Sie erst einmal vertagen, verlängert Ihre To-do-Liste. Je zögerlicher Sie im Alltag entscheiden, desto größer wird die Bugwelle von Unerledigtem, die Sie vor sich herschieben. Das beginnt bei Kleinigkeiten. Jede E-Mail, die Sie nur anlesen, im Stillen als „unwichtig" klassifizieren, aber dennoch nicht löschen, verstopft Ihr E-Mail-Postfach weiter. Jedes Fachmagazin, das Sie „vielleicht später" lesen wollen und das (in der Regel auf Nimmerwiedersehen) ins Regal wandert, trägt zum Papierwust in Ihrem Büro bei. Und jeder zusätzliche Stapel verstärkt den äußeren und inneren Eindruck, dass Ihnen die Dinge über den Kopf wachsen. Werden Sie daher mutiger bei der Entscheidung, was Sie ignorieren. Lassen Sie sich nicht zumüllen, weder mit Papier noch mit Aufgaben. Treffen Sie beherzt Entscheidungen! Zur Führungsrolle gehört auch, souverän zur urteilen, was Sie weiterverfolgen wollen und was im Sande verlaufen (und manchmal sogar an die Wand fahren) soll.

Wie entscheidungsfreudig sind Sie? Selbsteinschätzung für Führungskräfte
Reflektieren Sie kurz Ihre momentane Situation. Was trifft auf Sie zu?

1. *„Ich muss dringend..."* Fallen Ihnen spontan mehr als zwei relevante Fragen ein, die Sie „endlich" entscheiden sollten? ☐

2. Ertappen Sie sich mehrmals pro Woche dabei, dass Sie relevante Unterlagen zur Entscheidung in die Hand nehmen, sie dann aber wieder zur Seite legen? ☐

3. Hören Sie gelegentlich von Mitarbeitern Sätze wie *„Chef, da brauchen wir jetzt wirklich eine Entscheidung!"?* ☐

4. Fühlen Sie sich öfter unter Druck gesetzt, eine Einschätzung äußern zu müssen, obwohl Sie noch nicht so weit sind? ☐

5. Passiert es Ihnen öfter, dass Sie ad hoc eine Entscheidung treffen müssen, weil Sie (zu) lange gezögert haben? ☐

6. Werden wichtige private Entscheidungen (z. B. Kinderfrage, Schulwahl, Hauskauf, Urlaubsziel) eher von Ihrem Partner/Ihrer Partnerin getroffen? ☐

7. Würden Sie Maximen zustimmen wie „Was ich mache, mache ich richtig!" oder „Ganz oder gar nicht!", neigen Sie also zum Perfektionismus? ☐

Je mehr Punkte Sie angekreuzt haben, desto schwerer fällt es Ihnen vermutlich, Entscheidungen zu treffen.

Damit nähern wir uns einer Ursache von Entscheidungsscheu: der Illusion, richtige (perfekte) Entscheidungen treffen zu müssen. Im Führungsalltag ist es häufig unmöglich, alle Fakten zu kennen, alle Einflussfaktoren durch Zahlen abzusichern, alle Folgen einer Entscheidung vorherzusehen. In komplexen Situationen gibt es keine richtigen Entscheidungen und auch keine sicheren. Das Marktgeschehen ist genauso wenig sicher prognostizierbar wie etwa das Verhalten von Mitarbeitern, Kunden, Kollegen oder eigenen Vorgesetzten. Wie sehr sich auch erfahrene Manager verschätzen können, zeigt der Rücktritt von Ferdinand Piëch als Aufsichtsratsvorsitzender bei Volkswagen, gerade während ich dieses Kapitel schreibe. Im Nachhinein hat sich seine Entscheidung, Martin Winterkorn als potenziellen Nachfolger zu demontieren, als Fehler erwiesen und gegen ihn selbst gewendet. Ob eine Entscheidung richtig war oder nicht, stellt sich in vielen Fällen erst hinterher heraus.

Neben Perfektionismus blockiert uns die Angst vor Fehlentscheidungen. Diese Angst wächst normalerweise mit der Tragweite einer Entscheidung. Die Entscheidung, viele der zahllosen E-Mails, die in Ihr Postfach schwappen, allenfalls anzulesen und Irrelevantes sofort zu löschen, mag banal sein. Die Entscheidung, ob Sie ein Projekt, in das schon viel Geld floss, weiterverfolgen oder nicht, die Entscheidung, ob ein schwächelndes Produkt eingestellt werden soll, oder auch die Entscheidung, auf welche Seite Sie sich bei einem internen Machtkampf schlagen, sind es nicht. Aus Angst, falsch zu entscheiden, entschließt sich mancher, „keine Entscheidung" zu treffen, und übersieht dabei, dass auch das natürlich eine Entscheidung mit Folgen ist. Oder die Entscheidung wird aufgeschoben, geistert aber weiterhin im Hinterkopf herum und raubt Konzentration, die für anderes gebraucht wird.

Auch äußere Bedingungen machen Entscheidungen häufig nicht einfach. Dazu zählen komplizierte Haftungs- und Compliance-Regeln, aber auch divergierende Ansprüche von unterschiedlichen Stakeholdern sowie eine kritische Öffentlichkeit, die über die sozialen Medien in den letzten Jahren enorm an Einfluss gewonnen hat. So können überschaubare Entscheidungen wie die des Drogeriemarktes *dm* Ende 2014, unternehmenseigene „Pfandtaschen" zukünftig nicht mehr in Deutschland, sondern in Indien nähen zu lassen, einen Shitstorm auslösen.[1] All das fördert eine Absicherungsmentalität im Management, etwa das Auslagern von Entscheidungen an externe Berater oder Zahlenfixiertheit. „Wir haben die paradoxe Situation, dass sich in einer immer schnelllebigeren Zeit die Entscheidungsprozesse verlangsamen", konstatiert mein Kollege Claus Verfürth (vgl. Astheimer 2014). Für Unternehmen kann das verheerende Folgen haben, wie im Fall des einstigen Mobilfunk-Marktführers *NOKIA*. Dort reagierte man viel zu schwerfällig auf Marktveränderungen und fiel weit hinter Mitbewerber zurück.

---

[1]Zum „Taschengate" Ende 2014 vgl. z. B. „#Taschengate: Drogeriekette DM im Shitstorm wegen kopierter Billig-Taschen" (13.11.2014); im Internet unter www.meedia.de (Zugriff am 30.03.2015).

Echte Führung bedeutet: „Ich bin vorne!" und „Ich bin alleine!", habe ich in Kap. „Einführung: Im Dschungel der Führungstheorien" betont (vgl. Was heißt überhaupt „Führung"?). Ob es Ihnen gelingt, beherzt Entscheidungen zu treffen, ist ein Indikator dafür, ob Sie die mit der Führungsrolle verbundene Eigenverantwortung angenommen haben. Wer keine Entscheidungen trifft, für den entscheiden andere oder die Umstände. Sichere, problemlose Entscheidungen gibt es kaum, und doch müssen Führungskräfte Tag für Tag Entscheidungen treffen. Ich empfehle Ihnen daher, tagtäglich bewusst und konsequent kleine wie große Fragen zu entscheiden und damit „abzuhaken", immer in der Gewissheit, dass Sie neben guten Entscheidungen mit großer Wahrscheinlichkeit auch Fehlentscheidungen treffen werden. Doch nur durch Entscheidungen geht es vorwärts. Nicht entscheiden bedeutet Stillstand oder Kontrollverlust. Eine Entscheidung mag sich im Nachhinein als falsch erweisen, doch Fehler kann man (meistens) korrigieren und auf der Basis der gewonnenen Erkenntnisse gezielt eine adäquatere Entscheidung treffen. Das ist allemal besser, als das Heft des Handelns aus der Hand zu geben und geführt zu werden, statt zu führen.

Inzwischen häufen sich zudem die Stimmen von Arbeitspsychologen, die Stress und Burn-out mit dem Maß der Fremdbestimmung, die jemand erduldet, in Verbindung bringen. Nicht die Menge an Arbeit als solche macht demzufolge krank, sondern das Gefühl, einer Flutwelle von Aufgaben ohnmächtig ausgeliefert zu sein. So sagt beispielsweise *dm*-Gründer Götz Werner: „Großer Stress entsteht, wenn man etwas macht, das einem nicht entspricht, wenn man mit Aufgaben konfrontiert ist, mit denen man sich nicht innerlich verbinden kann." (vgl. Seiwert 2012). Ich gehe in vielen Unternehmen ein und aus und beobachte immer wieder, dass das Ohnmachtsgefühl zumindest teilweise selbstverschuldet ist – durch Mangel an Mut, an Selbstbehauptung und an Entscheidungswillen. Wie viel Fremdbestimmung nehmen Sie hin? Und haben Sie wirklich keine Wahl?

Was können Sie weglassen?

Zurück zu Peter F. Drucker und seinen Empfehlungen für mehr Handlungsfähigkeit. Dazu zählt der Vorschlag, eine Zeit lang ein „Zeitprotokoll" zu führen und sich zu fragen, welche Tätigkeiten Sie einfach weglassen können, ohne dass etwas passiert. Drucker schätzt, das gelte für ein Viertel der Gesamtarbeitszeit einer Führungskraft. Selbst wenn es Ihnen „nur" eine Stunde Zeitersparnis pro Tag brächte: Was könnten Sie in dieser gewonnenen Stunde alles tun, um Ihren Verantwortungsbereich voranzubringen? Möglicherweise gelingt es auch ohne langfristige Selbstbeobachtung, die entbehrlichen, zweitrangigen und unproduktiven Routinen, Prozesse und Aufgaben aufzuspüren. Manche Führungskräfte schwören darauf, sich regelmäßig, am besten täglich, bei ihrem Tun eine einfache Frage zu stellen: *„Bringt mich das, was ich da gerade tue, wirklich weiter?"*

Ein anderer hilfreicher Vorschlag für einen Befreiungsschlag stammt von Fredmund Malik. Er empfiehlt jeder Führungskraft eine regelmäßige „systematische Müllabfuhr" unter der Fragestellung: *„Was von dem, was wir heute tun, würden wir nicht mehr neu* *beginnen, wenn wir es nicht schon täten?"* Etwa alle drei Jahre solle man diese Messlatte an Grundsätzliches wie Produkte, Märkte, Kunden und Technologien anlegen und einmal jährlich an Fragen der Organisation und Verwaltungsabläufe (z. B. Formulare, Berichte, Sitzungen). Maliks Frage ist geschickt formuliert, denn mit dem Fokus „Was würden wir heute nicht erneut beginnen?" lenkt sie den Blick weg von fruchtloser Vergangenheitsbewältigung und hin zu einer nüchternen Bestandsaufnahme (vgl. Malik 2001, S. 374 f.).

Auch strategische Überlegungen sollten beeinflussen, was Sie liegen lassen oder ignorieren können. Springen Sie nicht über jedes Stöckchen, das ein anderer Ihnen hinhält. Welche Projekte, Initiativen und Entscheidungsträger zählen im Unternehmen wirklich? Wo werden Kulissen politischer Korrektheit geschoben, wo wird kopfloser Aktionismus betrieben? Ihre Energie ist begrenzt, Sie können nicht auf allen Hochzeiten tanzen. Was ist für Sie wirklich von Belang?

Konsequent entscheiden und handeln

Wenn Sie sich im Alltag dauerhaft entlasten wollen, hilft Ihnen Konsequenz. Damit meine ich, alles, was für Ihr Leben von Belang ist, bewusst zu durchdenken und dann eine Entscheidung zu treffen. Was passt zu Ihnen? Welche Freunde? Welche (verwandtschaftlichen) Beziehungen? Welche Wohnsituation? Welche Aufgaben, Kunden, Mitarbeiter? Welcher Arbeitsplatz, welches Unternehmen? Welche Kompromisse? Immer, wenn Sie sich unbehaglich fühlen, sollten Sie eine Entscheidung treffen. Verabschieden Sie sich vom „Eigentlich sollte ich…" (oder schlimmer noch: „Man müsste mal…"). Treffen Sie kompromisslos Entscheidungen und setzen Sie sie um. Das Leben ist zu kurz für falsche Freunde, verschwendete Sonntage und Tausende gependelte Kilometer auf der Autobahn. Entweder die nervtötende Verwandtschaft und das Eigenheim auf dem Lande sind Ihnen wichtig genug, um die Nachteile zu ertragen, oder Sie verabschieden sich von beidem. Ein zähneknirschendes „Weiter so!" ist die denkbar schlechteste, weil dauerhaft Energie raubende Lösung. Das gilt auch für grundsätzliche berufliche Fragen. Entweder Sie leben mit dem neuen Vorstand, auch wenn Sie ihn für eine Fehlbesetzung halten. Dann sollten Sie ihn nach Kräften unterstützen. Oder Sie kommen zu dem Schluss, unter seiner Führung nicht arbeiten zu wollen. Dann sehen Sie sich konsequent nach etwas anderem um. Nur eines sollten Sie nicht tun: sich im bequemen Elend des „Ich müsste mal…" auf Dauer einzurichten.

Sie haben in jeder Situation die drei bekannten Alternativen des „Love it, change it or leave it": Sie können die Dinge freudig akzeptieren, ändern oder gelassen hinnehmen. Je konsequenter Sie diese Maxime umsetzen, desto weniger Baustellen wird es in Ihrem Leben geben. Sollten Sie sich also dabei ertappen, dass Ihre Gedanken immer wieder um eine Frage kreisen, treffen Sie eine beherzte Entscheidung. Dabei bewähren sich folgende Fragen:

- Erfordert dieses Thema überhaupt eine Entscheidung? (Was passiert, wenn nichts passiert?)
- Erfordert die Thematik **meine** Entscheidung? (Oder sorge ich mich stellvertretend für andere?)
- Muss/Will ich das **jetzt** entscheiden? Wenn nein: Bis wann **genau** vertage ich die Entscheidung (stelle einen Termin ein) und lege die Fragestellung bis dahin auch wirklich zu den Akten?
- Habe ich genug Wissen/Informationen, um eine Entscheidung treffen zu können? Wenn nein: Was brauche ich noch und wer kann mir die nötigen Informationen, Daten, Fakten, Einschätzungen bis wann liefern?
- Wenn ich mich aktuell außerstande sehe, eine Entscheidung zu treffen: Wessen Expertise/Rat könnte mir weiterhelfen?
- Habe ich alle Alternativen im Blick? Oder gibt es einen weiteren, anderen Weg, den ich bislang übersehen habe?
- Wie lautet meine Entscheidung? (A, B oder C?)
- Wer ist von dieser Entscheidung betroffen? Auf welche Konsequenzen sollte ich mich einstellen? Bin ich bereit, mit diesen Konsequenzen zu leben, und wie werde ich mit ihnen umgehen?
- In welchen Schritten werde ich meine Entscheidung umsetzen?
- Wie lautet der erste Schritt und wann genau tue ich ihn?

Niemand ist gegen Fehler und Irrtümer gefeit. Doch der größte Fehler wäre, sich von dieser Einsicht lähmen zu lassen. „Wir müssen heute nach den Wahrheiten leben, die uns zur Verfügung stehen, dabei aber immer bereit sein, sie morgen Irrtümer zu nennen", riet der Philosoph William James – eine Maxime, die sich auch in der schnelllebigen Wirtschaft von heute bewährt.

Grundsatz: Unangenehmes sofort!

Dem Steuerberater die Unterlagen für die jährliche Einkommensteuererklärung zusammenzustellen geht „eigentlich" relativ schnell. Doch bis mancher sich dazu aufrafft, vergehen Monate. Die mentale Energie für das wiederholte Vornehmen und Aufschieben beläuft sich dann längst auf ein Vielfaches der Energie für das eigentliche Tun. Wir Menschen ticken nun einmal so, nach dem simplen Prinzip Lustgewinn und Schmerzvermeidung. Klug ist das nicht, denn der kurzfristige Lustgewinn („Das Wetter ist viel zu schön für Steuerfragen!") wird möglicherweise mit noch mehr Schmerz erkauft (etwa der Androhung von Verzugszahlungen). So auch im folgenden Unternehmensbeispiel.

Vogel-Strauß-Politik mit Folgen
Im Inhouse-Seminar wird schnell klar: Beim mittelständischen Maschinenbauer brodelt es. Der Produktionsleiter und der Leiter der Qualitätssicherung beklagen

einhellig die hohe Ausschussquote in bestimmten Fertigungsbereichen: „Das grenzt schon an Sabotage!" Erstaunlicherweise ist die Ursache allen klar. Das Unternehmen zahlt Erfolgsprämien. Das Prämiensystem differenziert zwischen Baugruppen und ist infolge verschiedener Anpassungen inzwischen kompliziert und ungerecht. Dies empört die Benachteiligten so sehr, dass sie immer öfter fünfe gerade sein lassen. Auf die Frage, warum man nicht ein neues, gerechteres Prämiensystem einführe, winken alle ab: „Das ist historisch so gewachsen!", „Wenn wir da mal anfangen, gibt das Diskussionen ohne Ende" und „Die Auftragsbücher sind voll, wir haben im Moment wirklich Wichtigeres zu tun!". Die Leitungsebene schiebt das Problem seit mehr als einem Jahr vor sich her. Das rächt sich: Kosten für Ausschuss, Kundenbeschwerden, Rechtfertigungs-E-Mails und Abmahnungen, mieses Betriebsklima – Vogel-Strauß-Politik mit gravierenden Folgen also.

In solchen Fällen genügt es manchmal schon, die realen Kosten der Aufschieberitis zu addieren, um die Entscheidungsfreude zu stimulieren. Manche Probleme lösen sich von selbst, aber viele Probleme werden durch Liegenlassen größer. Dazu gehören beispielsweise:

- alle Arten von Konflikten, z. B. Zerwürfnisse und Grabenkämpfe im Team, Konflikte mit Kunden, Kollegen oder Vorgesetzten,
- disziplinarische Probleme, z. B. Mitarbeiterverhalten, das mit einer Abmahnung geahndet werden müsste,
- schlechtes Betriebsklima, Angst und Unzufriedenheit infolge schlechter Kommunikation, wilder Gerüchte oder unfähiger Vorgesetzter,
- Intrigen und üble Nachrede, Versuche von Kollegen, in Ihren Bereich hineinzuregieren,
- Versuche von Vorgesetzten, Sie zu demontieren, und andere Indizien, dass Ihr Stuhl wackelt,
- Umstrukturierungen und Übernahmen, die Ihre Position wahrscheinlich gefährden,
- wiederholte Qualitätsmängel, die geeignet sind, den Ruf des Unternehmens zu beschädigen,
- ernsthafte Indizien, dass ein wichtiges (kostspieliges) Projekt zu scheitern droht,
- stetige Umsatzrückgänge, die auf veränderte Kundenvorlieben, neue Mitbewerber oder andere Ursachen zurückzuführen sind,
- schlechte Presse und sich abzeichnende Skandale, die Krisenkommunikation erfordern.

In all diesen Fällen bewährt sich die Maxime „Unangenehmes sofort!" Handeln Sie entschieden und so schnell wie möglich – sobald Sie sich einen Überblick über das Problem verschaffen konnten. Starren Sie nicht wie das Kaninchen auf die Schlange, wenn Sie beispielsweise fürchten müssen, dass Ihre Abteilung die angestrebte Fusion nicht überleben wird: Entwickeln Sie einen Maßnahmenplan, scannen Sie den Stellenmarkt, testen Sie Ihren Marktwert, indem Sie Kontakt zu Personalberatern aufnehmen usw.

Kurz: Behalten Sie das Heft des Handelns in der Hand. Das stärkt Ihre Souveränität und lässt Sie gelassener und überzeugender Ihre Interessen vertreten.

Der Grundsatz „Unangenehmes sofort!" bewährt sich übrigens auch bei weniger dramatischen, alltäglichen Ereignissen: Alles, was Ihnen auf der Seele liegt, Ihnen die Konzentration raubt und Sie innerlich belastet, sollten Sie ganz oben auf Ihre Tagesagenda setzen, sei es die Budgetplanung für das nächste Jahr oder ein konfliktträchtiger Anruf. Das abgehakt zu haben, gibt Ihnen Schwung für den Rest des Tages. Hüten sollten Sie sich allerdings davor, in schwierigen Situationen leere Versprechungen zu machen oder leere Drohungen auszustoßen. Beides untergräbt Ihre Autorität und Ihre Glaubwürdigkeit. Wann immer Sie Maßnahmen ergreifen, die der Zustimmung weiterer Instanzen bedürfen, sollten Sie sich vorher absichern, um nicht das Gesicht zu verlieren.

Der illoyale Mitarbeiter

Bei einer wichtigen Kundenpräsentation fällt einer der Mitarbeiter einer Werbeagentur unangenehm auf: Während sein Chef die Kampagne vorstellt, gähnt er demonstrativ, blickt gelangweilt aus dem Fenster, studiert intensiv seine Fingernägel. Nach der Präsentation nimmt der Seniorberater den Mitarbeiter zur Seite: „Wenn Du das noch mal machst, fliegst Du!" Zurück in der Agentur, macht er seinem Ärger beim Inhaber und Geschäftsführer Luft. Der reagiert mit Unverständnis: „Spinnst Du?! Das rechtfertigt noch nicht einmal eine Abmahnung!"

Maßnahmen gegen Verzettelung und Ausweichstrategien

Durch gute Ratschläge allein gewinnen Sie die Oberhoheit über Ihren Alltag noch nicht zurück. Wenn Sie nicht länger Sklave Ihres Terminkalenders und der Umstände sein wollen, müssen Sie handeln. Hilfreich dabei sind die folgenden Einsichten:

1. Sie selbst müssen aktiv werden, wenn sich etwas ändern soll. Darauf zu hoffen, dass „es" besser wird (nach dem nächsten Projekt, nach der nächsten Vorstandssitzung, nach XYZ), ist fast immer vergeblich und daher naiv.
2. Sie können andere Menschen nicht ändern, sondern nur Ihr eigenes Verhalten (und Ihren Umgang mit den anderen).
3. Nicht nur die anderen haben Schwächen, Macken und Marotten, kurz: suboptimale Verhaltensmuster und Gewohnheiten, sondern Sie selbst aller Wahrscheinlichkeit nach auch.

Es geht also darum, eigenen Verhaltensmustern auf die Spur zu kommen, zu erkennen, wo sie Ihnen das Leben schwer machen, und neue Verhaltensroutinen zu entwickeln. Auch hier hilft Ihnen Achtsamkeit, das Heraustreten aus der täglichen Routine.

Übung: Selbsterkenntnis durch Achtsamkeit

Um sich selbst auf die Schliche zu kommen, stellen Sie sich jeden Abend die folgenden drei Fragen und notieren in Stichworten Ihre Gedanken dazu.

1. Was war heute besonders wichtig für mich?
2. Warum war das besonders wichtig für mich?
3. Was würde ich tun, wenn ich keine Angst hätte?

Hier steht ganz bewusst „wichtig" und nicht „positiv" oder „negativ". Es geht darum, welche Geschehnisse Sie besonders beschäftigt, Ihre Energie und Konzentration gefordert haben. Nach wenigen Wochen, vielleicht schon nach Tagen, werden Sie klarer sehen, welche Einstellungen, Erwartungen, Reaktionen typisch für Sie sind. Sind diese Haltungen zielführend? Lohnt es sich, die eine oder andere zu überdenken?

Je deutlicher Sie erkennen, wo Sie sich selbst im Weg stehen, desto gezielter können Sie sich das Leben erleichtern. Wer heute Führungsverantwortung trägt, navigiert in beschleunigten Zeiten. Um dabei auf Kurs zu bleiben, bedarf es einer hohen Selbststeuerungskompetenz, denn Aussetzer und Unkonzentriertheit können im Business heute ähnlich fatale Auswirkungen haben wie am Steuer eines Rennwagens. Selbststeuerungskompetenz beginnt damit, für die eigene Gesundheit zu sorgen, durch Bewegung, vernünftige Ernährung, ausreichend Schlaf. Mindestens ebenso wichtig ist jedoch die seelische „Fitness", die innere Ausgeglichenheit, die über dem Fitnesskult unserer Zeit oft vergessen wird. Stabile soziale Beziehungen und gedanklicher Ausgleich zum Job spielen dabei eine große Rolle. Die dritte Komponente der Selbststeuerung ist die reflektierte Steuerung des eigenen Arbeitsverhaltens – die Fähigkeit, regelmäßig auf die Metaebene zu gehen und sich zu fragen: Was läuft hier gerade? Will ich das? Will ich es so? Gibt es neue Einflüsse oder Faktoren? Oder wird irgendwoher Einfluss ausgeübt, den ich noch nicht kenne? Was kann/sollte ich verändern? Sie selbst kennen sich (hoffentlich) am allerbesten. Steuern Sie Ihren Arbeitsalltag so weit als möglich so, dass Sie auf Ihre Weise bestmögliche Ergebnisse erzielen können.

Der sprunghafte Chef

Der Teamleiter leidet darunter, dass sein Jour fixe mit dem Abteilungsleiter am Montag häufig seine ganze Wochenplanung über den Haufen wirft. Der Chef setzt selbstverständlich voraus, dass seine Anliegen Priorität haben. Leider gilt das auch für Spontanideen und Schnellschüsse, durch die der Teamleiter öfter für den Papierkorb arbeitet. Mit einer kleinen Ausflucht gelingt es dem Teamleiter, die Wochenbesprechungen auf den Freitagmittag zu verschieben. Der Vorteil: Mancher Chefauftrag hat sich über das Wochenende schon von selbst erledigt, und auch der Teamleiter selbst traut sich mit etwas Distanz eher, Vorhaben zu hinterfragen und erst einmal abzuwarten.

Übung: Stressquellen orten

Um seinem persönlichen Stressmuster auf die Spur zu kommen, lohnt sich konse-
quente Selbstbeobachtung. Notieren Sie über einen gewissen Zeitraum, in welchen
Situationen Sie massiv unter Druck geraten. Fragen Sie sich jeden Abend:

1. Was hat mich heute gestresst?
2. Warum hat mich das so gestresst?
3. Wie hätte ich das verhindern können?

Sehr wahrscheinlich erkennen Sie auf diese Weise ungünstige Verhaltensroutinen,
die Sie ändern können.

Die verhassten Protokolle

Im Unternehmen werden zu allen Sitzungen ausführliche Protokolle angefertigt. Oft
trifft es dabei das Mittelmanagement. Unser Klient muss jede Woche zwei bis drei
Protokolle schreiben. Diese ungeliebte Aufgabe schiebt er vor sich her, bis jemand
nachfragt. Die Folge: Mit zeitlichem Abstand kosten ihn die Niederschriften noch
mehr Zeit. Der Ausweg: Der Klient entwickelt ein tabellarisches Protokoll-Schema
(Was? Wer? Bis wann?), das er bereits während der Sitzung am Laptop ergänzt und
direkt im Anschluss an das Meeting nur noch kurz überarbeitet. Der Zeitgewinn ist
erheblich. Bald wird das neue Procedere auch von anderen Abteilungen übernommen.

Welche Verhaltensroutinen bringen Sie regelmäßig in Stress? Sind sie tatsächlich so
unverrückbar, wie Sie bisher angenommen haben, oder könnten Sie das auch ganz anders
handhaben? Unterstellen Sie nicht, hier und da ein wenig zu optimieren, „bringe nichts".
Je mehr Stellschrauben Sie justieren, desto mehr Freiraum werden Sie in der Summe
gewinnen. Nehmen Sie regelmäßig die Vogelperspektive ein und optimieren Sie Ihren
Alltag. Abschließend noch einige Impulse, die Ihren Blick schärfen:

- Wodurch lassen Sie sich regelmäßig ablenken (durch welche Lieblingsaufgaben oder
  Lieblingsmitarbeiter beispielsweise)?
- Welche Regelungen und Routinen nutzen anderen, aber nicht Ihnen? Welche davon
  können Sie ändern? (Beispiel: Politik der offenen Tür mit der Konsequenz zahlreicher
  Unterbrechungen. Die Lösung: feste Sprechzeiten für Mitarbeiter.)
- Welches ist Ihre produktivste Zeit? Wofür nutzen Sie sie – für lästige Routineaufga-
  ben oder für wirklich Wichtiges?
- Setzen Sie moderne Kommunikationstechnik mit Bedacht ein – oder sind Sie Sklave
  Ihres Smartphones und Ihres E-Mail-Postfachs? (Rufen Sie Ihre E-Mails öfter als
  zweimal pro Tag ab? Sind Sie ständig erreichbar?)

Wenn Sie sich selbst dabei ertappen, auf Nebenkriegsschauplätze auszuweichen oder sich von unproduktiven Aufgaben vereinnahmen zu lassen, lohnt sich eine kritische Selbstbefragung:

• Welchen Vorteil habe ich durch meine Ausweichstrategie?

Flucht ins Ehrenamt

Der Inhaber eines mittelständischen Unternehmens hat die ehrenamtliche Präsidentschaft eines Branchenverbandes übernommen. Das bedeutet den Vorsitz auf Branchentreffen, Einladungen zu zahlreichen Firmenjubiläen, Grußworte und Reden auf Tagungen und Konferenzen. Offiziell klagt der Unternehmer über die zusätzlichen Pflichten und Dienstreisen, doch in Wahrheit ist er ganz gern „mal raus". Ein gutes Jahr nach Übernahme des Ehrenamtes muss der Betrieb Insolvenz anmelden. Die Krise schwelte schon viel länger und das Ehrenamt bot einen willkommenen Fluchtweg.

Warum Ihnen bei der Planung immer das Leben dazwischenkommt und wie Sie damit am besten umgehen

Wenn wir abends mit dem frustrierenden Gedanken nach Hause fahren, wieder einmal „nichts" von dem geschafft zu haben, was wir uns vorgenommen haben, liegt das manchmal an Verzettelung. Häufig jedoch liegt es daran, dass wir unsere Zeit gnadenlos verplanen, ohne Puffer für Unvorhergesehenes vorzusehen. Wir planen so, dass alles glattlaufen muss, damit unsere Planung funktioniert – und das, obwohl wir wissen, dass so gut wie nie alles glattläuft. Engpässe entstehen, wenn zum Alltagsgeschäft weitere Aufgaben hinzukommen, die eine Reaktion erfordern und für die es keine Reserven gibt: Pannen, Problem-Eskalationen, dringende Anfragen, spontan einberufene Meetings, „Haben Sie mal eine Minute"-Chefaufträge usw. Im Zeitmanagement lautet die Empfehlung, Geschäfts- und Führungsprozesse mit einer Zeit- (und idealerweise auch personellen) Reserve von etwa 30 bis 40 % zu planen. Viele Führungskräfte können darüber nur lachen: So viel Luft haben sie einfach nicht! Trotzdem: Alles, was ungeplant eintritt (und das ist manchmal eine Menge), erhöht das Tagespensum und muss durch Mehrarbeit bewältigt werden. Das führt logischerweise zu langen Arbeitstagen. Nach dem letzten Führungskräfte-Monitor des *Deutschen Instituts für Wirtschaftsforschung (DIW)* von 2012 arbeiten 27 % der männlichen Führungskräfte zwischen 50 und 60 h pro Woche, bei den Frauen sind es 13 %. Rund 40 % der Männer und Frauen arbeiten zwischen 41 und 50 h (Deutsches Institut für Wirtschaftsforschung (DIW) 2012, S. 34).

Puffer einplanen geht bei Ihnen nicht? Bevor Sie diesen Rat zurückweisen, stellen Sie sich bitte drei Fragen:

1. Sind Sie insgeheim der (irrigen) Meinung, als gut verdienende Führungskraft müssten Sie zwangsläufig mehr Zeit im Büro verbringen als Ihre Mitarbeiter?
2. Beschleunigen Sie das Hamsterrad, in dem Sie ächzen, durch eine Vielzahl von Initiativen und Projekten selbst?
3. Wie viele der Projekte und Initiativen zahlen sich tatsächlich angemessen aus? Anders ausgedrückt: Was wäre getreu der 80/20-Regel möglicherweise verzichtbar? Wo geht viel Zeit mit wenig Resultat drauf – wobei das Resultat in Umsatz, Renommee, Anerkennung usw. bestehen kann?

Wenn Sie durch die meisten Tage hetzen müssen, kann eine mittelfristige Lösung sein, bei zukünftigen Planungen zumindest zehn Prozent zeitlichen Mehraufwand einzukalkulieren, frei nach Murphy's Law: Irgendetwas geht immer schief. Daneben bewährt es sich, auch bei unvorhergesehenen, tatsächlich oder vermeintlich dramatischen Zwischenfällen, zunächst einmal Ruhe zu bewahren und zu fragen, ob jetzt tatsächlich „sofort" gehandelt werden muss. Gelegentlich hat man es auch mit blankem Aktionismus oder mit Manipulationsversuchen zu tun (mehr dazu im nächsten Abschnitt „Klarer Kopf in Krisensituationen").

Unvorhergesehene Ereignisse können nicht nur Ihre Zeitplanung über den Haufen werfen, sondern auch inhaltliche Vorhaben. Die Gratwanderung besteht darin, bei aller Zielorientierung flexibel zu bleiben. In der Fliegerei kennt man das Phänomen der „Zielfixierung" („target fixation"): die Neigung, Warnsignale umso stärker auszublenden, je näher man einem Ziel bereits gekommen ist und je mehr man in die Zielerreichung investiert hat. Zielfixierung führt dazu, dass gestandene Piloten eine Bruchlandung riskieren, obwohl die Tankanzeige zum Ausweichen auf eine nähere Landebahn rät. Und sie führt auch dazu, dass erfahrene Manager Projekte bis zum bitteren Ende durchziehen, obwohl viele Indizien (z. B. kaum Vorbestellungen, hausinterne Kritik, Spott in der Fachpresse) darauf hindeuten, dass man sich vergaloppiert hat (vgl. Brandl 2010, S. 80 ff.). Es ist nicht immer einfach zu entscheiden, wann Konsequenz in Starrsinn übergeht. Das gilt auch für Personalfragen.

Beispiel: Die geplante Abmahnung Der Vertriebsmitarbeiter eines Automobilzulieferers hat einem Schlüsselkunden versehentlich einen unhaltbaren Liefertermin bestätigt: Aus dem „15.04." wurde in seinem Bestellformular der „15.03.". Jetzt droht der Kunde für den Fall der Nichteinhaltung mit einer hohen Konventionalstrafe. Da dies nicht die erste Flüchtigkeit des Mitarbeiters in den letzten Wochen ist, kündigt der Vertriebsleiter ihm eine schriftliche Abmahnung an. Daraufhin bricht der Mitarbeiter in Tränen aus: Eines seiner Kinder sei schwer erkrankt, deswegen sei er in letzter Zeit „aus der Spur". Daraufhin belässt es der Vorgesetzte bei der mündlichen Verwarnung und sorgt für eine übergangsweise Entlastung des Mitarbeiters.

Klarer Kopf in Krisensituationen

Fällt Gelassenheit schon im Alltagsgeschäft nicht immer leicht, wird sie in Krisensituationen zur echten Herausforderung. Doch wer sich von akutem Stress überwältigen lässt, entwickelt mentale Scheuklappen und läuft Gefahr, überhastet und falsch zu reagieren. Er ist nicht mehr wirklich Herr der Lage, wird geführt, statt zu führen. Krisen können vielfältige Ursachen haben:

- Unfälle und Extremsituationen (z. B. gravierende technische Probleme, Zerstörung von Anlagen und Produktionsausfälle aufgrund von Bränden/Wasserschäden, Steuerfahndung, Cyberattacken, Erpressung, drohender Schaden aufgrund von Spionage oder Korruption)
- Unternehmerische Ursachen (z. B. Markteinbrüche, plötzliche hohe Verluste, Fehlfunktion ganzer Bereiche, feindliche Übernahme)
- Personelle Ursachen (z. B. unerwartete Kündigungswelle, Ausfall zahlreicher Mitarbeiter durch Krankheit, Tod oder schwere Erkrankung eines Schlüsselmitarbeiters, eklatantes Führungsversagen, schwere Konflikte, die ganze Abteilungen blockieren)
- Persönliche Ursachen (z. B. familiäre Schicksalsschläge, eigene schwere Erkrankung, Lebenskrisen)

Der übliche Ratschlag lautet, in Krisen Ruhe zu bewahren. Leicht gesagt, doch wie schafft man das? Unterstützung für Krisensituationen im Unternehmen bietet die folgende Checkliste.

Maßnahmen für mehr Gelassenheit in Krisensituationen

I. PRÄVENTIV
1. *Die eigene Lebens-, Firmen-, Führungssituation regelmäßig reflektieren*
   a. Krisenanfälligkeitsanalyse: Schwachstellen und Gefahrenpunkte identifizieren und kennen
   b. Worst-Case-Szenarien durchdenken (Was kann schlimmstenfalls passieren?)
2. *Handlungs- und Entscheidungsalternativen entwickeln („Plan B + C")*
   a. Notfallpläne/Abläufe/Reaktionen für gefährdete Bereiche/Situationen entwickeln, Umsetzungsmöglichkeiten vorbereiten und Checklisten erstellen
   b. Mental auf die Möglichkeit des Eintritts einstellen
II. IN DER KRISENSITUATION
3. *Ruhe bewahren, durchatmen*
4. *Dem Impuls zu einer hektischen, schnellen und emotionalen Reaktion widerstehen, mental entkoppeln, sachlich bleiben*

5. *Überblick verschaffen*
   a. Welche Bereiche sind betroffen?
   b. Wie weit und tief reicht das Ereignis?
   c. Gibt es Gefahren für Leib, Leben oder umfängliche Sachgüter?

6. *Bewältigung und Abarbeitung der Extremsituation nach Dringlichkeit*
   a. Welche Maßnahmen müssen sofort ergriffen werden?
   b. Wer oder was benötigt unverzüglich Hilfe?
   c. Was folgt als Nächstes?

7. *Wer ist zu benachrichtigen?*
   a. Notfallbenachrichtigungen (ggf. Rettungskräfte)
   b. Standardberichtspflichten intern

8. *Wer kann mich/uns unterstützen?*
   a. Liste erstellen
      – Interne Unterstützung/Hilfskräfte
      – Befreundete Unternehmen/Personen
      – Öffentliche Helfer (Behörden, Institutionen)
      – Externe Fachkräfte (Anwälte, Fachberater)
   b. Unterstützer benachrichtigen, beauftragen, anfordern

9. *Alle Schritte abarbeiten, zügig, aber keinesfalls hektisch*

10. *Pausen einlegen: Szenario innerlich (mental) und/oder äußerlich (räumlich) immer wieder kurz verlassen (kurzfristig Abstand herstellen)*

11. *Zwischenreflexionen der aktuellen Lage*
    a. Regelmäßig erneut Gesamtüberblick verschaffen
    b. Reflexion der erfolgten Reaktion, der bisherigen Ergebnisse und der momentanen Folgesituation
    c. Entwicklungs- und Veränderungsgeschwindigkeit sowie das aktuelle Ausmaß beobachten und erfassen
    d. Zu langsames Handeln erkennen und gegensteuern

12. *Zeitgerecht das Ende der Notfallmaßnahmen einleiten*
    a. Konzentrierte und konsequente Abarbeitung aller „To Dos"
    b. Einleitung von Maßnahmen zur Wiederherstellung der gewohnten Abläufe

III. FOLGEMASSNAHMEN

13. *Evaluation, Lernprozess (Was ist warum passiert? Wie gut/schlecht haben wir reagiert?)*

14. *Entwicklung von Präventionsmaßnahmen (Wie verhindern wir Derartiges zukünftig?)*

15. *Implementierung von Übungsszenarien*

16. *Regelmäßige Prüfung der Gesamtsituation (siehe Punkt 1)*

17. *Überwachung besonders gefährdeter Einzelelemente*

Natürlich können Sie nicht alle Eventualitäten vorausdenken, dafür ist das Leben zu unberechenbar. Konzentrieren Sie sich auf die Szenarien, die Ihnen am meisten Sorgen machen, und spielen Sie den Ernstfall durch: Was wäre wenn? Beziehen Sie Ihr Team ein: Warum nicht einmal im Quartal eine zweistündige „What if?"-Sitzung anberaumen und potenzielle Gefahrensituationen durchspielen? Jede Freiwillige Feuerwehr übt regelmäßig den Ernstfall, um besser gewappnet zu sein. Nur im Unternehmen tun wir so, als ob wir dauerhaft vom Glück verfolgt sein würden. Wenn Sie und Ihre Mitarbeiter sich vorher schon gedanklich mit heiklen und schwierigen Situationen beschäftigt haben, beugt das einer Kopflosigkeit auch in anders gelagerten Krisenfällen vor.

Neben echten Krisensituationen gibt es Pseudokrisen. Hierbei handelt es sich um Krisenszenarien, die heraufbeschworen werden, um den Eigeninteressen einer Person, einer der beteiligten Parteien, einer Arbeitseinheit zu dienen. Oft werden sie begleitet von lautem verbalen Trommelwirbel und dem Drängen zu großer Eile: „Wir dürfen jetzt keine Zeit mehr verlieren!" Außer bei Gefahr für Leib und Leben ist das Unsinn. Es gibt kaum eine Situation, in der sofort und ohne Zeitverzug reagiert werden muss. In den allermeisten Fällen hilft ein gewisses Zeitfenster, einige Minuten, eine Stunde, einen Tag, eine Woche, um die Situation auf uns wirken zu lassen, eine fundierte Einschätzung zu gewinnen und eine Entscheidung reifen zu lassen. Hilfreich ist immer auch die Frage: Wem nützt diese Krise?

Wie man eine Konkurrentin ausbootet (1)

Ein Gruppenleiter im Produktmanagement schlägt Alarm. Im Team einer Kollegin, die vor Kurzem wegen einer Krebserkrankung für Monate ausgefallen ist, gehe es drunter und drüber. Es gebe „diverse" Kundenbeschwerden, und die Unzufriedenheit unter den Mitarbeitern sei groß. Vermutlich sei die „arme Frau S." wegen ihrer Erkrankung schon lange überfordert gewesen. Der Gruppenleiter bietet an, das Team der Kollegin interimsweise zu übernehmen: „Wir müssen handeln, bevor noch mehr den Bach runtergeht!" Als der Abteilungsleiter der Angelegenheit nachgeht, stellt sich heraus: Es gibt genau *eine* Kundenbeschwerde von einem Einkäufer, der als notorischer Nörgler gefürchtet wird, und das Team ist eher um die Chefin besorgt als unzufrieden.

Wie man eine Konkurrentin ausbootet (2)

Die Personalleiterin eines Unternehmens wird ständig vom Betriebsratsvorsitzenden unter Beschuss genommen. Viele der von ihr geplanten Maßnahmen werden torpediert, obwohl sie objektiv hervorragende Arbeit für die Firma und die Mitarbeiter leistet. Nach etlichen Monaten schlechter Stimmung und „Krisendruck" entschließt sich die Führungskraft, zu kündigen und eine neue Stellung anzunehmen. Mitentscheidend ist dabei, dass von der Geschäftsleitung keine Hilfe zu erwarten ist. Durch ihre guten Kontakte zu Mitarbeitern aller Hierarchieebenen erfährt sie bald darauf, dass der Betriebsratsvorsitzende ihre alte Position als Personalchef übernommen hat. Kurzfristig ist der perfide Plan des Konkurrenten aufgegangen, mithilfe künstlich geschaffener

Krisenstimmung sein Ziel zu erreichen. Tröstlich für die Personalleiterin ist im Nachgang, dass der „neue" Personalchef mit seinen Aufgaben hoffnungslos überfordert ist und mittelfristig versagt. Bewundernswert: die Konsequenz der Personalleiterin, bedauernswert: die Blindheit der Geschäftsleitung.

Fazit: Das Führungsgesetz „Konsequent entscheiden"
Je weniger „Baustellen" Sie in Ihrem Alltag zulassen, desto konzentrierter können Sie sich dem Wesentlichen widmen und desto weniger Stress werden Sie haben. Treffen Sie daher Tag für Tag konsequent Entscheidungen, schieben Sie Dinge nicht unnötig auf. Sammeln Sie die nötigen Fakten und Meinungen, und akzeptieren Sie, dass „sichere" Entscheidungen in einer hochkomplexen, schnelllebigen Wirtschaft selten sind. Entscheiden Sie aktiv auch, was Sie nicht tun, nicht weiterverfolgen werden, und schaffen Sie sich so Freiräume.

Matrix: Konsequent entscheiden

Bilanz ziehen, Prioritäten festlegen, sich durch beherztes Entscheiden entlasten – dabei unterstützt Sie die folgende Matrix.

WELCHE „BAUSTELLEN" (OFFENEN FRAGEN) BESCHÄFTIGEN SIE ZURZEIT?

1. **Strategisch (Fragen der Unternehmensführung wie Neuausrichtung, Erweiterung, Verkleinerung, Umstrukturierung)**

2. **Personell (Mitarbeiterfragen wie Konflikte, Leistungsmängel, Beförderungen, Versetzungen)**

3. **Projektbezogen (z. B. Aufsetzen oder Beenden von Projekten, Erfolgskontrolle, Nachjustierung)**

4. **Organisatorisch (z. B. suboptimale Prozesse und Arbeitsweisen)**

5. **Karrieretechnisch (Ihre beruflichen Ziele/Perspektiven und Maßnahmen, diese zu befördern)**

6. **Privat (Ihre privaten Beziehungen, Ihre Wohn- und Lebenssituation, Ihre Gesundheit)**

WIE WERDEN SIE MIT DIESEN OFFENEN FRAGEN VERFAHREN?

A) Fragen, in denen Sie <u>unmittelbar</u> eine Entscheidung treffen werden
   (auflisten, Entscheidung terminieren)

B) Fragen, die Sie <u>mittelfristig</u> entscheiden werden
   (auflisten, zur Wiedervorlage vorsehen)

C) Fragen, in denen Sie <u>keine</u> Entscheidung treffen werden
   (auflisten, welche Fragen Sie ad acta legen)

WELCHE KONKRETEN MASSNAHMEN WERDEN IHNEN IM ARBEITSALLTAG MEHR FREIRAUM VERSCHAFFEN?

1. Was werden Sie zukünftig nicht mehr tun?

2. Was werden Sie zukünftig anders handhaben?

3. Was werden Sie ein für alle Mal entscheiden und lösen?

CHECKLISTE ZUR ENTSCHEIDUNGSFINDUNG

1. **Wie genau lautet das Problem?**
   (Hier empfiehlt sich eine schriftliche Formulierung. Sie zwingt zur Eindeutigkeit. Sind mehrere Parteien involviert, stellt sich nicht selten heraus, dass das Problem nicht für alle dasselbe ist.)

2. **Welche Kriterien muss eine Lösung mindestens erfordern, um als erfolgreich zu gelten?**
   (Hier bietet sich eine Differenzierung von Muss-, Kann- und „Nice to have"-Kriterien an. Ist sehr unsicher, ob eine Entscheidung die Muss-Kriterien erfüllt, sollte sie überdacht werden.)

3. **Habe ich/haben wir alle Informationen, die ich brauche/die wir brauchen?**
   (Zahlen sind nicht alles. Dennoch lohnt es sich, nach nützlichen Daten, Vergleichsprojekten, früheren Erfahrungen Ausschau zu halten.)

4. **Wenn nein, welche Informationen fehlen und wer kann sie bis wann zur Verfügung stellen?**
   (Je größer die Tragweite einer Entscheidung, desto mehr Aufwand rechtfertigt sie im Vorfeld. Über das Format neuer Visitenkarten wird in manchen Unternehmen länger gegrübelt als über eine kostenintensive Personalentscheidung.)

5. **Wer oder was ist von dieser Entscheidung noch betroffen? Wer sollte möglicherweise im Vorfeld einbezogen werden?**
   (Wer kann Know-how einbringen? Wer muss mit ins Boot geholt werden? Wer wäre möglicherweise beleidigt, nicht gefragt worden zu sein?)

6. **Welche Wege/Lösungsmöglichkeiten sehe ich/sehen wir?**
   (Auflistung denkbarer Entscheidungen, auch solcher, die zunächst absurd erscheinen. Möglicherweise liefern sie nützliche Ideen und Potenzial zum Umdenken.)

7. **Habe ich/haben wir alle Möglichkeiten berücksichtigt?**
   (Empfehlenswert ist, ganz am Ende noch einmal zu prüfen, ob möglicherweise eine Alternative übersehen wurde.)

8. **Wie lautet die Entscheidung?**
   (Schreiben Sie Ihre Entscheidung auf. Auch das dient der Deutlichmachung, gerade – aber nicht nur – bei Gruppenentscheidungen.)

Literatur

Astheimer, Sven. 2014. Viele Manager haben Angst, Entscheidungen zu treffen (Interview mit Claus Verfürth). *Frankfurter Allgemeine Zeitung*, 14. August. www.faz.net. Zugegriffen: 21. Aug. 2015.

Brandl, Peter. 2010. *Crash-Kommunikation. Warum Piloten versagen und Manager Fehler machen.* Offenbach: Gabal.

Deutsches Institut für Wirtschaftsforschung (DIW). 2012. Führungskräfte-Monitor 2012. www.diw.de/documents/publikationen/73/diw_01.c.407592.de/diwkompakt_2012-065.pdf. Zugegriffen: 15. Aug. 2015.

Drucker, Peter F. 2014. *The Effective Executive. Effektivität und Handlungsfähigkeit in der Führungsrolle gewinnen.* München: Vahlen (Erstausgabe 1967).

Malik, Fredmund. 2001. *Führen – Leisten – Leben. Wirksames Management für eine neue Zeit.* München: Heyne.

Seiwert, Lothar. 2011. *Ausgetickt. Lieber selbstbestimmt als fremdgesteuert. Abschied vom Zeitmanagement.* München: Ariston.

Seiwert, Lothar. 2012. Wer selbstbestimmt arbeitet, bleibt gesund. *Welt*, 3. Februar. www.welt.de. Zugegriffen: 30. März 2015.

§ 6 Kontrollieren statt Frustrieren

Wie Sie bekommen, was Sie wollen

Zusammenfassung

Keine Kontrolle heißt „kein Interesse" – Wer führen will, muss auch kontrollieren –
Wie Sie wertschätzend kontrollieren – „Typgerechte" Kontrolldichte und -art – Weder
vage noch kleinkariert: Im Arbeitsalltag verankerte Ziele – Wenn die Ergebnisse nicht
stimmen: Kritik üben – Das Führungsgesetz „Kontrolle" – Matrix: Kontrolle – smart
& hart

Keine Kontrolle heißt „kein Interesse"

Kontrolle hat ein schlechtes Image. Sie gilt vielen als autoritär, kleinkariert, irgendwie
gestrig. Dabei ist eine Überprüfung des Arbeitsfortschritts eines Mitarbeiters ohne Kontrolle ebenso wenig möglich wie ein Erkennen seiner Fähigkeiten und Grenzen oder die
Wertschätzung seiner Leistung. Trotzdem will niemand ein Kontrollfreak sein. Soll man
seinen Mitarbeitern nicht vertrauen? Doch, und das ist das erste Missverständnis: dass
Kontrolle und Vertrauen sich ausschließen. Führungskräfte müssen schon deshalb vertrauen, weil sie in einer hochkomplexen, wissensbasierten Arbeitswelt gar nicht „alles"
lückenlos kontrollieren können. Doch wo Menschen arbeiten, passieren Fehler. Und wo
Menschen arbeiten, gibt es schwarze Schafe. Um Fehler zu erkennen und um Fehlentwicklungen einzudämmen, braucht es Kontrolle. Im März 2009 stürzte bei Bauarbei-
ten an der Kölner U-Bahn das Stadtarchiv ein. Es gab zwei Tote, der Sachschaden wird
auf eine Milliarde Euro geschätzt, für zerstörte Gebäude, Neuaufbau, Restaurierung
von Dokumenten, Schadenersatz usw. Nach Details wird immer noch geforscht, doch
Ermittler gehen davon aus, dass das Unglück durch Pfusch am Bau und „eine unzurei-
chende Kontrolle" verursacht wurde (Diehl 2014). Ohne Kontrollen gäbe es vermutlich
noch mehr solcher Katastrophen. Auch der Schaden, den die deutsche Wirtschaft durch

© Springer Fachmedien Wiesbaden GmbH 2018   139
R. Gasche, *So geht Führung!*, https://doi.org/10.1007/978-3-658-18248-9_7

Wirtschaftskriminalität erleidet – 2014 immerhin geschätzte 80 Mrd. € – wäre wohl noch höher (KPMG 2014). Bei näherer Überlegung gibt es viele Bereiche, in denen wir heilfroh über Kontrollmechanismen sind: Qualitätskontrollen, Lebensmittelkontrollen, die Fahrzeugüberprüfungen des TÜV oder sorgfältige Sicherheitskontrollen am Flughafen beispielsweise. Kontrolle muss also sein, auch wenn man seinen Mitarbeitern grundsätzlich vertraut. Entscheidend sind das Maß und das Wie. Das zweite Missverständnis besteht in der Sorge, Kontrolle könne Mitarbeiter „demotivieren". Dass auch umgekehrt ein Schuh daraus wird, zeigt das folgende Beispiel.

Da mischen wir uns nicht ein!

Bei einem großen Energieversorger ist die Managementebene mit Betriebswirten besetzt. In die Arbeit vor Ort an den Anlagen will sich die Führung nach eigener Aussage „nicht einmischen". Folge ist, dass das Management nicht wirklich weiß, was in den Schichten passiert, ob und wie gut Sicherheitsstandards umgesetzt werden und wie die Schichtleiter agieren. Was nach außen als moderne Führung verkauft wird, entspringt in Wahrheit der Angst vor eigener Bloßstellung: Als Nicht-Techniker fühlen sich die Führungskräfte in Sachen Kontrolle überfordert. Bei den Schichtleitern und Technikern kommt das jedoch ganz anders an: „Von denen war noch nie jemand hier an der Anlage. Die interessieren sich nicht die Bohne für uns!"

Keine Kontrolle heißt eben auch: kein Interesse, und das demotiviert erst recht. Wer seine Mitarbeiter fragt, „Wie weit sind Sie bei X?" oder „Was ist bei Y herausgekommen?", zeigt, dass ihre Arbeit zählt und wichtig für das Unternehmen ist. Verheerend wirkt es dagegen, wenn ein Chef Aufgaben verteilt, ohne sich für deren Umsetzung zu interessieren. Die Botschaft ist eindeutig: So wichtig kann es ja dann nicht sein. Frustrierte Mitarbeiter warten beim nächsten Auftrag ab, ob die Führungskraft nachfasst. Tut sie das nicht, hat sich die Angelegenheit wohl wieder einmal erledigt. Um die Glaubwürdigkeit des Chefs ist es damit geschehen; er steht als planlos und sprunghaft da. Sich pauschal gegen Kontrolle zu wenden ist also fragwürdig. Übertriebene Kontrolle ist genauso falsch wie null Kontrolle, notorisches Misstrauen so falsch wie blindes Vertrauen. In der Unternehmenspraxis lässt sich oft die paradoxe Situation beobachten, dass in Detailfragen penibel kontrolliert wird, während man das „große Ganze" laufen lässt. Anders formuliert: Man kontrolliert, was sich leicht kontrollieren lässt (Reisekosten und Spesen beispielsweise), und drückt sich dort, wo Kontrolle schwieriger wird, etwa bei komplexen Arbeitsinhalten. Im schlimmsten Fall wird Kontrolle auf diese Weise zur reinen Machtdemonstration.

Sinnlose Kontrolle

Obwohl der Projektleiter seinen Bereich selbstständig führt und es in den letzten drei Jahren keinen Anlass zu Beanstandungen gab, geht sämtliche Papierpost über den Tisch seines Vorgesetzten. Dies verzögert den Eingang mancher Informationen um etliche

Tage (hat der Chef Urlaub, sogar um Wochen) und bringt den Mitarbeiter in peinliche Situationen. Als Kontrollmaßnahme ist es ohnehin ungeeignet, weil ein Großteil der Informationen per E-Mail und Telefon fließt. Der Vorgesetzte versieht die geöffnete Post regelmäßig mit Hinweisen wie „Bitte bearbeiten" oder „Dem bitte nachgehen". Der Projektleiter empfindet das als Schikane und Demütigung. „Kleinkram" werde kontrolliert, während er bei relevanten inhaltlichen Fragen keine Antworten vom Chef bekomme.

Der Gedanke liegt nahe, dass der Vorgesetzte der Post deswegen seinen Stempel aufdrückt, um seine formale Autorität zu unterstreichen. Doch Kontrolle ist nur dann sinnvoll, wenn sie inhaltlich gerechtfertigt ist und der gemeinsamen Zielerreichung dient. Letztlich ist das die Motivation eines „gesunden" Kontrollbedürfnisses: sichergehen zu können, dass die Dinge laufen und die gesetzten und angestrebten Ziele erreicht werden. Auf welche Weise Sie als Führungskraft Kontrolle angemessen einsetzen, ist Thema dieses Kapitels.

Wie handhaben Sie bisher Kontrolle? Selbsteinschätzung für Führungskräfte

1. Ich bin stets über Arbeitsqualität und Arbeitsergebnisse meiner direkten Mitarbeiter im Bilde	☐
2. Ich kenne die Stärken und Schwächen meiner direkten Mitarbeiter	☐
3. Ich verlasse mich nicht allein auf Berichte, mündliche Auskünfte oder Kennzahlen, sondern verschaffe mir regelmäßig „vor Ort" selbst einen Eindruck	☐
4. Ich habe feste Kontrollroutinen, d. h., ich habe geeignete Methoden entwickelt, meine Mitarbeiter unbürokratisch zu überprüfen	☐
5. Ich betrachte Kontrolle und die daran anknüpfenden Feedbackgespräche als wertvolles Instrument, voneinander zu lernen und (noch) besser zu werden	☐
6. Es passiert mir selten, dass ich erst (zu) spät von Pannen und Fehlentwicklungen erfahre	☐
7. Ich bin nicht auf die diffuse Hoffnung angewiesen, dass „schon alles gut laufen wird"	☐

Wenn Sie hier sieben Kreuze gemacht haben, können Sie dieses Kapitel ruhigen Gewissens überspringen. Wenn nicht, finden Sie im Folgenden praktische Anregungen, wie Sie sich in Bezug auf Ihr Kontrollverhalten noch besser aufstellen können.

Wer führen will, muss auch kontrollieren

„Sehen Sie Kontrolle in erster Linie als eine Angelegenheit zwischen Vorgesetztem und Mitarbeiter an", empfiehlt Ex-Aldi-Manager Dieter Brandes in seinem lesenswerten Buch „Alles unter Kontrolle?". Brandes spottet über die „Armeen von Komplexitätstreibern" in den Unternehmen, über umfangreiche Reporte und endlose Zahlenkolonnen, über die bürokratischen Formalismen des Risk-Managements, Compliance-Managements, Know-ledge-Managements, Qualitätsmanagements, die den Blick auf das Wesentliche vernebeln. Er zählt eine Reihe von Beispielen auf, in denen all diese Instrumente Fehlentwicklungen nicht verhindern konnten: das Debakel um die Einführung der Lkw-Maut 2003/2004, die Pleite der Barings Bank, die ein einzelner Aktienhändler in den Ruin trieb, den Kredit-schwindel des Baulöwen Jürgen Schneider, der die Deutsche Bank mit falschen Angaben narrte usw. (Brandes 2004, S. 186, 183, 15 ff.). Aktuelle Beispiele für bürokratisch penibel organisierte Katastrophen sind vermutlich der Berliner Großflughaben oder die Skandale um Rüstungsaufträge des Verteidigungsministeriums, etwa beim Militärtransporter Airbus A400M. Die schönsten Excel-Tabellen nützen wenig, wenn Führungskräfte nicht wissen, was in ihren Abteilungen wirklich abläuft. Doch wenn direkte Kontrolle so wichtig ist, warum scheuen dann viele Chefs davor zurück? Mögliche Ursachen sind:

- Ein diffuses Rollenbild:
  Jemanden zu kontrollieren, unterstreicht die hierarchische Beziehung: Chefs kontrol-lieren Mitarbeiter, nicht umgekehrt. Wer kontrolliert, muss also mit seiner Führungs-rolle im Reinen sein, sie angenommen haben (vgl. Kap. „Einführung: Im Dschungel der Führungstheorien": „Ich bin vorne" und „Ich bin alleine").

- Bequemlichkeit:
  Arbeitsergebnisse zu prüfen und mit Mitarbeitern darüber zu sprechen, kostet Zeit.

- Unsicherheit:
  Manche Führungskräfte sind unsicher, was sie auf welche Weise kontrollieren sollen und wie sie Mitarbeitern am besten Feedback geben.

- Falsche Grundannahmen:
  Die Führungskraft nimmt an, Mitarbeiter fühlen sich durch Kontrolle bevormundet und in ihrer Freiheit und Kompetenz eingeschränkt. Darunter leide ihre Arbeitsleis-tung, also hält sich der Chef zurück.

- Angst:
  Die Angst vor Kontrolle kann aus fachlicher Überforderung resultieren (wie im Bei-spiel des Energieversorgers zu Kapitelbeginn), aber auch aus der Sorge, sich bei den Mitarbeitern unbeliebt zu machen. Verbreitet ist auch die Angst, aufgrund der Kon-trollergebnisse unangenehme Konsequenzen ziehen oder Maßnahmen einleiten zu müssen, die im Unternehmen nicht durchsetzbar sind, wie im folgenden Beispiel.

Zahnloser Tiger

In einem Maschinenbauunternehmen wird ein Mitarbeiter beim Stehlen erwischt. Außerdem hat er durch die (absichtliche?) Fehlbedienung einer Maschine eine hohe Ausschussquote zu verantworten. Der Produktionsleiter kündigt dem Mitarbeiter daraufhin fristlos. Doch nach drei Monaten ist der Werkzeugmacher immer noch im

Haus. Die Personalleiterin setzt die Kündigung nicht um, weil sie eine arbeitsaufwendige gerichtliche Auseinandersetzung scheut. Die Folgen sind dramatisch: Der Vorfall untergräbt die Autorität des Produktionsleiters, bahnt durch die Konfliktvermeidungsstrategie der Personalabteilung einer sehr individuell auslegbaren Arbeitssorgfalt und Moral den Weg, und engagierte Mitarbeiter schämen sich für die schlechte Unternehmensführung, die insgesamt das Gesicht zu verlieren droht.

Kontrolle ohne Konsequenzen ist sinnlos. Jede Führungskraft ist gut beraten, Maßnahmen vorab abzustimmen, wenn ihre Durchsetzbarkeit fraglich ist, und hartnäckig zu bleiben, wenn sie unberechtigt ausgebremst wird, wie im Beispiel oben. Der Produktionsleiter hätte den Fall zügig im Vorstand zum Thema machen können. Schwieriger auszuräumen scheint die Angst vor fachlicher Überforderung: Wie sollen Betriebswirte einschätzen, ob Techniker zuverlässig arbeiten? Wie kann ein IT-Leiter prüfen, ob die Programmierung einer Software gut läuft, obwohl er deren Details nicht überblickt? Ganz einfach: durch offene Fragen und durch Plausibilitätsüberlegungen. „Bitte erklären Sie mir den aktuellen Projektstand." „Warum handhaben Sie X so?" „Wie lange wird Y nach Ihrer Einschätzung dauern?" „Haben Sie alles, was Sie brauchen?" „Haben wir das Problem Z aus Ihrer Sicht gut gelöst?" „Gibt es etwas, wodurch ich Sie bei dieser Aufgabe unterstützen kann?" „Was brauchen Sie noch, um das Projekt erfolgreich zum Abschluss bringen zu können?" Wer wissen möchte, was in seinem Verantwortungsbereich los ist, sollte sich überdies immer wieder unangekündigt an den Ort des Geschehens begeben: Wie sieht es auf der Baustelle oder in den Büros aus? Aufgeräumt oder chaotisch? Welchen Eindruck machen die Mitarbeiter? Zugänglich oder mürrisch? Entspannt oder angespannt? Welche Antworten bekommen Sie auf gezielte Fragen? Ausweichende oder überzeugende? Hier sind wieder einmal genaues Hinsehen und Achtsamkeit gefragt. Damit sind wir schon beim nächsten Punkt, der Frage der Kontrollmethoden.

Wie Sie wertschätzend kontrollieren

Wie gesagt: Kontrolle ist kein Selbstzweck. Richtig eingesetzt, sichert sie die Zielerreichung und bewahrt vor Fehlentwicklungen. Sie sorgt außerdem dafür, dass Mitarbeiter und Führungskräfte sich regelmäßig über Arbeitsinhalte austauschen und gemeinsam prüfen, ob man noch auf dem richtigen Weg ist. Kontrolle schafft auf diese Weise Vertrauen, und zwar in beide Richtungen – vom Chef in die Mitarbeiter und von den Mitarbeitern zum Chef, der sich für ihre Arbeit interessiert. Voraussetzung für Kontrolle ist Klarheit. Jemanden zu überprüfen und womöglich zu kritisieren, der nicht wissen kann, was von ihm erwartet wird, ist nicht Kontrolle, sondern Willkür. Damit Kontrolle fair und wertschätzend gehandhabt werden kann, braucht es klare Zuständigkeiten, eine eindeutige Hierarchie mit klaren Über- und Unterstellungen, klare Ziele und klare Spielregeln, was man im Unternehmen (bzw. in dieser Abteilung) tut und was nicht. An all dem hapert es in vielen Organisationen reichlich. Allerdings hat jede Führungskraft die Möglichkeit, in

ihrem eigenen Bereich für eindeutige Verantwortlichkeiten und Ziele zu sorgen und sich
von der oft destruktiven Anarchie in anderen Abteilungen abzugrenzen. Die Lebenserfahrung zeigt: Wo es keine Regeln gibt, regiert das Recht des Stärkeren. Und wo eindeutige
Stellenbeschreibungen und klare Weisungsbefugnisse als gestrig belächelt werden, etab-
liert sich auf Dauer eine informelle Hierarchie der Cliquen- und Günstlingswirtschaft.

Welche Formen von Kontrolle gibt es?

Wie kann Kontrolle ganz pragmatisch aussehen? Grundsätzlich sind folgende Ansätze
denkbar:

Stichprobenkontrolle versus vollständige (totale) Kontrolle
Je mehr kontrolliert wird, desto aufwendiger das Ganze. Fredmund Malik zitiert das Beispiel des US-Verteidigungsministeriums, das für die Kontrolle der Reisekosten in den
Neunzigerjahren mehr Geld ausgab als für die Reisen selbst (Malik 2001, S. 236). Das
ist natürlich absurd. Überdies stellt es Mitarbeiter unter Generalverdacht und schafft ein
Klima des Misstrauens. Stichprobenartige Kontrollen (zum Beispiel jede zehnte Dienst-
reise) sind zielführender.

Direkte versus indirekte Kontrolle
Direkte Kontrolle wird als solche klar thematisiert. Der Chef lässt sich Berichte vorlegen, fragt bestimmte Daten ab (etwa Zahl der Kundenkontakte), schaut dem Mitarbeiter
über die Schulter. Indirekt kann sich ein Vorgesetzter in jedem Gespräch mit einem Mitarbeiter einen Eindruck vom Stand der Dinge verschaffen (etwa durch den inhaltlichen
Austausch im Rahmen des Jour fixe). Je stärker Sie im Gespräch mit Ihren Mitarbeitern
bleiben, desto eher rücken formelle Kontrollen in den Hintergrund. Wenn Sie regelmäßig miteinander reden (und genau hinschauen und zuhören!), werden Sie eher mitbekom-
men, wenn etwas aus dem Ruder läuft.

Ergebniskontrolle versus Verhaltenskontrolle
Bei der Verhaltenskontrolle werden einzelne Schritte und Vorgehensweisen überprüft, bei der
Ergebniskontrolle geht es um Resultate. Im Rahmen des Führens mit Zielen stehen Ergebniskontrollen im Vordergrund (siehe weiter unten). Dies entspricht dem modernen Führungsan-
satz, Mitarbeitern Verantwortung zu übertragen und sie die gestellten Aufgaben auf ihre Weise
lösen zu lassen. Abhängig von der Situation und der Qualifikation von Mitarbeitern können
aber auch Verhaltenskontrollen sinnvoll sein, etwa wenn ein Auszubildender im Handel die
ersten eigenen Kundengespräche führt und vom Chef hinterher Feedback und Tipps bekommt.

Selbstkontrolle versus Fremdkontrolle
Reife und engagierte Mitarbeiter kontrollieren sich (auch) selbst. Beispielsweise kann
man von einer Führungskraft erwarten, dass sie ihr Führungsverhalten reflektiert und
kontrolliert, oder von einem Vertriebsmitarbeiter, dass er seine Erfolgsquote im Auge

behält. Dabei setzen Selbstkontrolle wie Fremdkontrolle Referenzgrößen voraus – Daten oder Kriterien, die ein fundiertes Urteil erlauben. Im Vertrieb können das zum Beispiel Umsätze oder Abschlussquoten sein, in der Führung Krankenstand und Fluktuation in der jeweiligen Abteilung. Von Interesse sind dabei sowohl der Vergleich mit anderen (Benchmark) als auch Entwicklungen innerhalb von Vergleichszeiträumen (Trends). Wichtig ist allerdings, sich nicht auf Zahlen zu fixieren, sondern sie zum Anlass für Ursachenforschung zu nehmen und differenziert zu betrachten (Beispiel: Verkaufsregionen mit unterschiedlicher Kaufkraft). Je transparenter im Unternehmen mit Daten und Zahlen umgegangen wird, desto eher können Mitarbeiter sich selbst messen und kontrollieren. Ein besonders weit gehender Ansatz in diesem Zusammenhang ist der Mitarbeiter-Aktien-Index (MAX), den der Hotelier und Unternehmer Klaus Kobjoll entwickelte. Der MAX erlaubt es jedem Angestellten, anhand von vordefinierten und von den Mitarbeitern mitentwickelten Kriterien den eigenen „Kurswert" im Unternehmen zu errechnen.[1] Dies ist zweifellos ein Sonderfall und setzt eine transparente Leistungskultur im Unternehmen voraus, in der sich auch die Führungskräfte selbst Eigen- und Fremdbewertungen stellen.

Für Sie als Führungskraft ergeben sich zusammengefasst folgende Kontrollmethoden:

- Sie können *beobachten*.
  Beispiele: Begleitung eines Vertriebsmitarbeiters beim Kundenbesuch, Gang durch die Produktionshallen und die Büros.
- Sie können (offene) *Fragen stellen* (nach Vorgehensweisen, Stand der Projekte, Ergebnissen).
  Beispiele: Jour fixe oder andere Mitarbeitergespräche, etwa im Rahmen des „Management by Walking Around".
- Sie können *Tests einsetzen*.
  Beispiele: Testanrufe in der eigenen Kundenhotline, Mystery Checks im Hotel, eigener Testeinkauf in einer Filiale des Unternehmens.
- Sie können *Wirkungs-Checks machen*.
- Beispiele: Gespräche mit den direkten Ansprechpartnern Ihrer Mitarbeiter beim Kunden. Zuhören, wie man in Ihrem Unternehmen über Ihre Mitarbeiter spricht. Die Auswirkungen eines Projekts Ihres Mitarbeiters in der Öffentlichkeit bzw. der jeweiligen Zielhemisphäre.
- Sie können *Unterlagen prüfen*.
  Beispiele: Einsicht in Projektpläne, Protokolle, Kassen- oder Schichtbücher.
- Sie können *aussagekräftige Zahlen verfolgen*.
  Beispiele: Zahl der Kundenbesuche eines Vertriebsmitarbeiters, Zahl der Buchprojekte, die ein Redakteur betreut, Umsatzzahlen, Ausschussquoten, Reklamationen, Zahl der Kundenbeschwerden u. Ä.

---

[1]Kriterien sind etwa Weiterbildung, Krankentage, Verbesserungsvorschläge usw. Mehr unter www.m-a-x.eu (Zugriff am 30.03.2015).

Entscheidend bei all dem ist, dass Sie sorgfältig überlegen, welche Form der Überprüfung in welchem Turnus in Ihrer Abteilung und in Ihrem Business sinnvoll ist. Kontrolle muss durchdacht und geplant werden. Wenige gezielte Maßnahmen, die regelmäßige Gespräche mit Mitarbeitern ergänzen, sind sinnvoller als ein Wust von Daten, den niemand mehr überblickt und der nur scheinbar Sicherheit gibt.

Wie kontrollieren Sie „wertschätzend"?

Das Wort „Kontrolle" ist im allgemeinen Sprachgebrauch so negativ belegt und mit Begriffen wie „Überwachung" (wikipedia) oder „Herrschaft" (Duden) assoziiert, dass die These „wertschätzender" Kontrolle wie ein Taschenspielertrick wirkt. Im Kern geht es bei Kontrolle im Unternehmen um funktionierende Feedbackroutinen, die Konsequenzen haben, positive wie negative. Damit solche Routinen von den Mitarbeitern als Unterstützung und nicht als Gängelei empfunden werden, sollten folgende Voraussetzungen gegeben sein:

Eine positive Fehlerkultur

Mitarbeiter müssen Fehler machen dürfen. Nur so trauen sie sich etwas zu, nur so bewegt sich etwas. Ein Lippenbekenntnis zu „Fehlern als Lernchancen" reicht dafür nicht aus. Werden bei Pannen doch eher Schuldige gesucht als Präventionsmaßnahmen diskutiert, ist dies eine Einladung dazu, Fehler zu verschweigen und zu vertuschen. Da helfen dann auch ausgeklügelte Kontrollen nicht. Je fantasievoller Sie kontrollieren, desto mehr Mühe werden sich Mitarbeiter geben, Fehler zu verbergen. Im Idealfall schaffen Sie stattdessen ein Klima, in dem Betroffene Fehler selbst einräumen können. Dass es hier um ein grundsätzliches Verständnis dafür geht, dass niemand völlig perfekt ist, und nicht um Toleranz gegenüber notorischer Nachlässigkeit, versteht sich von selbst.

Mitarbeiterorientierung

Wertschätzende Kontrolle setzt voraus, dass der Chef sich für den Mitarbeiter und seine Arbeit interessiert und regelmäßig den Kontakt sucht. Sie ist persönlich und individuell. Es ist ein Unterschied, ob der Youngster aus Unerfahrenheit einen Fehler begeht oder ein gut eingearbeiteter Mitarbeiter aus Gleichgültigkeit. Wenn jemand offenkundig unter schwerwiegenden privaten oder gesundheitlichen Problemen leidet, ist eine andere Reaktion gefragt als unter normalen Bedingungen.

Fairness und Offenheit

Hier geht es um Ihre Haltung, wenn Sie mit einem Mitarbeiter über Arbeitsinhalte und -ergebnisse sprechen. Ist Ihr Auftreten geprägt von dem Grundsatz „Ich will verstehen und möchte Sie als Mitarbeiter unterstützen" – oder eher von Misstrauen? Bei wertschätzender Kontrolle lautet die Kernfrage bei Pannen: „Was hat dazu geführt und was werden Sie tun, um das zukünftig zu vermeiden?" Autoritäre Kontrolle dagegen ist geprägt vom Bemühen, Mitarbeiter zu „überführen", oft auch von Vorwürfen: „Wie konnte Ihnen das bloß passieren?!" Bei wertschätzender Kontrolle werden Sie nachfragen, bevor Sie urteilen. Sie werden kritisch prüfen, ob Sie selbst zu einem Problem beigetragen haben, etwa durch unklare Anweisungen oder das Ignorieren von Warnsignalen. Und Sie werden maßvoll urteilen und im Kleinen auch mal fünfe gerade sein lassen.

Ausgewogenes Feedback

Anerkennung für das Geleistete zu erfahren, ist ein tiefes Bedürfnis der meisten Menschen. Anerkennung ist nur dann glaubwürdig (und für den Mitarbeiter befriedigend), wenn der Chef die dahinterstehende Leistung wirklich kennt. Insofern ist genaues Hinschauen („Kontrolle") Voraussetzung für Anerkennung. Erschreckend viele Vorgesetzte verfahren nach dem Motto „Solange ich nichts sage, ist alles in Ordnung". In Firmen kursieren hierzu Sprüche, die ich immer wieder höre: „Nicht geschimpft ist gelobt genug", oder als Krönung des Zynismus: „Nicht geschlagen ist gelobt genug!" Oft steckt hinter einer solchen Haltung die psychologisch unsinnige Annahme, man dürfe Mitarbeiter nicht zu sehr „verwöhnen". Ausgewogenes Feedback bedeutet, Positives genauso zu würdigen wie Negatives. Gefragt sind dabei nicht herablassendes Lob und autoritärer Tadel, sondern Feedback auf Augenhöhe (mehr dazu im Abschnitt „Wenn die Ergebnisse nicht stimmen: Kritik üben"). Die Merkmale wertschätzender und autoritärer Kontrolle zeigt Abb. 23 auf einen Blick. Vielleicht befragen Sie sich selbst, welche Form der Kontrolle bisher in Ihrem Arbeitsalltag dominiert hat.

„Typgerechte" Kontrolldichte und -art

Wie entwickeln Sie konstruktive Kontrollroutinen? Zunächst einmal ist es wichtig, dass Sie planvoll kontrollieren statt ausschließlich ad hoc und spontan. Mit anderen Worten: Sie als Führungskraft sind gefordert, sich zu überlegen, wen, was und wie Sie Arbeitsfortschritte und -ergebnisse überprüfen und welche Konsequenzen Sie daraus ableiten wollen. Fairness und Lebenserfahrung gebieten es dabei, alle Mitarbeiter einzubeziehen – Fairness deshalb, weil es böses Blut schafft, wenn die einen ungestört schalten und walten (oder gar nichts machen) können, während die anderen auskunftspflichtig sind.

Autoritäre Kontrolle	Wertschätzende Kontrolle
Ziel: Fehler finden	Ziel: Erfolgreiche Arbeit sichern
Fehler werden sanktioniert.	Fehler sind Indizien für Verbesserungsmöglichkeiten.
Lob & Tadel (Häufig: mehr Tadel)	Feedback auf Augenhöhe (Ausgewogenheit: Positives wie Negatives wird gewürdigt.)
Haltung der Führungskraft: Der Mitarbeiter wird geprüft.	Haltung der Führungskraft: Der Mitarbeiter soll in seinem Erfolg unterstützt werden.
Methodenschwerpunkte: Überprüfung schriftlicher Unterlagen, Stichprobenkontrollen, Befragung des Mitarbeiters, Druck.	Methodenschwerpunkte: Gespräch mit dem Mitarbeiter, Beobachtungen vor Ort, Stichprobenkontrollen, Weiterentwicklung und Coaching der Mitarbeiter.

Abb. 23   Kontrolle

Lebenserfahrung deswegen, weil auch die besten Mitarbeiter sich einmal verrennen können. Im Folgenden einige Anregungen für Ihren persönlichen „Kontrollplan".

Setzen Sie nichts voraus

Wir Menschen schließen gern von uns auf andere. Vor allem bei sehr engagierten, kompetenten Führungskräften beobachte ich häufig großen Optimismus, was das Verhalten ihrer Mitarbeiter angeht. Ein typisches Beispiel:

„Das müssen die doch können!"

Die beste Vertriebsmitarbeiterin in einem Medizintechnik-Unternehmen wird zur Vertriebschefin ernannt. Ihr Jahrumsatz war mehr als doppelt so hoch als der ihrer Kollegen. Wir diskutieren im Coaching über zentrale Aufgaben in der neuen Rolle. Ich empfehle, möglichst bald jeden Vertriebsmitarbeiter einen Tag lang zu begleiten, um zu sehen, wie die Mitarbeiter vor Ort in den Arztpraxen präsentieren. Die neue Chefin wehrt sich mit Händen und Füßen: „Das müssen die doch können!" Widerstrebend willigt sie schließlich ein – und fällt aus allen Wolken: lückenhafte Erklärungen, lustloses

Auftreten, Defizite beim Englisch, das Vorfahren in einem protzigen Sportwagen – die Liste der Defizite und „Suboptimalitäten" ist lang.

Verlassen Sie sich nicht auf blumige Jobtitel, geschickte Selbstdarstellung oder vielversprechende Lebensläufe. Hier wird vielfach das Maß an Eigenwerbung betrieben, das im Karrierespiel gefragt ist. Gerade am Anfang der Zusammenarbeit sollten Sie genau hinschauen, wie jemand arbeitet. Das gilt für alle Mitarbeiter, wenn Sie selbst eine neue Führungsaufgabe übernehmen, aber auch bei Neuzugängen in Ihrer Abteilung. Es ist zudem einfacher (weil plausibler), zuerst genau hinzuschauen und anschließend die Zügel zu lockern, als mit der Botschaft „Alles easy!" zu starten und erst nach Versäumnissen Kontrollen zu installieren.

Das Zögern der Vertriebsleiterin im Beispiel oben ist vermutlich durch den heiklen Rollenwechsel von der Kollegin zur Vorgesetzten mitbedingt. Hilfreich in solchen Fällen (aber auch für jeden neu eingesetzten Chef) ist eine deutliche Inthronisation durch die nächsthöhere Ebene. Am wirkungsvollsten geschieht dies mündlich in Anwesenheit aller Betroffenen, etwa in einem Meeting. Dort genügen wenige Sätze: „Wir freuen uns, Frau X für die Vertriebsleitung gewonnen zu haben. Wir schätzen sie als versierte und äußerst erfolgreiche Verkäuferin. Sie übernimmt ab sofort alle Aufgaben und Weisungsbefugnisse, die bisher Herr/Frau Y innehatte. Bitte wenden Sie sich in allen entsprechenden Fragen ab sofort an sie und unterstützen Sie sie in ihrer neuen Funktion." Für die Begleitung der Vertriebsbesuche durch die neue Leiterin gilt das, was oben über „wertschätzende" Kontrolle ausgeführt wurde: Wenn sie glaubwürdig die Botschaft vermittelt, dass es ihr um mehr Umsatz und nicht um Maßregelung geht, wird sie eventuelle Aversionen der Ex-Kollegen am ehesten überwinden.

Stimmen Sie Kontrolle auf den jeweiligen Mitarbeiter ab

Dies ergibt sich bereits aus dem bekannten Modell situativer Führung, das zu Beginn von Kap. „§ 2 Durchblick statt durchgreifen" vorgestellt wurde: Je kompetenter, erfahrener und engagierter ein Mitarbeiter ist, desto umfassender können Aufgaben und Verantwortung delegiert werden und desto weitmaschiger kann das „Kontrollnetz" sein. Ist ein Mitarbeiter neu oder unerfahren oder wird er mit einer neuen Aufgabe betraut, in der er noch keine Erfahrung hat, empfiehlt es sich, genauer hinzuschauen – kleinere Etappen und Teilziele mit ihm gemeinsam festzulegen, sich Zwischenergebnisse vorlegen zu lassen, im Jour fixe genauer nachzufragen. Abbildung 24 gibt einen Überblick.

Die Crux besteht dabei darin, Kompetenz und Engagement eines Mitarbeiters angemessen einzuschätzen. Das geht nur, wenn Sie regelmäßig mit Ihren Mitarbeitern sprechen und ihnen über die Schulter schauen. Erfahrene und zuverlässige Mitarbeiter frustrieren Sie durch kleinteilige Kontrolle, unerfahrene Mitarbeiter, wenn Sie sich zu

ENTWICKLUNGSSTAND	ROLLE DES VORGESETZTEN
Entwicklungsstufe 1 Geringe Kompetenz und geringes Engagement	**„Anweisen"** Ziel und Ausführung einer Aufgabe werden detailliert besprochen und in kleineren Abständen kontrolliert.
Entwicklungsstufe 2 Geringe Kompetenz und hohes Engagement	**„Trainieren"** Ziel und Ausführung einer Aufgabe werden detailliert besprochen und regelmäßig kontrolliert; Vorschläge des Mitarbeiters werden eingeholt.
Entwicklungsstufe 3 Hohe Kompetenz und geringes oder labiles Engagement	**„Beraten & Partizipieren"** Das Ziel einer Aufgabe wird besprochen, der Mitarbeiter zur Eigenverantwortung ermutigt und weniger kontrolliert; Entscheidungen werden gemeinsam gefällt.
Entwicklungsstufe 4 Hohe Kompetenz und hohes Engagement	**„Delegieren"** Zielsetzung, Verantwortung und Entscheidungen im Alltagsgeschäft liegen weitgehend beim Mitarbeiter; der Vorgesetzte unterstützt und berät bei Bedarf und kontrolliert nur selten.

Abb. 24 Kontrolle bei situativer Führung. (nach Blanchard et al. 2005)

wenig um sie kümmern. Ist enge Führung (Kontrolle) gefragt, kommt es überdies darauf an, sich nicht auf vage Auskünfte zu verlassen, sondern die richtigen Fragen zu stellen.

„Alles paletti!"

Ein so genannter Low Performer ist längere Zeit wegen Krankheit ausgefallen und wird nach seiner Rückkehr ins Unternehmen (ein Konzern im Konsumgüterbereich) mit einem Projekt betraut, das er in Ruhe angehen soll: Um die Markteinführung für ein neues Produkt zu planen, reichen bei effizientem Vorgehen vier Wochen, der Mitarbeiter hat neben seinen normalen Tätigkeiten ein Jahr Zeit dafür. Der Abteilungsleiter fragt nach drei Monaten und dann wieder nach einem halben Jahr, „wie es läuft". „Alles paletti", versichert der Mitarbeiter beide Male. Gegen Ende des Jahres stellt sich dann heraus: Das Projekt stockt schon lange, es wird mit Sicherheit nicht zum Jahresende abgeschlossen.

In diesem Fall hat der Mitarbeiter sich nicht getraut, seine Überforderung mit dem Projekt zuzugeben, und der Chef hat schlecht kontrolliert. Er hat sich auf vage Aussagen verlassen. Greift man einen Grundgedanken situativer Führung auf – weniger kompetente Mitarbeiter sukzessive zu mehr Selbstständigkeit zu führen –, hätte der Chef sich intensiv für die Arbeit des Rückkehrers interessieren, nachhaken und den Mitarbeiter ermutigen müssen. Die vier „Entwicklungsstufen" situativer Führung sind natürlich nur ein grobes Raster, der Alltag bietet viele Schattierungen. Dazu gehört auch, dass jeder Mensch seine eigenen Schwachpunkte hat, Sie und ich eingeschlossen. Erfahrene Führungskräfte kennen ihre Pappenheimer und wissen, dass der eine Mitarbeiter dazu neigt, Termine zu überziehen, weil er Aufwände unterschätzt, ein anderer sich gerne verrechnet und ein Dritter sich vor heiklen Gesprächen drückt. Sie bohren an der richtigen Stelle nach. Abbildung 25 gibt ein Beispiel für einen Kontrollplan.

Weder vage noch kleinkariert: Im Arbeitsalltag verankerte Ziele

Mit der Idee eigenverantwortlicher und kompetenter Mitarbeiter am besten zu vereinbaren ist die Ergebniskontrolle. Sie entspricht dem Grundgedanken moderner Führung: von der Planung über das Delegieren mithilfe konkreter Ziele zu Umsetzung und Ergebniskontrolle überzugehen und aus der Auswertung wiederum Impulse für neue Planungen mitzunehmen. Dies ist das Grundgerüst des so genannten „Führungskreislaufs". Doch was ist ein gutes „Ziel"? Fast jeder kennt die Formel, Ziele müssten „S.M.A.R.T." sein, also spezifisch, messbar, attraktiv, realistisch und terminiert. Das Herunterbeten der Formel ändert wenig daran, dass mit Zielen im Unternehmensalltag viel Schindluder getrieben wird. Beispiele:

- Wohlklingende Fernziele (Visionen) werden im Top-Management verabschiedet und dann in einem bürokratischen Prozess Stufe für Stufe bis zur untersten Mitarbeiterebene heruntergebrochen. Alle bemühen sich redlich, Formeln wie „Die Nummer eins im Markt!" mit Leben zu füllen. Die eigentlichen Alltagsherausforderungen spielen sich jenseits solcher Pflichtübungen ab.
- Der Zielvereinbarungsprozess reduziert sich auf die im Jahresgespräch diskutierten Ziele des Mitarbeiters und wird durch ein von der Personalabteilung vorgegebenes Raster dominiert (etwa: Entwicklungsziele, persönliche Ziele etc.). Im Arbeitsalltag treten die Jahresziele dann mehr und mehr in den Hintergrund, um nach zwölf Monaten kurz vor dem nächsten Jahresgespräch wieder hervorgeholt zu werden.

Kontrollplan

(Beispiel: Abteilungsleiter Internationales Marketing im Konsumgüterbereich)

1. Täglich: „Management by Walking Around": Runde durch den Bereich oder die Abteilung (Büro, Lager, Produktion, Halle …) drehen. Kurze Gespräche führen, ein Gefühl für die Atmosphäre und eventuelle Nöte entwickeln.

2. Wöchentlicher Jour fixe mit der Abteilung:
Jeder Mitarbeiter legt am Vortag eine tabellarische Übersicht mit Stichworten zum Projektstand vor („Wochenplan"); im Jour fixe kurzer Austausch hierzu und zu weiteren aktuellen Fragen. In Abhängigkeit von Branche und tagesaktueller Brisanz sind auch tägliche oder zweitägliche Kurzmeetings angemessen.

3. Quartalsgespräch mit jedem Mitarbeiter (90 Minuten):
Erfolge und Misserfolge, kurz- und mittelfristige Ziele, Herausforderungen, Anregungen, gegenseitiges Feedback.

4. Stichproben:
Einmal pro Halbjahr beim Mitarbeiter kurzen Statusbericht zu einem zufällig ausgewählten Projekt anfordern.

5. Einmal jährlich: Zufriedenheitscheck bei (auch internationalen) Kunden:
Online-Befragung: Wie verläuft Zusammenarbeit mit dem zuständigen Mitarbeiter? Zwischenzeitlich Nutzung der individuellen Kontakte für kurze (telefonische oder persönliche) Feedback-Gespräche mit dem Kunden über seine Zufriedenheit mit dem jeweiligen Ansprechpartner.

6. Kennzahlen:
Jährliche Projekte, Umsatzvolumen, Einhalten von Budgets.

Abb. 25 Beispiel für die Planung von Kontrollmaßnahmen

- Zielgespräche konzentrieren sich auf Umsätze, Budgets und andere Zahlen. Sie werden damit einer Scheinpräzision unterworfen und von taktischen (Bonus-)Überlegungen überschattet. Im Gespräch dominiert zum Beispiel ein zähes Ringen um prozentuale Gewichtungen einzelner Teilziele für das Maß der Gesamt-Zielerreichung. Mitarbeiter versuchen, Zahlen-Ziele abzusenken, um sie sicher erreichen zu können. Chefs legen die Messlatte aus taktischen Gründen höher, um das Optimum aus ihren Mitarbeitern herauszuholen. Das Ritual hat nur bedingt mit den realen Herausforderungen und Möglichkeiten zu tun.

Alltagstaugliche Ziele sind auf den Entwicklungsstand des Mitarbeiters abgestimmt und deutlich von allgemeinen Visionen einerseits und konkreten Maßnahmen andererseits abgegrenzt:

- „Visionen" sind sinnstiftend, emotional und beschreiben eine Zukunft hinter dem sichtbaren Horizont. Sie sind nicht direkt umsetzbar. Beispiel aus dem Pharmabereich: „Den Krebs besiegen."
- „Ziele" beschreiben einen erstrebenswerten Zustand, sind handlungsleitend und erreichbar. Sie können in Fern- und Nahziele, übergeordnete und untergeordnete Ziele unterschieden werden. Auf der untersten Ebene stehen die operationalisierbaren (in Maßnahmen übersetzbaren) Ziele. Beispiel für ein übergeordnetes Ziel: „Entwicklung eines besser verträglichen und wirksameren Krebsmedikaments binnen fünf Jahren"; Beispiel für ein untergeordnetes Ziel: „Abschluss der Testreihe für das Krebsmedikament XY bis zum Jahresende."
- „Maßnahmen" sind konkrete Handlungen zur Erreichung eines Ziels. Beispiel: Buchung von X Labor-Tagen, Akquirieren von Studienteilnehmern, Protokollieren der Ergebnisse usw. Solche Maßnahmen lassen sich in einem Aktionsplan festhalten.

Je souveräner ein Mitarbeiter das jeweilige Aufgabengebiet beherrscht, desto übergeordneter können die vereinbarten Ziele sein und desto eher kann ihm die Operationalisierung in Teilziele und die Planung von Umsetzungsmaßnahmen überlassen werden. Abbildung 26 verdeutlicht dies, ebenfalls ausgehend vom Modell der situativen Führung.

Richtig verstanden, werden Ziele somit präzise auf den Kenntnis- und Entwicklungsstand des jeweiligen Mitarbeiters und dessen Arbeitsinhalte abgestimmt. Das macht die in größeren Abständen in vielen Unternehmen vollzogenen Ziele-Rituale problematisch. Sie eignen sich am ehesten für „reife", souverän agierende Mitarbeiter mit einem hohen Maß an Selbstverantwortung. Je nach Einarbeitungsstand und Projektverlauf wird es im Alltag regelmäßig in Mitarbeitergesprächen um aktuelle Ziele, zugeordnete Maßnahmen sowie Teilschritte und Ergebniskontrollen gehen. Dafür können Sie die folgende Checkliste nutzen:

ENTWICKLUNGSSTAND	ANGEMESSENE ZIELE
Entwicklungsstufe 1 Geringe Kompetenz und geringes Engagement	Ziele sind - klar eingegrenzt, untergeordnet - kurzfristig erreichbar - werden vom Chef vorgegeben und in kleineren Abständen kontrolliert *Beispiel aus der PR-Abteilung eines Unternehmens: Angebote für Sommer-Buffet für 200 Personen einholen und vergleichen bis zum 01.04.20..*
Entwicklungsstufe 2 Geringe Kompetenz und hohes Engagement	Ziele sind - klar eingegrenzt, untergeordnet - kurz- und mittelfristig erreichbar - werden vom Chef mit dem Mitarbeiter besprochen und in kleineren Abständen kontrolliert *Beispiel: Neuen Caterer für Unternehmensveranstaltungen suchen bis zum 01.04.20..*
Entwicklungsstufe 3 Hohe Kompetenz und geringes oder labiles Engagement	Ziele sind - übergeordnet - mittelfristig erreichbar und auf den Entwicklungsbedarf des Mitarbeiters abgestimmt - werden von Chef und Mitarbeiter gemeinsam entwickelt und in größeren Abständen kontrolliert *Beispiel: Sommerfest für Kunden planen, mit Chef abstimmen und organisieren*
Entwicklungsstufe 4 Hohe Kompetenz und hohes Engagement	Ziele sind - übergeordnet - mittel- und längerfristig erreichbar - werden vom Mitarbeiter selbst formuliert und mit dem Chef abgestimmt sowie in größeren Zeitabständen gemeinsam besprochen *Beispiel: Jahresplanung für Kundenbindungsveranstaltungen entwickeln und umsetzen*

Abb. 26 Zielvereinbarung und situative Führung

Checkliste: Zielvereinbarung im Arbeitsalltag

Ziel
(Was soll genau erreicht werden?)

_____

_____

Termin
(Bis wann soll das Ziel erreicht sein/das Gesamtergebnis vorliegen?)

_____

_____

Voraussetzungen
(Hat der Mitarbeiter alles, was er dazu braucht – Infos, Budget, Befugnisse, Personal usw.?)

_____

_____

Eigene To-dos
(Was muss der Vorgesetzte im Vorfeld noch klären, tun?)

_____

_____

Maßnahmen
(Welche Schritte sind konkret zu tun, um das Ziel zu erreichen?)

_____

_____

Meilensteine/Zwischenschritte
(Welche Teil-Etappen sind vorgesehen – bis wann soll konkret was erreicht sein?)

_____

_____

Kontrolltermine („Feedback-Termine")
(Wann werden Mitarbeiter und Vorgesetzter sich zur Überprüfung des
Projekt-oder Auftragsfortschritts zusammensetzen?)

_____

_____

Sonstiges
(Zum Beispiel: In welchen Fällen soll der Mitarbeiter Alarm schlagen? Was
wäre ein Grund, das Vorhaben aufzugeben?)

_____

_____

Präzise Stellenbeschreibungen erleichtern die Formulierung von Zielen, insofern diese sich aus den Verantwortlichkeiten eines Mitarbeiters ergeben. Denken Sie daran: Nur was klar vereinbart wurde, kann auch eingefordert und fair überprüft (kontrolliert) werden! Wurde das vereinbarte Ziel erreicht, sollten Sie mit Anerkennung nicht sparen. Schwieriger wird es, wenn im Feedback-Gespräch kritische Töne gefragt sind.

Wenn die Ergebnisse nicht stimmen: Kritik üben

Ich will deutlich sein: Ohne Kritik geht es nicht. Das Wie und die Form machen den Unterschied, aber die Frage, ob überhaupt, ist nicht verhandelbar, wenn Sie erfolgreich führen wollen. Ihre Mitarbeiter sind auf die Beurteilung ihrer Arbeit durch Sie angewiesen und brauchen die Rückmeldung, ob sie auf dem richtigen Weg sind, ob sie das, was von ihnen verlangt wird (und wofür sie bezahlt werden), erfüllen oder nicht. Andernfalls entscheiden Ihre Mitarbeiter selbst über die Qualität ihrer Arbeit, und Sie sind als Führungskraft außen vor. Aber es gibt auch gute Nachrichten: Kritik meint nicht nur negative Aspekte. Streng genommen umfasst „Kritik" (von griechisch kritikē „Kunst der Beurteilung") positive wie negative Urteile.

Im Alltagsgebrauch wird unter Kritik jedoch überwiegend Tadel verstanden. Mitarbeiter in diesem Sinne zu kritisieren, fällt vielen Führungskräften schwer. Wie trifft man den richtigen Ton? Ich möchte Sie ermutigen, sich in Ihrem Führungsalltag zum Thema „kritisieren" so oft wie möglich zu überwinden und Kritik auszuprobieren – und zwar beide Aspekte. Mit jedem Mal werden Sie sicherer und finden für sich und jede Situation gute und passende Formulierungen. Eine grundsätzlich hilfreiche Einstellung lautet „Hart in der Sache, weich zu den Menschen". Viel ist schon gewonnen, wenn Sie weitverbreitete Fehler vermeiden:

- Kritik in Anwesenheit Dritter,
- Kritik der Person („Auf Sie kann man sich nicht verlassen") statt Kritik an der Sache („Sie haben zum dritten Mal den Abgabetermin überzogen"),

- Generalabrechnung nach Wochen oder Monaten statt zeitnaher Kritik,
- cholerische Ausbrüche oder Sarkasmus („Eher geht ein Kamel durch ein Nadelöhr, als dass Sie mal ein Projekt pünktlich abschließen, was?"),
- schriftliche Kritik statt eines persönlichen Gesprächs, in dem der Betroffene selbst Stellung nehmen kann,
- überzogene Detailkritik, während positive Aspekte unkommentiert bleiben,
- Kritik auf der Basis von Hörensagen, ohne verlässliche eigene Informationen,
- unvorbereitete Kritik, ohne sich zuvor mögliche Konsequenzen überlegt und deren Umsetzbarkeit geprüft zu haben.

Ob es sich um negative Ergebnisse bei Stichprobenkontrollen, bei Feedback-Terminen (Meilensteinen) eines Projekts oder beim Gesamtziel handelt: Äußern Sie Ihre Kritikpunkte zeitnah, konkret und präzise. Differenzieren Sie zwischen Detailkritik (Kritik an einigen Punkten) und umfassender Kritik (Kritik an schweren, grundsätzlichen Versäumnissen). Häufig wird der Rat erteilt, man solle ein Kritikgespräch positiv beginnen und abschließen („Sandwich-Taktik"). Dies ist zwar grundsätzlich eine passable Strategie, kann in der Praxis aber zu durchsichtigen Manövern führen („Sie wissen, Herr/Frau ..., dass ich Sie sehr schätze"), die die Mitarbeiter entweder als unehrlich oder sarkastisch empfinden oder die die eigentliche Kritik so stark weichspülen, dass sie im verbalen Zuckerguss vorher und nachher untergeht und vom Mitarbeiter nicht mehr ernst genommen wird. Ich empfehle stattdessen freundlichen Klartext von Anfang an: „Herr/Frau ..., ich möchte mit Ihnen über die Ergebnisse des Projekts X sprechen."

Angemessene Kritik in 3 Schritten

1. *Nennen Sie kurz den Gegenstand des Gesprächs. Fordern Sie dann den Mitarbeiter auf, seine Sicht zu schildern. („Wie beurteilen Sie ...?")*
   Verfallen Sie nicht in einen Eingangsmonolog, lassen Sie den Mitarbeiter lieber seine Sicht der Ergebnisse bzw. Ereignisse schildern. Haken Sie dann kritisch nach. Wenn Sie mit einer ausführlichen Schilderung Ihrer eigenen Sicht beginnen, besteht die Gefahr, dass der Mitarbeiter die Diskussion auf ein Nebengleis lenkt, indem er Ihre Darstellung in Details anzweifelt und Einzelaspekte anführt, zu denen Sie nicht auskunftsfähig sind.
2. *Bitten Sie den Mitarbeiter, Ursachen und Folgen des Fehlverhaltens zu erörtern. („Wie kam es dazu?", „Was sind die Folgen?")*
   Bleiben Sie sachlich, indem Sie sich auf die sachlichen Konsequenzen eines Versäumnisses oder Fehlverhaltens konzentrieren. Vermeiden Sie Moralpredigten nach dem Muster „Wo kämen wir hin, wenn das jeder täte?!".
3. *Fragen Sie den Mitarbeiter nach eigenen Lösungsvorschlägen. („Was werden Sie tun?") Wenn es passt, können Sie sich selbst als unterstützenden Faktor einbeziehen. („Was können wir tun?")*

Eigene Lösungen werden eher umgesetzt als von oben verordnete. Wenn Sie selbst Lösungen vorschlagen, laufen Sie überdies Gefahr, dass Ihr Gegenüber deren Umsetzbarkeit anzweifelt („Ja, aber …"). Bieten Sie Ihre Unterstützung an, aber nehmen Sie dem Mitarbeiter nicht das Denken ab. Nützliche Fragen sind:

– „Was brauchen Sie, um x zu erreichen?"
– „Was fehlt Ihnen noch?"
– „Was kann ich tun, um Sie zu unterstützen?"

Wenn es nicht mit Justierung und Abstellen von Fehlern getan ist, sollten Sie sich vor dem Gespräch klar darüber sein, welche Konsequenzen Sie aus einem Fehlverhalten ziehen wollen und ob diese im Unternehmen durchsetzbar sind. Meiner Erfahrung nach werden häufig klare Worte und Taten (etwa in Form von Ermahnungen oder Abmahnungen) gescheut. Irgendwann schlägt diese Inkonsequenz dann in eine harsche (und für den Mitarbeiter „plötzliche") Reaktion um (etwa eine Kündigung). Seien Sie sich bewusst, dass Schweigen als stillschweigende Zustimmung gedeutet wird und dass sich bestimmte Verhaltensweisen durch falsch verstandene Toleranz verfestigen. Warum etwa sollten Abgabetermine noch ernst genommen werden, wenn deren Überschreitung nie Konsequenzen hat?

Fazit: Das Führungsgesetz „Kontrolle"
Kontrolle ist eine elementare Führungsaufgabe. Wer die Leistung seiner Mitarbeiter zuverlässig einschätzen, passende Aufgaben delegieren und die Erreichung von Zielen prüfen will, kommt um Kontrolle nicht herum. Richtig verstanden, ist Kontrolle der wertschätzende Austausch über Arbeitsinhalte und -ergebnisse. Empfehlenswert ist die Entwicklung eines persönlichen Kontrollplans mit Schwerpunkt auf Ergebnis- und Zielkontrollen. Wird Kontrolle als fairer Austausch auf Augenhöhe praktiziert, stärkt sie das gegenseitige Vertrauen und festigt die Zusammenarbeit.

Matrix: Kontrolle – smart & hart

Jede Führungskraft ist gefordert, eine systematische Vorgehensweise für Kontrolle zu entwickeln, die auf die eigene Situation (das Geschäftsfeld, die Hierarchiehöhe, die Aufgaben, die Mitarbeiter sowie deren Kompetenz und Engagement) abgestimmt ist. An die Stelle von Ad-hoc-Maßnahmen (etwa im Gefolge von Pannen und zufällig zutage tretenden Fehlentwicklungen) tritt im Idealfall ein durchdachter Kontrollplan. Ein Beispiel dafür finden Sie weiter vorne in diesem Kapitel. Grundsätzlich geht es bei planvoller Kontrolle nicht um „Lückenlosigkeit" oder das Aufspüren kleiner Fehler, sondern darum, das rechte Maß zu finden: gerade so viel zu überprüfen, wie erforderlich ist, um Mitarbeiter gezielt anleiten und fördern zu können und selbst vor bösen Überraschungen sicher zu sein.

STATUS QUO: Was und wie kontrolliere ich bisher?

Habe ich eindeutige (messbare oder quantifizierbare) Kontrollkriterien definiert?

Ist allen Mitarbeitern klar, was von ihnen erwartet wird (Zuständigkeiten sind eindeutig geregelt, etwa durch Stellenbeschreibungen, Beurteilungskriterien sind transparent)?

Nutze ich verschiedene Kontrollformen (z. B. Stichproben, relevante Kennzahlen, indirekte Kontrollen im Mitarbeitergespräch, Ziel- bzw. Ergebniskontrollen)?

Verschaffe ich mir regelmäßig unangekündigt vor Ort ein Bild (etwa im Rahmen des Management by Walking Around)?

Kontrolliere ich alle Mitarbeiter gleichermaßen und fair (keine Lieblinge oder Sündenböcke)?

Berücksichtigen meine Kontrollen Erfahrung, Kompetenz, Engagement, Stärken und Schwächen des jeweiligen Mitarbeiters?

Existiert ein durchdachter Kontrollplan mit abgestimmten und bewährten Maßnahmen?

Habe ich Termine und andere Vereinbarungen mit Mitarbeitern (z. B. Ziele) so dokumentiert, dass ich sie im Auge behalten kann?

Haben sich die bisherigen Kontrollen bewährt (weder zu enge Kontrolle noch zu weitmaschige)?

Justiere ich meine Maßnahmen rechtzeitig, wenn neue Entwicklungen dies ratsam machen?

Folgen auf meine Kontrollen adäquate Konsequenzen (Anerkennung, kritisches Feedback, bei schwerwiegendem Fehlverhalten auch Sanktionen)?

Ist gewährleistet, dass von mir beabsichtigte Konsequenzen aufgrund von Kontrollen im Unternehmen auch durchsetzbar sind (Abstimmung mit meinen Vorgesetzten)?

Übe ich Selbstkontrolle (Einhaltung von Vorhaben, Planungen und Zielen) und halte ich auch meine Mitarbeiter zur Selbstkontrolle an?

PLANUNG: Was werde ich ganz konkret ändern?

1. Bisherige Schwachpunkte beseitigen:

_____

_____

2. Neue Kontrollen installieren:

_____

_____

3. Bisherige Kontrollformen, die sich nicht bewährt haben, abschaffen: _____

_____

4. Feedback und Konsequenzen im Rahmen von Kontrolle optimieren:

_____

_____

5. Kontrolle und deren Nutzen an die Mitarbeiter kommunizieren:

_____

_____

Literatur

Blanchard, Kenneth, Patricia Zigarmi, und Drea Zigarmi. 2005. *Der Minuten-Manager: Führungsstile*. 3. Aufl. Reinbek bei Hamburg: Rowohlt.

Brandes, Dieter. 2004. *Alles unter Kontrolle? Die Wiederentdeckung einer Führungsmethode*. Frankfurt a. M.: Campus.

Diehl, Jörg. 2014. Die lange Suche nach dem Leck. Spiegel vom 24.2.2014. www.spiegel.de. Zugegriffen: 30. März 2015.

KPMG. 2014. Wirtschaftskriminalität in Deutschland. 2014. www.kpmg.com/DE/de/Bibliothek/presse/Seiten/kpmg-studie-wirtschaftskriminalitaet-in-deutschland-2014.aspx. Zugegriffen: 21. Aug. 2015.

Malik, Fredmund. 2001. *Führen, Leisten, Leben. Wirksames Management für eine neue Zeit*. München: Heyne.

§ 7 Mut statt gemütliches Elend

Wie Sie Ihren Job auch in zehn Jahren noch spannend finden

Zusammenfassung

Wollen Sie gewinnen oder nur „nicht verlieren"? – Wo die Angst ist, ist der Weg – Das Geheimnis der Resilienz – Führungskräfte als „Berufsstörer" –Wie Sie Ihr Leben leben, statt nur „durchzuhalten" – Fazit: Das Führungsgesetz „Mut" – Matrix: Mutig handeln

Wollen Sie gewinnen oder nur „nicht verlieren"?

Wovon hängt es ab, ob ein Leben gelingt? Elternhaus? Schicksal? Glück? All diese Faktoren mögen eine gewisse Rolle spielen. Entscheidend ist jedoch etwas anderes: Finde ich heraus, was für mich wirklich wichtig ist? Und traue ich mich, dies auch umzusetzen? Da kommt der Mut ins Spiel. Ein florierendes Familienunternehmen zu erben, ganz selbstverständlich die Führungsrolle zugewiesen bekommen, auf Renommee und Vermögen vergangener Generationen aufbauen zu können: Für viele Menschen wäre das wie ein Sechser im Lotto. Für andere ist es eine ungeliebte Bürde.

Familientradition als Joch

Der Geschäftsführer sitzt vor mir wie das sprichwörtliche Häufchen Elend. In sechster Generation fertigt das Familienunternehmen Fenster- und Türbeschläge. Schon bei der Geburt war klar, dass mein Gegenüber in die Fußstapfen seines Urururgroßvaters treten würde. Daran änderte auch nichts, dass er schon als Kind eher musisch begabt als handwerklich geschickt war und später lieber Philosophie als Betriebswirtschaft studiert hätte. Für „Stubenhocker" hatte sein Umfeld wenig Verständnis. Seit fünf Jahren trägt er nun die Verantwortung fürs Geschäft und leidet wie ein Hund. Dem Unternehmen bekommt das nicht gut: Die depressive Stimmung des Inhabers strahlt aus, geschäftliche Impulse fehlen, Geschäftskontakte bröckeln, weil der Geschäftsführer keinen Draht zu den eher

© Springer Fachmedien Wiesbaden GmbH 2018

R. Gasche, *So geht Führung!*, https://doi.org/10.1007/978-3-658-18248-9_8

hemdsärmeligen Partnern im B2B-Geschäft findet. Dennoch: Die „Kette zu unterbre-
chen", kam für ihn nie infrage: „Das habe ich mich schlicht nicht getraut."

Sich treiben lassen oder das Steuer in der Hand halten?

Für das Gelingen Ihres Lebens trägt nur einer die Verantwortung: Sie selbst. Möglicherweise werden Sie entgegnen, dass es unglückliche Ereignisse geben kann,
gesundheitliche Probleme, private Schwierigkeiten, Markteinbrüche, Querelen mit
der Geschäftsleitung,… und dass jeder im Leben Kompromisse machen muss. Mag
sein, doch welche Kompromisse Sie machen und wie Sie mit Pech und unglücklichen
Umständen umgehen, das haben Sie selbst in der Hand. Noch nie hatte der Einzelne so
viele Freiheiten und Wahlmöglichkeiten wie ein gut ausgebildeter Bewohner einer westlichen Industrienation im 21. Jahrhundert. Ein Tagelöhner auf einer Kakaoplantage an
der Elfenbeinküste „muss" viele Dinge tun, um das nackte Überleben zu sichern. Wir
„müssen" angesichts unserer sozialen Sicherungssysteme streng genommen gar nichts.
Das macht das Leben einfach und schwer zugleich. Weil wir die Wahl haben, müssen wir
uns ständig entscheiden und Position beziehen. Tun wir das nicht, werden wir zum Spielball der Umstände. Die Entscheidungen treffen dann andere für uns. Das bedeutet auch:
Noch nie waren Selbstreflexion und Selbststeuerung so wichtig wie heute. Darum geht
es in diesem Kapitel.

Wollen Sie also gewinnen oder nur „nicht verlieren"? Meiner Beobachtung nach
entscheiden sich viele Menschen, auch Führungskräfte, für die zweite Variante. Wer
vor allem „nicht verlieren" will, antwortet auf die Frage „Wie geht's?" mit Sätzen wie
„Eigentlich ganz gut" oder „Man muss zufrieden sein". Das Leben plätschert lauwarm
dahin, die Tage reihen sich aneinander. Es gibt keinen Grund zur Klage – aber eben
auch keinen zur Begeisterung. Man hat sich irgendwie arrangiert, mit dem Job, vielleicht auch privat. Im Unternehmen achtet man darauf, nicht anzuecken. Man lässt
sich treiben, fällt nicht auf, weder unangenehm noch angenehm. Denn dazu müsste
man sich ja aus der Deckung trauen, Position beziehen, Risiken eingehen. Für ein
Leben jenseits grauer Durchschnittstage ist jedoch genau das eine Voraussetzung.
Wann haben Sie das letzte Mal jemanden getroffen, der auf die Frage „Wie geht's?"
mit einem strahlenden „Großartig!" antwortete? Und dann mit leuchtenden Augen
erzählte, was gerade alles in Bewegung ist? Wann haben Sie selbst das letzte Mal dieses Gefühl gehabt?

Wollen Sie gewinnen? Oder nur „nicht verlieren"? Selbsteinschätzung für Führungskräfte

Welcher der beiden Positionen stimmen Sie eher zu? Kreuzen Sie spontan an und seien Sie ehrlich zu sich selbst!

❏	Ich ecke lieber nicht an. Mein Chef/der Vorstand/die Eigentümer sitzen ohnehin am längeren Hebel	Gelegentlich Gegenwind auszuhalten und meine Überzeugungen offensiv zu vertreten, gehört zum Job dazu ❏
❏	Lieber den Ball flach halten: Man weiß, was man hat. Was man kriegt, weiß man nicht!	No risk, no fun. Wer Neues bewegen will, muss kontrolliert Risiken eingehen ❏
❏	Wenn sich ein Unternehmen in ruhigem Fahrwasser befindet, ist das ein gutes Zeichen	Stillstand ist Rückschritt. Mein Verantwortungsbereich soll sich stetig weiterentwickeln ❏
❏	Natürlich muss man wachsam sein, um rechtzeitig auf veränderte Bedingungen zu reagieren	Ich bestimme lieber die Regeln selbst, als mir von anderen (z. B. Wettbewerbern) Regeln diktieren zu lassen ❏
❏	Eine kluge Strategie heißt: in wichtigen Fragen beobachten, welche Position mehrheitsfähig ist, und sich ihr anschließen	Eine kluge Strategie heißt: in wichtigen Fragen im Einklang mit eigenen Zielen und Werten Position beziehen und andere überzeugen ❏
❏	Schmerzhafte Erfahrungen möchte ich mir lieber ersparen. Das Leben ist auch so schon hart genug	Schmerz und Niederlagen gehören zum Leben dazu. Daran lerne und wachse ich ❏

Wenn Sie mehrheitlich Ihre Kreuze in der linken Spalte gemacht haben, deutet dies darauf hin, dass „Nicht verlieren!" Ihr Lebensmodus ist. Haben Sie vor allem rechts Ihr Kreuz gesetzt, steht Ihr Leben eher unter dem Motto „Gewinnen!"

Das gemütliche Elend der Komfortzone

In der Regel fühlen wir uns großartig (und besonders lebendig), wenn wir außergewöhnliche, positive Erfahrungen machen. Noch großartiger fühlen wir uns, wenn uns diese Erfahrungen nicht einfach zufallen, sondern wenn wir uns dafür anstrengen, vielleicht sogar über uns hinauswachsen mussten. Wer zur bestandenen Führerscheinprüfung von seinen Eltern ein schickes Cabrio vor die Tür gestellt bekommt, ist vermutlich glücklich. Doch wer sich vom ersten mühsam selbst verdienten Geld (endlich!) sein Traumauto leisten kann, ist mit Sicherheit glücklicher. Ein wichtiges Projekt, für das man kämpfen musste und das man nach vielen Höhen und Tiefen erfolgreich abgeschlossen hat, verschafft mehr subjektive Befriedigung als ein Projekt, das einem in den Schoß fällt und bei dem eigentlich nichts schiefgehen kann.

Wenn Sie gewinnen wollen, gibt es dafür ein einfaches Rezept: Finden Sie heraus, wofür Sie brennen, und sorgen Sie dafür, dass Sie es bekommen. Gehen Sie dafür Risiken ein, mit Bedacht, nicht in James-Bond-Manier. Nehmen Sie das Steuer in die Hand, statt sich treiben zu lassen. Das ist bequem, aber auch langweilig. „Ja, wenn es so einfach wäre!", wird mir bei dieser Argumentation häufig entgegengehalten. Ich habe nie behauptet, dass es einfach ist, seinen eigenen Weg zu gehen, sondern, dass es sich lohnt. Natürlich braucht es dafür Mut, vor allem den Mut, das sichere Terrain des Gewohnten und Vertrauten zu verlassen. Doch von guten Führungskräften ist genau das zu erwarten: voranzugehen, sich etwas zu trauen, eigene Überzeugungen zu verfolgen – Eigenschaften, die etwas weniger pathetisch auch als „unternehmerisches Denken" beschrieben werden. Seien Sie der Unternehmer Ihres eigenen Lebens, sowohl im Privaten wie im Beruflichen. Verlassen Sie Ihre Komfortzone, immer wieder, vielleicht sogar täglich. Sonst werden Sie lebenslang unter Ihren Möglichkeiten bleiben. Woher wollen Sie wissen, was Sie noch erreichen könnten, wenn Sie Ihre Grenzen niemals spüren?

Der Begriff „Komfortzone" ist meiner Ansicht nach irreführend, denn in Wahrheit ist diese Zone alles andere als komfortabel. Sie ist sicher und bequem, aber wirklich wohl fühlen sich die meisten Menschen dort nicht. Wäre dem so, würde nicht so viel gejammert und geklagt, gäbe es keine „Nur noch fünf Jahre bis zur Rente"-Überlegungen, kein „Ich bin ja praktisch unkündbar"-Arrangieren mit dem ungeliebten Job, keine Flucht in die innere Kündigung und kein „Durchhalten bis zum Urlaub". Statt von der Komfortzone spreche ich daher lieber vom „gemütlichen Elend". Es mag Schlimmeres geben, als sein Leben auf diese Weise zu verbringen. Doch ein wirklich erfülltes Leben sieht anders aus. Menschen, die ein erfülltes Leben führen, sorgen dafür, dass sie ihre Ziele und Träume nicht aus den Augen verlieren.

Lebensfragen: Was ist Ihnen wirklich wichtig?

Die folgenden Fragen sind dem Buch „Einer unter 7 Mrd." entnommen, für das der bekannte Fotograf Yann Arthus-Bertrand mehr als 6000 Menschen weltweit befragte (2013, S. 314 ff.). Dort finden Sie neben einer Vielzahl von Porträts auch den vollständigen Fragenkatalog.

1. Mögen Sie Ihren Beruf?
2. Was bedeutet Ihnen die Familie?
3. Was macht Ihnen am meisten Freude?
4. Wovor haben Sie am meisten Angst?
5. Wovon träumten Sie als Kind?
6. Was ist heute Ihr größter Traum?
7. Was bedeutet Glück für Sie? Sind Sie glücklich?
8. Was würden Sie in Ihrem Leben gerne verändern?
9. Was würden Sie tun, wenn Sie keine Angst hätten?

10. Was bedeutet Liebe für Sie? Lieben Sie sich selbst? Geben Sie genug Liebe und bekommen Sie genug?
11. Fühlen Sie sich frei? Worauf könnten Sie in Ihrem Leben verzichten?
12. Was möchten Sie endlich einmal tun, nachdem Sie es jahrelang aufgeschoben haben?
13. Was bedeutet Geld für Sie?
14. Was ist für Sie der Sinn des Lebens?

Sie merken vermutlich schon beim Lesen: Dies ist keine Checkliste, die sich rasch abhaken lässt, und die Antworten, die wir auf manche Frage mit 25 geben, werden andere sein als die im Alter von 40 oder 60 Jahren. Nehmen Sie sich Zeit zum Nachdenken. Picken Sie sich im ersten Schritt die Fragen heraus, die Sie besonders berühren. Notieren Sie sich Ihre Gedanken dazu in den nächsten Wochen, wann immer Sie die Zeit finden.

Chefsache Egoismus

Nur ein egoistischer Chef ist ein guter Chef. Dabei meine ich mit „Egoismus" nicht Selbstherrlichkeit oder das rücksichtslose Verfolgen eigener Interessen auf Kosten anderer. Gesunder Egoismus besteht darin, dass jemand gut für sich selbst und sein eigenes Wohlbefinden sorgt. Dazu zählen eine ausgewogene Lebensbalance aus Arbeit, Zeit für sich (eigene Interessen, Familie, Freunde) sowie das Handeln im Einklang mit eigenen Überzeugungen. Dies wirkt sich in verschiedener Hinsicht positiv auf die Mitarbeiter aus:

- Ein ausgeglichener Chef kann besser/empathischer auf seine Mitarbeiter eingehen. Choleriker, Misanthropen, Menschenschinder agieren eigene Probleme auf destruktive Weise im Umgang mit anderen aus. Wer im Einklang mit sich selbst, im besten Falle sogar glücklich ist, behandelt auch andere besser.
- Ein Chef, der auf seine Gesundheit achtet, bewirkt durch das eigene Vorbild mehr als viele Programme zum betrieblichen Gesundheitsmanagement.
- Ein Chef, der mit sich und seinem Handeln im Reinen ist, strahlt Sicherheit und Souveränität aus und flößt Mitarbeitern Vertrauen ein. Er ist berechenbar, weil er sein Fähnchen nicht nach dem Wind hängt, sondern erkennbar für etwas steht.

Als Faustregel für gesunden Egoismus lege ich Ihnen die Formel „51 % für mich" ans Herz. Sorgen Sie dafür, dass Sie möglichst in jeder Situation über die „Aktienmehrheit" in Ihrem Leben verfügen. Handeln Sie selbstbestimmt, machen Sie keine faulen Kompromisse, „opfern" Sie dem Unternehmen oder den Erwartungen anderer weder Ihre Gesundheit noch Ihr Seelenheil. Was dabei schon ein „fauler" Kompromiss ist und was noch eine akzeptable Konzession, können nur Sie selbst entscheiden, mit Kopf, Bauch und Herz. Mehr zu diesem Thema lesen Sie in meinem Aufsatz „Chefsache Egoismus. Die Dos und Don'ts" (2015a). Wer für andere da sein und etwas bewegen will, muss zuerst an sich und die eigenen Ressourcen denken. Das zeigt das Eingangsbeispiel des unglücklichen Firmenerben. Er hat durch seinen Verzicht auf eigene Lebenspläne weder sich selbst noch seinen Mitarbeitern oder dem Unternehmen insgesamt einen Gefallen getan. Dem Unternehmen fehlen wichtige Impulse, den Mitarbeitern fehlt klare Führung. Man kann förmlich dabei zusehen, wie es bergab geht. Was hat den Eigentümer daran gehindert, einen Geschäftsführer mit Leidenschaft für die Branche einzustellen und sein eigenes Leben zu leben? Schlicht Angst. Angst, die Familie zu enttäuschen, Angst vielleicht auch vor dem Schritt auf unbekanntes Terrain, Angst vor dem Scheitern als studierter Geisteswissenschaftler. Angst verengt den Blickwinkel und gibt einem schnell das Gefühl, man habe „keine Wahl". Doch genau da, wo die Angst ist, ist der Weg.

Wo die Angst ist, ist der Weg

„Nicht weil es schwer ist, wagen wir es nicht, sondern weil wir es nicht wagen, ist es schwer", so der römische Philosoph Seneca. Zwar teilen die meisten Menschen bestimmte Grundängste, wie bereits in Kap. „§ 2 Durchblick statt durchgreifen" ausgeführt: Wir haben Angst zu sterben und daher das Bedürfnis nach Sicherheit. Wir haben Angst vor dem eigenen Versagen und damit das Bedürfnis nach Bestätigung. Und wir haben Angst vor Ablehnung und entsprechend die Bedürfnisse nach Wertschätzung und sozialer Nähe. Wie sich diese Ängste artikulieren, ist jedoch individuell sehr unterschiedlich. Was dem einen die Schweißperlen auf die Stirn treibt, ist dem anderen allenfalls ein Achselzucken wert. Ein Beispiel:

Beispiel: Die Angst vor der Unpünktlichkeit

„Wenn ich nicht pünktlich bei meinen Kunden bin, verliere ich den Auftrag und gefährde meinen Job", so die Angst eines Key Account Managers, der überpünktlich bei allen Firmenkunden erschien und diese so ungewollt unter Zeitdruck setzte. Auch zum Coaching traf er zehn Minuten zu früh ein und belegte mich schon mit Beschlag, während ich auf dem Parkplatz aus meinem Wagen stieg. Meine Coaching-Aufgabe für ihn: Ab sofort bei jedem Kunden fünf Minuten zu spät kommen! Für den Klienten war das eine echte Zumutung, von der ich ihn nur mit dem Hinweis überzeugen konnte, dass die allermeisten viel beschäftigten Kunden vermutlich froh über fünf geschenkte Minuten sein würden. Das Ergebnis: Der Manager machte die Erfahrung, dass seine Gespräche entspannter und erfolgreicher verliefen, seit er seinen Kunden nicht mehr zu früh „auf die Pelle rückte".

Angst ist immer individuell

Sie finden die Pünktlichkeitsfrage banal? Für den Vertriebler war sie ein echtes Problem, das seine weitere Karriere zu behindern drohte. Angst ist individuell, Leiden ist individuell. Erst als der Manager sich seiner ganz persönlichen Angst stellte, konnte er in seiner persönlichen und beruflichen Entwicklung den nächsten Schritt tun. Das genau verbirgt sich hinter der These „Wo die Angst ist, ist der Weg". Dabei geht es nicht um gefährliche Mutproben oder ungewöhnliche Herausforderungen: Es geht um die individuellen Ängste, die uns im Alltag limitieren und ausbremsen. Wo unsere Begrenzungen sind, sind eben auch unsere Entwicklungschancen. Zwei Beispiele aus dem Führungskontext.

Auftrittsangst

Manche Führungskräfte haben große Scheu, Ihren Standpunkt vor einer größeren Gruppe zu vertreten. Als Teamleiter vor seinem Team, als Bereichsleiter vor 100 oder als Geschäftsführer vor noch mehr Menschen reden und eindeutig Position beziehen? Lieber nicht. „Ich kläre die wichtigen Fragen im Zweiergespräch, das ist zielführender!", so die häufige Ausrede. Die Folge sind Abstimmungsprobleme, Doppelarbeit, Orientierungslosigkeit, kurz: schlecht geführte Bereiche. Ich übe daher mit Betroffenen, sich vor eine größere Gruppe zu stellen und allen gleichzeitig zu sagen, wohin es gehen soll und was von wem erwartet wird. In der Regel ist die Wirkung befreiend, denn Mitarbeiter wollen wissen, wo es hingeht!

Der Chef hat immer Recht?

Ein Teil der Hetze, die den Alltag vieler Führungskräfte prägt, wurzelt in der Angst, dem eigenen Chef offen zu sagen, wenn etwas nicht geht, zeitlich nicht mehr zu machen ist. Dahinter steckt oft die (Ur-)Angst vor Ablehnung. Für Führungskräfte ist diese Angst verheerend, denn sie hindert sie daran, mutig und selbstbestimmt zu handeln. Auch durch diese Angst muss man hindurch, um sie hinter sich zu lassen. Häufig fällt die Reaktion des Vorgesetzten auf ein deutliches „Stopp!" vonseiten der unterstellten Führungskraft überraschend positiv aus: „Gut, dass Sie mir das so offen sagen!" Manchen Betroffenen wird erst dadurch bewusst, dass ihr Vorgesetzter nicht überblickt (vielleicht auch gar nicht überblicken kann), was alles bei ihm anliegt, und sogar dankbar ist für klare Signale. Und wenn nicht, muss man den eigenen Chef halt daran gewöhnen.

„Nichts ist, wie es zu sein scheint", lautet einer meiner Grundsätze. Diese Maxime ist eine Aufforderung, im Alltag genauer hinzusehen und die Dinge zu hinterfragen, bevor man urteilt und handelt. Gerade wenn man Angst hat, lohnt es sich, einen Schritt zurückzutreten, tief durchzuatmen und sich Zeit zum Nachdenken zu nehmen. Angst lähmt und verengt den Blick, und so wurzeln viele Ängste in Fehleinschätzungen, beispielsweise in dem Glauben, der eigene Chef werde Einspruch nicht ertragen. Gehen Sie davon aus, dass jeder Mensch Angst hat, auch jeder Manager. „Angst ist die Zwillingsschwester von Macht. Wer ganz oben ist, hat viel zu verlieren", sagt etwa der Angstforscher Winfried Panse, der schon 1997 mit Wolfgang Stegmann ein Buch zum „Kostenfaktor Angst" vorlegte (zit. nach Terpitz 2006). Angst zu haben ist keine Schande. Die eigentliche Frage ist nicht, ob wir Angst haben. Die eigentliche Frage lautet: Beherrschen wir unsere Ängste – oder lassen wir uns von ihnen beherrschen?

Mut kann man üben!

Wie überwindet man Angst? Pauschal gesagt: durch Tun. Einige Strategien, die sich dabei bewährt haben, stelle ich Ihnen im Folgenden vor.

1. Beharrliche kleine Schritte gehen

Nehmen Sie sich nicht gleich zu viel vor, nähern Sie sich der Angst in kleinen Schritten. Der überpünktliche Key Account Manager könnte sein neues Verhalten beispielsweise zunächst bei Kunden ausprobieren, die weniger Umsatz bescheren, oder er könnte mit zwei Minuten Verspätung beginnen statt mit fünf. Der Familienerbe könnte sich zuerst durch einen versierten Assistenten entlasten, dann enge Vertraute in seine Pläne einbeziehen, bevor er einen Geschäftsführer einstellt und sich irgendwann ganz aus dem Geschäft zurückzieht. Jeder Zwischenerfolg macht Mut für den nächsten Schritt.

2. „Quick & dirty"-Strategien anwenden

„Quick and dirty" bedeutet: Nicht zu lange nachgrübeln, sondern machen! Solche Strategien bewähren sich bei allen Herausforderungen, in denen soziale Ängste eine Rolle spielen: eine Präsentation halten, eine Minderheitsposition vertreten, Ansprüche anmelden. Je länger man zögert und sich ausmalt, was alles schieflaufen könnte, desto größer wird die Hürde, die zu überwinden ist.

3. Das Worst-Case-Szenario durchspielen

Wenn es um Sachentscheidungen geht, kann auch ein Gedankenspiel helfen: Was könnte schlimmstenfalls passieren? Erweist sich auch der Negativfall als beherrschbar, fällt es leichter, ins Handeln zu kommen.

4. Eigene Glaubenssätze überprüfen

„Ich bin ein schlechter Redner", „Wer sich gegen die da oben auflehnt, zieht immer den Kürzeren", „Ich bin nun mal eher ängstlich" – jeder von uns schleppt eine Fülle solcher Glaubenssätze durchs Leben. Manche wurden uns schon in der Kindheit vermittelt und wurzeln beispielsweise in der familiären Rollenverteilung: Da ist der ältere Bruder der unerschrockene Rabauke und einem selbst fällt die Rolle des Angsthasen zu. Andere Glaubenssätze sind Generalisierungen einzelner Erlebnisse. Glaubenssätze geben Orientierung, können aber auch behindern. Und nicht immer stimmt das, was wir seit

20 Jahren über uns selbst denken. Frappierend ist zum Beispiel, was ein neuer Partner, eine neue Partnerin aus uns hervorlocken kann. Plötzlich mutiert der angeblich „total Unsportliche" zum begeisterten Bergwanderer und der Kulturbanause entdeckt sein Faible für moderne Kunst. Überprüfen Sie deshalb, woher Ihre Glaubenssätze stammen und ob sie der Realität heute noch standhalten. Formulieren Sie sie positiv um, beispielsweise in: „Ich bin mutig!" Denn nur wer Angst hat, kann auch mutig sein!

„Das kann ich als Youngster doch nicht machen!"

In einem Industrieunternehmen mit 5000 Mitarbeitern wird ein Bereichsleiter aufgrund seiner Umsatzerfolge schon mit Ende 30 in den Vorstand berufen. Obwohl er den beiden anderen, 15 Jahre älteren Vorständen formal gleichgestellt ist, verhält er sich ihnen gegenüber passiv-abwartend. Sein Glaubenssatz: „Ich kann da als junger Vorstand doch nicht einfach losmarschieren!" Dabei müsste sich einiges ändern, um die Wettbewerbsfähigkeit des Unternehmens zu sichern. Es dauert Monate, bis der neue Vorstand sich selbst die Erlaubnis gibt, die Initiative zu ergreifen und dringend erforderliche Weichenstellungen vorzuschlagen. Manche Traditionsfirma wie Kreidler oder Neckermann hätte womöglich überlebt, hätten sich rechtzeitig Manager gefunden, die bereit waren, knorrigen Firmenpatriarchen mutig die Stirn zu bieten (vgl. Der Spiegel (11/1981), S. 102 ff.).

5. Sich auf Dinge konzentrieren, die einem wirklich wichtig sind

Je größer der innere Antrieb, die Begierde, etwas zu erreichen, desto eher überwinden wir unsere Ängste. Voraussetzung ist natürlich, dass wir unsere Ziele kennen und die erwachsene Lebenshaltung einnehmen, dass einem die wichtigen Dinge im Leben selten zufallen, sondern erkämpft werden müssen. „Lohnt es sich, dafür zu kämpfen?", ist eine nützliche Frage. Sparen Sie Ihren Mut für Dinge, die Ihnen wirklich am Herzen liegen.

6. Eine positive Zielvision pflegen

Malen Sie sich möglichst konkret aus, wie es sein wird, wenn Sie Ihre Angst überwunden haben. Wie wird es sich anfühlen, souverän vor Gruppen zu reden und Mitarbeiter hinter sich zu scharen? Wie wird es sein, dem eigenen Chef die Stirn geboten und eigene Vorhaben durchgesetzt zu haben? So halten Sie die Begehrlichkeit Ihrer Ziele wach, statt sich in Passivität und Resignation zu flüchten.

7. Sich für Schwierigkeiten bedanken

Man kann sich über Herausforderungen und Probleme ärgern („Warum gerade ich?!") – oder man kann sie als Möglichkeit betrachten, zu wachsen. Das gelingt vielleicht nicht gleich, im ersten Moment des Erschreckens, doch mit etwas Überlegung und Übung.

Hadern und jammern bringen Sie ohnehin nicht weiter, also kann man „Probleme" auch anders sehen: Das Leben spielt Ihnen eine Aufgabe zu, an der Sie lernen und sich weiterentwickeln können. Alles eine Frage der Einstellung. Diese Auffassung vertritt auch der Psychologe und Verhaltenstherapeut Jens Corssen (2004). Mit Fragen wie „Was kostet mich meine Art zu denken?" und Strategien wie „Die Situation ist mein Coach und ich bin ihr Schüler" ermutigt er, eingefahrene Denkgewohnheiten zu verlassen und in Lösungen statt in Problemen zu denken.

Mut kann man also tatsächlich trainieren, Tag für Tag. Jedes Erfolgserlebnis auf diesem Weg ist wichtig, denn es motiviert für den nächsten Schritt. Wer nichts wagt, bringt sich nicht nur um diese Erfahrung, sondern traut sich womöglich immer weniger zu, weil er allen Proben aufs Exempel ausweicht. „Man entdeckt neue Länder nicht, ohne dass man sich damit einverstanden erklärt hat, das Ufer für sehr lange Zeit aus den Augen zu verlieren", so André Gide. Ich behaupte sogar: Die allerbesten Führungskräfte suchen bewusst Situationen, vor denen sie Angst haben, um an ihnen zu wachsen. Auch das kann man lernen und üben.

Das Geheimnis der Resilienz

Der Begriff der Resilienz hat in den letzten Jahren eine erstaunliche Karriere gemacht. Internetbuchhändler verzeichnen inzwischen über 200 Titel zu diesem Thema. Ursprünglich in der Physik für Werkstoffe verwendet, die Druck nachgeben und anschließend wieder in ihre ursprüngliche Form zurückkehren, steht „Resilienz" in der Psychologie für psychische Widerstandskraft, für die Fähigkeit also, Schicksalsschläge und Misserfolge zu verwinden. Ausgangspunkt ist die Beobachtung, dass manche Menschen mit widrigen Umständen sehr viel besser zurechtkommen als andere. Berühmt geworden ist die Arbeit der Entwicklungspsychologin Emmy E. Werner, die in einer Längsschnittstudie das Schicksal von 698 im Jahre 1955 auf der Hawaii-Insel Kauai geborenen Kindern bis zum Alter von 32 Jahren verfolgte. Ein Drittel dieser Kinder war Benachteiligungen ausgesetzt, etwa pränatalem Stress, Armut, Alkoholsucht der Eltern. Von diesen „Risikokindern" hatten zwei Drittel später selbst gravierende Probleme (Schulabbrüche, Drogensucht, Arbeitslosigkeit usw.). Einem Drittel gelang jedoch ein ebenso erfolgreiches Leben wie ihren privilegierteren Altersgenossen (Werner et al. 2001). Was zeichnet derart widerstandsfähige Menschen aus? In der psychologischen Forschung geht man inzwischen davon aus, dass Resilienz auf sieben Säulen ruht:

1. **Optimismus:** die Überzeugung, dass Krisen und Tiefs vorbeigehen und überwunden werden können, sowie das Zutrauen, in herausfordernden Situationen eine Lösung zu finden.
2. **Akzeptanz:** die Fähigkeit, schmerzliche Tatsachen anzunehmen und ihnen ins Auge zu blicken, statt sie zu leugnen oder zu verdrängen.
3. **Lösungsorientierung:** die Fähigkeit, den Blick auf mögliche Lösungen zu richten, statt vorwiegend zu klagen oder sich in Problemen zu verstricken.

4. **Verlassen der Opferrolle:** die Fähigkeit, sich auf sich selbst und seine Möglichkeiten zu besinnen, statt anderen die Schuld für die eigene Situation zuzuweisen.
5. **Verantwortung:** die Bereitschaft, die Verantwortung für sein Handeln, sein Denken, seine Gefühle – kurz: für das eigene Leben – zu übernehmen.
6. **Netzwerkorientierung:** die Fähigkeit, stabile soziale Beziehungen zu knüpfen und zu pflegen, die einen bei den Wechselfällen des Lebens unterstützen und auffangen.
7. **Zukunftsplanung:** die Bereitschaft und Fähigkeit, auf der Basis einer realistischen Einschätzung der eigenen Situation die Initiative zu ergreifen, sich machbare Ziele zu setzen und diese konsequent anzugehen, daneben die Umsicht, sich auf die Wechselfälle des Lebens vorzubereiten (vgl. hierzu Rampe 2010; Gruhl 2014).

Die eigene Resilienz kann man stärken, indem man seine Einstellungen und Lebenshaltungen reflektiert und sich besser für den Fall der Fälle wappnet. Wie sind Sie bei den „sieben Säulen" aufgestellt? Wo möchten Sie noch wachsen? Hierzu drei Anregungen.

Grundoptimismus oder „Was war heute gut?"

Bevor Missverständnisse aufkommen: „Optimismus" meint nicht, mit einer rosaroten Brille herumzulaufen, sich die Welt schönzureden und Schwierigkeiten zu leugnen. Dieses Problem haben allerdings nur sehr wenige Menschen. Verbreiteter ist ohnehin die dunkelgraue Brille, die alles grau bis rabenschwarz sehen lässt, oder aber die Fehlerlupe, die kleinste Versäumnisse und Fehler in den Mittelpunkt rückt, während Positives kaum registriert wird. Kommt beides in Kombination zum Einsatz, ist die Chance sehr groß, dass Sie jeden Tag unzufrieden nach Hause gehen: Irgendwas, über das man sich ärgern kann, gibt es ja immer. Aus der positiven Psychologie stammt eine einfache Übung, die diesen Blickwinkel justieren hilft und Sie darin unterstützt, einen gesunden Optimismus zu pflegen.

Übung: Erfolgstagebuch

Machen Sie es sich zur Gewohnheit, jeden Abend mindestens drei Dinge zu notieren, die heute gut waren. Ob Sie dafür eine Datei anlegen, eine entsprechende App herunterladen oder sich ein Notizbuch kaufen, ist gleichgültig. Einige inhaltliche Impulse

1. Worüber habe ich mich heute gefreut?
2. Wer oder was hat mich positiv überrascht?
3. Wem habe ich heute eine Freude gemacht?
4. Was habe ich heute besser gemacht als sonst?
5. Was habe ich heute genießen können?
6. Wo habe ich Anerkennung erfahren, Komplimente bekommen?

7. Welchen Vorsatz habe ich heute umgesetzt?
8. Welches Vorhaben ist mir heute geglückt?
9. An welchem meiner Ziele habe ich gearbeitet?
10. Welchen Meilenstein habe ich heute erreicht?

Sinn der Übung: Ihr Fokus wird sich unmerklich verändern. Sie registrieren positive Geschehnisse, die Sie sonst schnell abgehakt hätten. Und falls Sie zweifeln, ob sich tatsächlich jeden Tag drei positive Momente finden lassen: Doch, es gibt sie. Sie müssen nur genau hinschauen.

Akzeptanz oder die Achterbahn des Lebens

„Es ist eine weltfremde Forderung, zu wünschen, dass alles so läuft, wie Sie es gern hätten. Es ist keineswegs normal, dass alles gut geht. Freuen Sie sich, wenn es der Fall ist. Betrachten Sie es als Geschenk und nicht als Rechtsanspruch", so Günter Gross (2009, S. 130). Der Unternehmensberater und Volkswirt lenkt damit zu Recht die Aufmerksamkeit darauf, dass unangenehme Wechselfälle zum Leben ganz einfach dazugehören. Es ist eine Einstellungsfrage, ob wir Schicksalsschläge tatsächlich als unverdiente „Schläge" betrachten oder als integralen Bestandteil des Daseins. Unsere Einstellung entscheidet darüber, ob wir dauerhaft hadern, jammern und klagen oder ob wir uns nach dem ersten Schrecken wieder aufrappeln. Dabei geht es nicht darum, negative Gefühle zu leugnen. Wir überwinden Schmerz, Wut oder Traurigkeit am ehesten, indem wir uns diesen Gefühlen stellen und sie zulassen. Es geht vielmehr darum, sich das Bewusstsein zu bewahren, dass der Schmerz irgendwann abebben, die Krise enden wird. Mit diesem Grundoptimismus lassen sich harte Zeiten leichter durchstehen: Auch dies wird vorübergehen!

Erstaunlich viele Menschen sagen im Rückblick über ihre dunklen Lebensphasen: „Im Nachhinein war es das Beste, was mir passieren konnte" oder: „Es war schlimm. Aber ich habe gelernt, das Leben geht weiter, selbst in so einer Situation. So schnell wirft mich seitdem nichts mehr um." Gehen Sie Ihren Weg nicht mit der Erwartung, das Leben dürfe nur Schönes für Sie bereithalten und müsse immer „easy going" sein. Das ist eine kindliche Wunschvorstellung. Lassen Sie sich von anderen nicht täuschen: Die glatte Fassade des Erfolgs gehört heute zum öffentlichen Auftreten dazu, und nicht selten sieht es hinter der Siegermiene in Wahrheit ganz anders aus. Fast alle erfolgreichen Menschen haben Rückschläge und Enttäuschungen erlebt, denken Sie an Steve Jobs und seinen Rauswurf bei Apple oder an Spitzensportler oder Politiker, für die der reflektierte Umgang mit Niederlagen geradezu Erfolgsvoraussetzung ist. Ich verwende in Vorträgen und Seminaren dafür das Bild der Achterbahn. Auch die Momente, in denen es im Leben in die Tiefe geht, haben ihren Sinn. Man braucht sie, um Schwung zu holen für den nächsten Aufstieg. Nach dem ersten Schock keimt in solchen Tiefphasen oft der Mut der Verzweiflung. Man entdeckt, was in einem steckt und was möglich ist.

Bessere Beziehungen durch drei Fragen, die wir uns selten stellen

Wer ein großes Netzwerk am Leben erhalten und gute Beziehungen zu Verwandten sowie Kollegen pflegen will, braucht Gelassenheit, Toleranz, einen positiven Zugang zu anderen Menschen. Dabei helfen drei Fragen:

1. Was hat dieser Mensch für mich getan?
2. Was habe ich für ihn getan?
3. Welche Schwierigkeiten habe ich ihm bereitet?

Was so harmlos daherkommt, bringt viele Menschen ernsthaft ins Grübeln und lässt sie manchmal beschämt verstummen, denn eine Frage ist hier bewusst ausgeklammert, weil wir sie uns im Alltag ohnehin permanent stellen: „Welche Schwierigkeiten hat dieser Mensch *mir* bereitet? (Was hat der mir angetan?!)" Die drei Fragen oben verändern unseren Blickwinkel. Sie lenken die Aufmerksamkeit auf positive Aspekte, die wir gern übersehen, und rücken unsere Eigenverantwortung für ein gedeihliches Miteinander in den Mittelpunkt. Wir sind aufgefordert, uns selbst von außen zu betrachten. Vielleicht machen Sie die Probe aufs Exempel und wenden die Fragen auf einen anstrengenden Vorgesetzten, unbequemen Mitarbeiter oder fordernden Vorstand an – oder einfach auf die Person, die Ihnen zurzeit am meisten Kopfzerbrechen bereitet.

Die drei Fragen sind Kern einer japanischen Methode der Selbstreflexion, die im frühen Buddhismus wurzelt: Naikan. Wörtlich bedeutet das „Innenschau" (von *nai* – Inneres und *kan* – betrachten). Wer sich ernsthaft auf diese Art der Selbstbefragung einlässt, gewinnt die Chance, gelassener mit anderen Menschen umzugehen und sich mit erlittenen Verletzungen zu versöhnen. Dafür muss man kein Buddhist sein; ähnliche Gedanken finden sich auch in der Bibel, etwa mit „Geben ist seliger denn Nehmen" oder mit dem Hinweis, dass wir den „Splitter im Auge unseres Bruders" sehen, nicht aber den Balken im eigenen Auge.[1] Sich seinem Gegenüber positiv zuzuwenden, ihm Wohlwollen und Interesse entgegenzubringen, ist die beste Voraussetzung für gute Beziehungen. In Naikan-Zentren ziehen Seminarteilnehmer in mehrtägigen Aufenthalten eine umfassende Lebensbilanz in Fünfjahres-Schritten. Die Naikan-Schlüsselfragen „Was hat dieser Mensch für mich getan?", „Was habe ich für ihn getan?" und „Welche Schwierigkeiten habe ich ihm bereitet?" eignen sich unabhängig davon als Denkanstöße für den Alltag. Probieren Sie es am besten aus, wenn Sie sich das nächste Mal über die Maßen über jemanden in Ihrem beruflichen Umfeld ärgern. Zur vertiefenden Lektüre empfehle ich Kaspari (2012).

---

[1]Für die Bibelzitate vgl. Apostelgeschichte 20, Vers 35 und Matthaeus 7, Vers 3.

Führungskräfte als „Berufsstörer"

Die besten Führungskräfte ruhen sich niemals auf ihren Lorbeeren aus. Natürlich feiern sie Erfolge. Aber wer zu lange feiert, lebt gefährlich. Exzellente Chefs bleiben wach und kritisch, selbst wenn im Unternehmen oder in ihrer Abteilung oberflächlich betrachtet „alles in bester Ordnung" ist. Ruhiges Fahrwasser ist die günstigste Zeit, um notwendige Prüfungen und Justierungen vorzunehmen, auf die man in stürmischen Zeiten keinen Gedanken verschwenden kann. Bei ruhiger See dagegen hört ein aufmerksamer Kapitän auch leisere Störgeräusche aus dem Motorraum.

Ein entspannter Job?

Ein Industrieunternehmen mit Produktionsstätten in aller Welt bekommt einen neuen Vertriebsvorstand. Die Umsätze sind seit Jahren stabil, der Gewinn ist zufriedenstellend. Das könnte ein entspannter Job werden, wären die Berichte der nachgeordneten Führungskräfte nicht so vage und nichtssagend. Der neue Vorstand hakt nach, richtet aber nicht viel aus. Schließlich macht er sich auf den Weg und besucht die Dependancen im Ausland. Sein Misstrauen war berechtigt, er stößt immer wieder auf Missstände. Krönung: Eine mit hohen Kosten errichtete Produktionsstätte entpuppt sich vor Ort als Provisorium in einer Privatwohnung. Die Mittel für den Neubau sind in dunkle Kanäle geflossen. Statt eines entspannten Jobs bricht eine harte Zeit an mit Entlassungen, Neueinstellungen, neuen Kontrollmechanismen, einem reformierten Berichtswesen, und, und, und. Das gefällt nicht jedem, bringt dem Vorstand jedoch den Respekt von Kollegen und Aufsichtsrat ein – und dem Unternehmen mittelfristig Umsatzzuwächse.

Die Liste der Unternehmen ist lang, denen allzu satte Selbstzufriedenheit am Ende den Untergang bescherte. Prominente Beispiele sind das Versandhaus *Quelle,* der frühere Marktführer für Mobiltelefone *Nokia,* die Drogeriekette *Schlecker* oder das chinesische Solar-Unternehmen *Suntech Power.* Vielen Managern ist nicht bewusst, wie gefährlich es ist, auf dem Gipfel des Erfolgs angelangt zu sein. Denn wenn tatsächlich der Gipfel erreicht ist, kann es von da an nur noch bergab gehen. Das im Kopf zu behalten, ist eine große Herausforderung, denn außergewöhnlicher Erfolg macht selbstzufrieden und vermittelt das Gefühl der Unbesiegbarkeit. Die Hybris von Managern wie Porsche-Chef Wendelin Wiedeking, der den weitaus größeren VW-Konzern entern wollte, oder Daimler-Chef Jürgen Schrempp, der von einer „Welt AG" träumte, führt dies vor Augen.

Gestalten statt verwalten

Gehen Sie niemals davon aus, dass es so, wie es läuft, einfach weiterlaufen kann. Bleiben Sie skeptisch und agil – auch und gerade, wenn es gut läuft. Keine Erfolgsserie währt ewig. Souveräne Führung ist mehr als das Verwalten des Status quo, echte Führung bedeutet Gestalten. Leider verkommt dieses Wort mehr und mehr zur Worthülse.

Unter „Gestaltung" verstehe ich im Unternehmenskontext das stetige Hinterfragen und Optimieren des Ist-Zustandes im Hinblick auf mittel- und langfristige Entwicklungen. Fragen, die Sie sich in diesem Zusammenhang stellen können, bündelt die folgende Übersicht.

Fragen für „Berufsstörer" – Führungskräfte mit Gestaltungswillen

- *Was ist die Kehrseite unseres jetzigen Erfolges?*
  Worin bestehen nüchtern betrachtet die Nachteile? Ein Beispiel: Ein Verlag, der einen unverhofften Mega-Bestseller landet, kämpft bei Folgebänden mit höheren Erwartungen des Buchhandels und höheren Honorarforderungen des Bestsellerautors. Ein anderes Beispiel: Ein Erfolgsprodukt lockt diverse Nachahmer an und zwingt daher zu verstärkten Anstrengungen in der Produktentwicklung.

- *Was ist das Gute eines derzeitigen Misserfolges?*
  Welche positiven (und geldwerten) Lehren sollten wir daraus ziehen? Beispiel: Ein neues Produkt, das weit hinter den Absatzerwartungen zurückbleibt, erlaubt bei sorgfältiger Analyse zuverlässige Rückschlüsse auf tatsächliche Kundenwünsche. Oder: Es liefert eine Entscheidungshilfe, sich endlich von einem unrentablen Bereich zu trennen.

- *Wo stünden wir in drei Jahren, wenn alles so bliebe, wie es ist?* Wo in fünf Jahren? (Manchmal hilft hier auch die Rückschau: Was hat sich in den letzten drei Jahren alles verändert? Behalten wir dieses Tempo bei? Sollten wir es steigern?)

- *Was macht unser gefährlichster Wettbewerber besser als wir?*
  Wer ist unsere stärkste Konkurrenz? Wer könnte uns Marktanteile streitig machen? Beobachten wir unsere Wettbewerber genau genug?

- *Was machen andere Branchen besser als wir?*
  Beispiele: Dort bietet man andere Formen des Kundenservice, andere Preisstrukturen, andere Vertriebskanäle usw.

- *Welche internen „Baustellen" schleppen wir schon zu lange mit?*
  Beispiele: Alle „Wir müssten mal"-Projekte, die wichtig, aber nicht dringlich (zeitsensibel) sind, etwa neue Website, verbesserte Unternehmenssoftware, Renovierung des Besucherbereiches, Überarbeitung des Bonussystems…

- *Gewinnen wir die Besten der Branche als Mitarbeiter?*
  Wenn nein: Warum nicht?

- *Wäre ich gerne Kunde bei uns?*
  Wenn nein: Warum nicht?

- *Was wäre, wenn unser erfolgreichstes Produkt (die „Cash Cow") wegbricht?*
  Könnte der Umsatzverlust aufgefangen werden? Oder verlässt sich das Unternehmen schon fast fahrlässig auf diese Umsatzquelle?

- *Was wäre, wenn unser wichtigster Kunde den Anbieter wechselt?*
  Wie bei der vorigen Frage: Könnten wir das verschmerzen, ohne dass das Unternehmen ins Trudeln gerät?

- *Welche Kündigung in meinem Bereich wäre schwer aufzufangen?*
  Wer sind die Leistungsträger und was biete ich ihnen? Tue ich genug, um „Unersetzlichkeit" Einzelner zu verhindern?

- *Was werde ich morgen konkret tun, um mich als (unternehmerisch handelnde) Führungskraft ein Stück weiterzuentwickeln?*
  Wie kann ich meinen Tag nutzen, um bewusst einen Impuls zu setzen, der mich herausfordert und dadurch weiterbringt? Ich habe sagenhafte 365 Möglichkeiten pro Jahr!

- *Haben wir uns „eingerichtet" oder tragen wir jeden Tag kreativ-dynamisch etwas dazu bei, uns und unser Produkt/unsere Dienstleistung stetig weiterzuentwickeln und am Markt erfolgreich zu bleiben (=besser zu werden)?*
  Denken Sie jeden Tag darüber nach, wie Sie mit Ihren Mitarbeitern vorankommen und wie Sie sie für innovatives und komfortzonenarmes Denken begeistern können. Jeden Tag.

Dieser Fragenkatalog illustriert: Versierte Führungskräfte sind proaktiv und progressiv statt reaktiv und rückwärtsgewandt. Das ist es, was eine berufliche Aufgabe auch in zehn Jahren noch spannend macht. Wer als Führender über Langeweile und Routine klagt, muss sich fragen lassen, welche Anstrengungen er selbst unternommen hat, um genau das zu verhindern: Langeweile und Routine.

Wie Sie „nettes Siechtum" in Ihrer Abteilung verhindern

Nicht nur Einzelne, auch ganze Unternehmen können es sich in einer Komfortzone gemütlich machen. Auf den schnelllebigen Märkten von heute ist das eine gefährliche Haltung, denn die Komfortzone von heute könnte das Jammertal von morgen sein.

Je größer eine Organisation und je weiter eine Abteilung vom Kundenkontakt entfernt ist, desto größer die Gefahr, dass die Alarmglocken des Marktes überhört werden, weil sie am Ende des Dienstweges allenfalls noch als leises Glöckchen ankommen. Angeblich soll eine Studie bewiesen haben, dass Großbürokratien mit über 1500 Mitarbeitern ein ganzes Jahr ungestört weiterarbeiten können, bevor sie registrieren, dass überhaupt keine Kunden mehr da sind!

Pauschalthesen sind heikel. Dennoch: Die meisten Menschen lieben Gewohnheiten und hassen Veränderungen. Das beginnt bei Kleinigkeiten, etwa beim Platz im Seminarraum, der schon am zweiten Tag (oder nach zwei Stunden …) von den allermeisten Teilnehmern als „ihr" Stuhl angesehen wird, und erstreckt sich auf Arbeitsinhalte und Arbeitsweisen. „Das haben wir schon immer so gemacht" (bzw. „Das haben wir ja noch nie gemacht!"), „Das steht nicht in meiner Stellenbeschreibung!", „Dafür ist Herr/Frau… zuständig" – solche Sätze verraten nettes Siechtum. Was können Sie tun, um zu verhindern, dass Ihre Abteilung sich allzu bequem in gewohnten Bahnen einrichtet? Hier einige Vorschläge für ein innovationsfreundliches Klima:

- Beziehen Sie Mitarbeiter und Mitarbeiterinnen in Ihre Gestaltungsüberlegungen ein, bitten Sie um Vorschläge.
- Veranstalten Sie in größeren Abständen (zum Beispiel einmal jährlich) Ideen-Workshops, in denen die aktuelle Praxis auf den Prüfstand kommt, neue Ideen entwickelt werden und auch mal „gesponnen" werden darf. Als Agenda bieten sich ausgewählte Fragen aus der obigen Gestalterliste an.
- Überlegen Sie, ob Sie kurze Job-Rotationen in den Alltag einbauen können: Lassen Sie Mitarbeiter untereinander für eine Woche den Job tauschen und von ihren Erfahrung berichten. Das bekämpft Betriebsblindheit.
- Seien Sie fehlerfreundlich. Wer Neues ausprobiert, macht unweigerlich Fehler.
- Nehmen Sie Verbesserungsvorschläge von Mitarbeitern ernst. Wem zweimal eine Idee abgeschmettert wird, behält die dritte gleich für sich.
- Wenn Sie skeptisch sind, ob eine Idee umsetzbar ist, überlegen Sie, ob Sie den Mitarbeiter dennoch einen Probelauf machen lassen können. Möglicherweise werden Sie ja eines Besseren belehrt.
- Geben Sie niemals Ideen Ihrer Mitarbeiter als eigene aus, spenden Sie Ihren Mitarbeitern lieber Anerkennung für gute Vorschläge.
- Belohnen Sie erfolgreiche Verbesserungsvorschläge, auch finanziell, wenn das Unternehmen dadurch Kosten spart.
- Achten Sie bei Neueinstellungen auch darauf, welche Teamrolle Sie besetzen wollen. Brauchen Sie eher einen Umsetzer, einen empathischen Teamplayer oder einen kreativ-spontanen Typ, der frischen Wind mitbringt?

Überleben im Change

Wenn es Ihnen gelingt, durch Wandel „im Kleinen" ein innovationsfreundliches Klima zu schaffen und der Erstarrung in immer gleichen Bahnen vorzubeugen, ist dies bereits eine gute Voraussetzung für den Umgang mit Wandel im Großen. Über Change Management sind ganze Bibliotheken geschrieben worden, mit denen ich hier nicht konkurrieren möchte. Mir geht es um einen bestimmten Aspekt: Wie verhindern Sie, das eine mauernde und bremsende Mitarbeiterschar Ihnen als Führungskraft das Leben schwer macht? Wie schaffen Sie es, Mitarbeiter für Umstrukturierungen zu gewinnen, die die Geschäftsleitung womöglich in immer kürzeren Abständen auf den Weg bringt? Auch dies ist ein Thema, das mutiges Auftreten und Handeln verlangt:

- den Mut, geplante Maßnahmen offen anzusprechen, bevor die Gerüchteküche hochkocht,
- den Mut, dazu zu stehen, dass man auch als Führungskraft nicht in jeder Phase der Veränderung weiß, wo es hingehen wird,
- den Mut, verborgenen Widerstand anzusprechen und sich den Fragen, der Kritik und auch den Vorwürfen der Mitarbeiter zu stellen,
- den Mut, Menschen, denen man kündigen muss, ins Gesicht zu sehen und ihren Zorn oder (für viele Führungskräfte schlimmer) ihre Tränen auszuhalten, ohne sich in Floskeln oder Verharmlosungen zu flüchten.

All das ist umso schwerer, als auch Führungskräfte natürlich nicht gegen Unsicherheit und Ängste gefeit sind. Die Versuchung ist groß, in solchen Phasen abzutauchen und sich in seinem Büro zu vergraben. Das Gegenteil ist richtig: Mitarbeitern und eigenen Vorgesetzten mit offenem Visier entgegenzutreten.

„Lass uns in Ruhe!"

In einem Unternehmen der metallverarbeitenden Industrie steht eine erneute „Prozessoptimierung" an, die dritte innerhalb eines Jahres. Als der Leiter Produktion verkündet: „Wir müssen jetzt...", redet er gegen eine Wand. „Lass uns in Ruhe mit dem Kram!" Die Mitarbeiter sehen nicht ein, dass sie sich schon wieder bewegen sollen, und ihr Chef hat dafür ebenfalls keine plausible Erklärung parat. Die Blockadehaltung seiner Mitarbeiter lässt ihm keine Wahl: Er fordert von seinem Vorgesetzten Erklärungen und schildert die dramatische Lage: „Meine Leute ziehen nicht mit. Einige drohen mit Kündigung." Daraufhin wird ein Meeting angesetzt, in dem der Chef und sein Vorgesetzter den Mitarbeitern drei Stunden lang Rede und Antwort stehen und die gesamte Vorgeschichte aufgearbeitet wird. Am Ende sind die meisten Mitarbeiter bereit, die Veränderung mitzutragen.

Keine Erklärung bedeutet keine Wertschätzung. Dafür rächten sich Mitarbeiter in diesem Fall mit einer offenen Blockadehaltung. In Kap. „§ 2 Durchblick statt durchgreifen" finden

Sie Ausführungen dazu, wie Wertschätzung im Alltag konkret wird: durch Interesse, Kommunikation auf Augenhöhe, Aufbau von Vertrauen. All dies ist in Change-Prozessen doppelt wichtig. Hier können Sie von Ihrem Vertrauenskonto abbuchen, auf das Sie zuvor hoffentlich durch persönliche Integrität eingezahlt haben. Im Übrigen: Seien Sie dankbar für offenen Protest, zum einen, weil Sie so wissen, dass etwas im Argen liegt, zum anderen, weil dies ein indirekter Vertrauensbeweis Ihrer Mitarbeiter ist. Mit dem Mut, in schlechten Zeiten Farbe zu bekennen, verhindern Sie am ehesten, dass in Ihrer Abteilung das gemütliche Elend der Stagnation durch das ungemütliche Elend der Resignation abgelöst wird.

Wie Sie Ihr Leben leben, statt nur „durchzuhalten"

„Wie soll ich das bis zur Rente durchhalten?!" oder „Ich bin am Limit, so kann es nicht weitergehen!" – Sätze wie diese höre ich im Coaching in den letzten Jahren immer häufiger. Der schnelllebige, wettbewerbsintensive Arbeitsalltag einer globalen Wirtschaft fordert seinen Tribut. Wo die Väter (oder Mütter) der heutigen Führungsgeneration ihren Sekretärinnen noch Briefe diktierten, die frühestens binnen Wochenfrist auf dem gemächlichen Postweg beantwortet wurden, ploppen heute E-Mails im Sekundentakt ins elektronische Postfach. Weltweiter Wettbewerb, rasante technologische Entwicklung, moderne Kommunikationstechnik, internationale Unternehmenskonglomerate, all das treibt viele Menschen an ihre Grenzen. Häufig schwingt in den zitierten Klagen noch die Hoffnung mit, dass „es" irgendwann besser wird: nach der Vorstandssitzung, nach dem Abschluss des aktuellen Projekts, nach der nächsten Umstrukturierung usw. Die Wahrheit ist: „Es" wird nicht besser werden, wenn Sie das nicht selbst in die Hand nehmen, und zwar möglichst, bevor ein akuter Zusammenbruch oder eine Erschöpfungsdepression (ein „Burn-out") droht.

Viel wäre schon gewonnen, wenn wir uns um uns selbst genauso gut kümmerten wie um unseren besten Freund oder auch nur um unser Auto. Das kommt regelmäßig zur Inspektion, wird gut gepflegt, damit es lange hält, und bei Warnsignalen in die Werkstatt gefahren. Viele Führungskräfte dagegen gehen erst dann zum Arzt, wenn Sie auf dem Tennisplatz umkippen oder die Ermahnungen der Partnerin/des Partners nicht mehr hören können. Dabei wissen wir im Grunde alle, was es braucht, um gesund zu leben: regelmäßig ausreichend Schlaf (für die meisten Menschen heißt das: mehr als sieben Stunden täglich), ebenso regelmäßig moderate Bewegung (zum Beispiel eine halbe Stunde pro Tag, vgl. Weber 2014), gesunde Ernährung, dazu eigene Interessen und Freunde, die beim Abschalten helfen. Wir wissen auch, was nicht förderlich ist, um gesund und fit zu bleiben: Übergewicht, Alkohol, Zigaretten und andere Suchtmittel, träge Abende auf der Couch mit der Fernbedienung in der Hand. Körperliche Fitness ist das Fundament aktiver Lebensgestaltung und durchdachten Handelns. Wer übermüdet ist, Kopfschmerzen hat oder sich „dopen" muss, um den Tag zu überstehen, kann keine guten Entscheidungen treffen, weder für sich noch für andere. Kümmern Sie sich also um Ihre Gesundheit – und darunter verstehe ich etwas anderes als das derzeit angesagte

Training für den Marathon oder besser noch den Iron Man, das zum Berufsstress noch den Sportstress addiert! Mehr zu diesem Punkt lesen Sie in meinem Aufsatz „Achtsam leben, klug entscheiden, mutig handeln!" (2015b). Über gesunden Lebensstil informieren zahlreiche Bücher und Magazine. Dieses Kapitel konzentriert sich daher auf Ihre mentale „Fitness": Welche Denkweisen unterstützen Sie bei einem erfüllten Leben?

Raus aus dem Hamsterrad!

Der Ausweg aus der permanent drohenden Überforderung heißt: reflektierte Selbststeuerung. Solange Sie sich zum Spielball äußerer Einflüsse machen, werden Sie als Getriebener durchs Leben gehen, der mehr oder weniger verzweifelt versucht, alle Anforderungen unter einen Hut zu bringen. Denn für „alles" wird nie genug Zeit sein – nicht, solange sich das Hamsterrad der modernen Arbeitswelt immer rascher dreht und wir weiterhin nur zwei Augen, zwei Ohren, ein Gehirn und zwei Hände haben. Wer dem Hamsterrad entgehen will, darf daher nicht besinnungslos immer schneller rennen. Er sollte bereit und in der Lage sein, sein Tun aus der Vogelperspektive zu betrachten und entsprechende Konsequenzen zu ziehen. Steven Covey, einer der meistgelesenen Managementautoren unserer Zeit, hat das schon vor 20 Jahren deutlich formuliert, in einem Buch, das als Klassiker des Zeitmanagements gilt: „First Things First" (1994) (deutsche Ausgabe 2007 unter dem Titel „Der Weg zum Wesentlichen"). Covey skizziert darin vier Generationen des Zeitmanagements, die in der Diskussion inzwischen durch eine fünfte ergänzt worden sind und denen ich noch eine sechste Generation hinzufügen möchte. Wie Sie in meiner an Covey anknüpfenden Übersicht (Abb. 27) sehen, verläuft der Weg parallel zur Veränderung unserer Lebenswelt seit den Fünfzigerjahren vom Zeitmanagement zum Lebensmanagement, und von der Effizienzfrage zur Sinnfrage.

Die sechs Generationen beschreiben nicht nur die stetige Weiterentwicklung von Ansätzen zur Selbststeuerung, sondern auch einen persönlichen Entwicklungsprozess entlang folgender Schlüsselfragen:

- Phase 1: Wie schaffe ich, was zu tun ist?
- Phase 2: Wie konzentriere ich mich auf das, was wirklich wichtig ist?
- Phase 3: Wie behalte ich im Blick, was meinen persönlichen Wertvorstellungen und Zielen entspricht?
- Phase 4: Wie sorge ich dafür, dass ich selbst und meine Interessen, meine Familie und Freunde neben der Arbeit nicht zu kurz kommen?
- Phase 5: Wie gebe ich meinem Leben einen Sinn?
- Phase 6: Wie entdecke ich mich und meine Möglichkeiten und schöpfe sie umfassend aus?

Die Tools der ersten Generationen des Selbstmanagements verlieren ihren praktischen Wert nicht, wenn Sie sich bis zur letzten, anspruchsvollsten und bis an unser

Phase	Fokus	Tools	Ziel
1	Überblick über aktuelle Aufgaben	Checklisten To-do-Listen	Alles erledigen
2	Der Blick für das Wesentliche	Prioritäten setzen Zeitplaner Terminkalender	Effizienter werden
3	Eigene Werte und kurz-, mittel- wie langfristige Ziele	Zeitplansysteme Detaillierte Organisationshilfen	Weitsichtiger handeln
4	Mehr Lebensqualität	Selbstreflexion Alle Lebensbereiche berücksichtigen	Erfüllter leben
5	Persönliche Autonomie	Selbstreflexion Selbstregulation (aktives Steuern eigener Gedanken und Gefühle)	Den eigenen Lebenssinn entdecken
6	Persönliche Reife (Sich selbst kennenlernen)	Stetige Selbstentwicklung	Sein eigenes Potenzial voll ausschöpfen

Abb. 27 Die sechs Generationen des Selbstmanagements

Lebensende währenden Phase vortasten. Doch sie sind eben nicht mehr als Werkzeuge, die uns in Detailbereichen unseres Lebens unterstützen, ohne die eigentlich relevanten Lebensfragen zu lösen: Wer sind wir? Was wollen wir mit unserem Leben anfangen? Und wie erreichen wir, was wir uns vorgenommen haben? Die große persönliche Herausforderung, sein Leben zu meistern und es unbeirrt vom täglichen Crescendo unterschiedlichster Ansinnen, Anforderungen, Aufgaben und Möglichkeiten selbst zu steuern, können uns keine Checkliste und kein Zeitplaner abnehmen. Der Neandertaler brauchte weder To-do-Listen noch Terminkalender, unser Ahnherr im Mittelalter bekam mit Geburt und Stand Lebenssinn und -aufgabe in enger Begrenzung mitgeliefert. Wir dagegen haben alle Möglichkeiten, zumindest, wenn wir gut ausgebildet und gesund sind. Das mag mancher als Last empfinden. Aber es ist auch eine riesige Chance.

Auf dem Weg zu mehr persönlicher Autonomie und Reife

Selbstmanagement im Sinne einer umfassenden, eigenverantwortlichen Steuerung des eigenen Lebens braucht klare Ziele. Wer verhindern will, dass er zum Spielball anderer wird, muss für sich selbst Klarheit finden in grundlegenden Fragen:

- Wie will ich sein? Und wie auf gar keinen Fall?
- Was will ich erreichen?
- Was bedeutet für mich Erfolg?
- Welchen Stellenwert hat meine Arbeit?
- Wie sieht mein ideales Leben aus, privat und beruflich?
- Wie wichtig ist (m)eine Familie für mich? Wie wichtig sind Freunde?
- Entspricht die Zeit, die ich Familie und Freunden widme, dieser Bedeutung?
- Lebe ich alle Facetten aus, die für mich zu einem erfüllten Leben dazugehören?
- Welche Lebensbereiche kommen bisher zu kurz?
- Was habe ich in den letzten Jahren über mich gelernt?
- Was möchte ich noch lernen?
- Wie lauten meine unantastbaren Kernwerte?
- Was gibt meinem Leben Sinn?

Zugegeben: Das sind große, teilweise sehr abstrakte Fragen – Fragen, die allesamt wichtig sind, aber nicht dringlich, wie man im klassischen Zeitmanagement sagen würde. So lassen sie sich herrlich leicht zur Seite schieben, während man sein Leben mit Nichtigkeiten zubringt. Manche Menschen verwenden mehr Überlegung darauf, den idealen Handytarif zu ermitteln, als darauf, ihr momentanes Handeln im Hinblick auf ihre Werte und Lebensvorstellungen zu überprüfen. Folgende Gedankenspiele sind geeignet, diese Vogel-Strauß-Strategie zu erschüttern:

- Was soll ein nahestehender Mensch auf Ihrer Beerdigung über Sie sagen? (Ja, das ist die bewährte Aufforderung im Coaching und in Zeitmanagement-Seminaren, die eigene Grabrede zu schreiben. Alt, aber deswegen nicht weniger wirkungsvoll!)
- Was wäre, wenn morgen Ihr letzter Tag wäre: Was würden Sie bedauern? Was hätten Sie versäumt? Und was hindert Sie, daraus schon heute Konsequenzen zu ziehen?

Selbststeuerung bedeutet, mit einem zuverlässigen inneren Kompass durchs Leben zu gehen. Das schließt weder Umwege noch Kompromisse aus. Entscheidend ist jedoch, dass man es noch erkennt, wenn man auf dem falschen Kurs ist. Dabei unterstützt die folgende kleine Übung:

Übung: Bin ich noch auf dem richtigen Kurs?

Probieren Sie einmal folgende kurze Übung aus: Schauen Sie sich jeden Tag im Spiegel an und fragen Sie sich

1. Bin ich noch der, der ich sein will?
2. Mag ich mich noch?

Je mehr Sie sich verbiegen, je stärker Sie sich durch „die Umstände" korrumpieren lassen, desto weiter entfernen Sie sich von sich selbst. Und desto weniger werden Sie Ihren Job noch mögen.

Ich bin manchmal erschüttert, wie viel Menschen sich zumuten, wie viele Kompromisse sie machen, die ihnen nicht gut tun, immer im Glauben, sie könnten nicht anders. Kein Wunder, dass wir ein Volk der Rückenkranken, Kopfschmerzgeplagten und Schlafgestörten sind. Häufig spielen beim ganz persönlichen Verbiegen fremdbestimmte Lebenskonzepte eine Rolle, wie im Eingangsbeispiel des verhinderten Philosophen, oder auch normierte Erfolgsdefinitionen, die Lebensglück mit deutlich sichtbaren Statussymbolen gleichsetzen. Doch am Ende des Tages gilt die simple Erkenntnis: Wir haben nur ein Leben. Leben Sie das Ihre so, wie Sie es sich vorstellen, und nicht, wie andere es von Ihnen erwarten! Das verlangt Mut, aber es bewahrt Sie vor gemütlichem Elend.

Fazit: Das Führungsgesetz „Mut"
Wer gestalten will, das heißt sein Unternehmen wie auch seine persönliche Entwicklung vorantreiben will, braucht Mut: Mut, auch mal gegen den Strom zu schwimmen. Mut, unangenehmen Tatsachen ins Auge zu sehen. Mut, Forderungen zu stellen und Freiräume zu erkämpfen. Mut, seine Ängste zu überwinden. Mut, selbstbestimmt zu handeln und die Ziele zu verfolgen, die ihm wirklich wichtig sind. Wer bereit ist, mutig durchs Leben zu gehen, wird seine Aufgaben auch in zehn Jahren noch spannend finden – weil er selbst dafür gesorgt hat!

Matrix: Mutig handeln

Das Glück sei eine Überwindungsprämie, hat der Schriftsteller und Philosoph Manès Sperber einmal gesagt. Das gilt im Beruf wie im Leben generell. Es ist nicht leicht, mutig zu sein. Aber ist es wirklich leichter, Tag für Tag unzufrieden zu sein – oder gar unglücklich? Zum Abschluss sieben Strategien für ein mutigeres und entschiedeneres Dasein.

STRATEGIE 1: Den Tatsachen ins Auge blicken

Wie zufrieden sind Sie mit Ihrem momentanen Leben – auf einer Skala von 1 („überhaupt nicht") bis 10 („in jeder Hinsicht vollkommen zufrieden")?

Bei allen Werten unter 8: Was müsste sich konkret ändern, damit Sie Ihrem Leben mindestens zwei Punkte mehr geben?

Was hindert Sie, diese Änderung in Angriff zu nehmen?

Womit könnten Sie beginnen – gleich morgen?

STRATEGIE 2: Das körperliche Fundament schaffen

Wie fit fühlen Sie sich körperlich – auf einer Skala von („überhaupt nicht") bis 10 („könnte nicht besser sein")?

Bei allen Werten unter 8: Was könnten Sie tun, damit Sie Ihrer Fitness mindestens zwei Punkte mehr geben?

Was hindert Sie, diese Änderung in Angriff zu nehmen?

Womit könnten Sie beginnen – gleich morgen?

STRATEGIE 3: Seine psychische Widerstandskraft (Resilienz) steigern

Wie „ausbalanciert" ist Ihr Leben? Was gibt ihm außer Arbeit noch einen Sinn?

Was vermissen Sie? Und wie könnten Sie diese Lücke füllen?

Sehen Sie in Ihrem Alltag neben allen Schwierigkeiten auch das Positive? Falls nein: Notieren Sie ab sofort jeden Abend mindestens drei Dinge, die an diesem Tag gut waren.

Sind Sie zufrieden mit der Qualität Ihrer sozialen Beziehungen und mit Ihrem beruflichen wie außerberuflichen Netzwerk? Falls nein: Spielen Sie vor Ihrer nächsten Begegnung die Naikan-Fragen durch („Was hat dieser Mensch für mich getan?", „Was habe ich für ihn getan?", „Welche Schwierigkeiten habe ich ihm bereitet?").

STRATEGIE 4: Glaubenssätze überprüfen

Notieren Sie die Maximen und Lebensregeln, die Ihr Alltagshandeln wesentlich beeinflussen.

Woher stammen diese Regeln? Auf welchen Erziehungsbotschaften, Erfahrungen, Ereignissen beruhen sie?

Was ist gut an diesen Lebensregeln? Was schlecht? (Helfen diese Glaubensätze oder hindern sie?)

Könnte möglicherweise auch das Gegenteil wahr sein? Welche Folgen hätte dies für Ihr Handeln?

STRATEGIE 5: Ängste überwinden

Werden Sie sich klar über Ihre größte Angst.

Woran hindert Sie diese Angst?

Was wäre der mögliche Lohn, wenn Sie diese Angst besiegen?

Wie kann ein erster Schritt zur Überwindung dieser Angst aussehen? Wie weitere?

Wie viele der Sorgen, die Sie sich in den letzten fünf Jahren gemacht haben, haben sich tatsächlich bewahrheitet?

STRATEGIE 6: Stagnation verhindern – „Berufsstörer" sein

Wenn alles gut läuft: Was könnte die Kehrseite des gegenwärtigen Erfolgs sein?

Wenn es schlecht läuft: Welche positive Erkenntnis beschert Ihnen dieser Misserfolg? Und welche Konsequenzen ziehen Sie daraus?

Wo würden Sie in drei Jahren stehen, wenn alles so weiterläuft wie bisher? Ist das gut oder schlecht? Ist es genug?

Wenn Sie Ihre jetzige Aufgabe noch einmal neu beginnen würden: Was würden Sie anders machen? Und was hindert Sie, diese Überlegung auch jetzt noch umzusetzen?

STRATEGIE 7: Sein eigener „Lebensunternehmer" sein

Was ist wirklich wichtig in Ihrem Leben? Verteilen Sie Ihre Aufmerksamkeit und Ihre Zeit entsprechend?

Welche Ziele verfolgen Sie? Was gibt Ihrem Leben Sinn und Richtung? Wenden Sie genügend Zeit auf, um das herauszufinden?

Was sind Ihre drei wichtigsten Werte? Handeln Sie entsprechend?

Wenn Sie in den Spiegel schauen: Wissen Sie, wofür Sie stehen? Und mögen Sie, was Sie da sehen?

Welche Kompromisse gehen Sie zurzeit ein? Welche davon sind faule Kompromisse? Welche davon sind akzeptabel?

Was würden Sie am meisten bereuen, wenn morgen Ihr letzter Tag wäre?

Was wollen Sie auf jeden Fall noch tun/erleben/ausprobieren? Und wann werden Sie das angehen?

Literatur

Arthus-Bertrand, Yann. 2013. *Einer unter 7 Milliarden*. München: Knesebeck.

Corssen, Jens. 2004. *Der Selbstentwickler*. Wiesbaden: Beust.

Covey, Steven R. 2007. *Der Weg zum Wesentlichen*. 6. Aufl. Frankfurt a. M.: Campus.

Gasche, Ralf. 2015a. Chefsache Egoismus. Die Dos und Don'ts. In *Chefsache Gesundheit II,* Hrsg. Peter Buchenau, Wiesbaden: Springer Gabler.

Gasche, Ralf. 2015b. Achtsam leben, klug entscheiden, mutig handeln! Erfolgreich führen ohne auszubrennen. In *Chefsache Prävention II,* Hrsg. Peter Buchenau, 23–48. Wiesbaden: Springer Gabler.

Gross, Günter F. 2009. *Beruflich Profi, privat Amateur?* 20., aktualis. u. erweit. Aufl. München: Redline.

Gruhl, Monika. 2014. *Resilienz. Die Strategie der Stehauf-Menschen*. Freiburg i. Br.: Kreuz.

Kaspari, Sabine. 2012. *Naikan – Die Kraft der Versöhnung: Mit der buddhistischen 3-Fragen-Methode zu innerem Frieden*. München: GU.

Panse, Winfried, und Wolfgang Stegmann. 1997. *Kostenfaktor Angst*. Landsberg: Moderne Industrie.

Rampe, Micheline. 2010. *Der R-Faktor. Das Geheimnis unserer inneren Stärke*. Norderstedt: BoD.

Spiegel (11/1981). Unternehmer: Nichts ohne mich; www.spiegel.de. Zugegriffen: 15. Aug. 2015.

Terpitz, Katrin. 2006. Panikattacken: Wenn Manager Angst haben. In: *Handelsblatt* 08.11.2006. www.handelsblatt.com. Zugegriffen: 30. März 2015.

Weber, Nina. 2014. Fitness und Herzgesundheit: Ärzte grübeln über die beste Sportdosis. In: *Spiegel* 15.05.2014. www.spiegel.de. Zugegriffen: 30. März 2015.

Werner, Emmy E, et al. 2001. *Journeys from childhood to midlife: Risk, resilience, and recovery.* Ithaca: Cornell University Press. Sinn der Übung: Ihr Fokus wird sich unmerklich verändern. Sie registrieren positive Geschehnisse, die Sie sonst schnell abgehakt hätten. Und falls Sie zweifeln, ob sich tatsächlich jeden Tag drei positive Momente finden lassen: Doch, es gibt sie. Sie müssen nur genau hinschauen

Wandel statt Widerstand

Das G.A.S.C.H.E.-Leadership-Konzept für erfolgreiche Change- und Transformationsprozesse

Zusammenfassung

Dauerbaustelle „Change" – Warum gibt es überhaupt Widerstand? – Das G.A.S.C.H.E.-Leadership-Konzept: Geduld, Anerkennung, Strategie, Charme, Hilfsbereitschaft, Einsatz – Fazit: Das Führungsgesetz „Emotionen managen im Wandel" – Matrix: Veränderungen zum Erfolg führen mit dem G.A.S.C.H.E-Leadership-Konzept

Dauerbaustelle „Change"

Change-Projekte gehören zu den anspruchsvollsten Aufgaben im Führungsalltag. Wenn Menschen umfassende Veränderungen mittragen sollen, wird die Führungsbeziehung auf eine harte Probe gestellt, denn häufig übernehmen Unsicherheit, Ängste und die Verteidigung des Status quo die Regie in Fabrikhallen oder Büros. Schon seit vielen Jahren kursieren daher ernüchternde Zahlen zum Erfolg von Transformationsprozessen. Der Unternehmensberater Ron Askenas bezifferte die Misserfolgsquote im *Harvard Business Manager* 2013 auf „60 bis 70 Prozent" (Askenas 2013). Noch schlechter sieht es laut einer „Change-Fitness-Studie" aus dem Jahre 2016 aus, an der über 400 Topmanager, Führungskräfte und Mitarbeiter teilnahmen: 80 % der Befragten hielten die Change-Projekte im eigenen Unternehmen für gescheitert. Als „Erfolg" wurde dabei ein Zielerreichungsgrad ab 75 % definiert, und offenbar sah nur jeder fünfte Befragte die Unternehmensziele bei Veränderungen zumindest zu drei Vierteln erreicht. „Change-Müdigkeit" konstatieren deshalb die Autoren sowie einen „Zustimmungsbruch zwischen Unternehmensleitung und Führungskräften/Mitarbeitern" (Mutaree 2016, S. 8), weil die Veränderungsbereitschaft an der Spitze noch am höchsten ist.

All das ist einigermaßen beunruhigend, weil unter Stichworten wie „Agilität", „Disruption" oder „Digitale Transformation" der Wandel inzwischen zum Dauerzustand

© Springer Fachmedien Wiesbaden GmbH 2018

R. Gasche, *So geht Führung!*, https://doi.org/10.1007/978-3-658-18248-9_9

erklärt wird. Angesichts technologischer Veränderungen, intensiven Wettbewerbs und zunehmend instabiler Kundenbeziehungen müssen sich Unternehmen heute noch rascher wandeln als früher und permanent neuen Anforderungen anpassen, so die Botschaft. „Nach der Veränderung ist vor der Veränderung", mahnt etwa die Unternehmensberatung *Kienbaum* in ihrer „Change-Management-Studie", die ebenfalls Ernüchterndes zutage fördert: Bei der Befragung von 200 Führungskräften verschiedener Ebenen zeichne sich deutlich ein „Agility Gap" ab. Gemeint ist eine starke Diskrepanz zwischen Theorie (Agilität ist wichtig) und Praxis (Agilität wird gelebt). Nur rund ein Sechstel der Führungskräfte ist beispielsweise der Meinung, das eigene Unternehmen könne sich rasch auf neue Kundenanforderungen einstellen. Nicht wesentlich besser sieht es bei der Reaktion auf den technologischen Wandel oder auf sonstige (gesellschaftliche) Rahmenbedingungen aus (Kienbaum 2015, S. 18). Change in Unternehmen ist damit gleich in doppelter Hinsicht eine Dauerbaustelle: Change wird in „agilen" Zeiten zum Dauerzustand, gleichzeitig ist *erfolgreicher* Change nach wie vor die Ausnahme, so dass permanent Reparaturmaßnahmen nötig sind. Wer als Führungskraft seine Ziele erreichen, als Unternehmen dauerhaft am Markt bestehen will, braucht daher Lösungen für dieses Problem.

Warum gibt es überhaupt Widerstand?

Ein kleines Gedankenspiel: Haben Sie schon einmal einen Mitarbeiter, der mit einem Change-Projekt hadert, sagen hören, dass er die Strategie der Geschäftsleitung für wenig erfolgsträchtig hält, weil nach seinen Recherchen und Berechnungen das neue Umsatzpotenzial 50 % unter deren Annahmen liegt? Dass er die neue Software gründlich analysiert und dabei die Schwachstellen eins, zwei und drei entdeckt hat, die zumindest mit Punkt drei ein Sicherheitsproblem schafft? Oder dass er die Aufgabenzuordnung nach der Umstrukturierung aufgrund der Schnittstellenprobleme a, b und c für problematisch hält? Vermutlich nicht. Wahrscheinlicher sind zornige Klagen wie die Folgenden: „Uns fragt ja wieder keiner!" „Keine Ahnung, was ‚die' [Geschäftsführer] sich dabei denken!" „Hier geht sowieso alles den Bach runter!" Widerstand ist eine emotionale Reaktion. Im Kapitel „Durchblick statt Durchgreifen" habe ich schon ausgeführt, dass Menschen stark von Emotionen gesteuert werden, allen Behauptungen zum Trotz, im Business sei das anders und es ginge „sachlich" und „rational" zu. Verschärfend kommt hinzu: Einschneidende Veränderungen am Arbeitsplatz tangieren die bereits erwähnten drei Grundängste bzw. die daraus resultierenden Grundbedürfnisse des Menschen:

1. Die Angst vor dem Tod und damit das Bedürfnis nach existenzieller Sicherheit,
2. die Angst vor Ablehnung und damit das Bedürfnis nach Wertschätzung und sozialer Nähe,
3. die Angst vor dem eigenen Versagen und damit das Bedürfnis nach Bestätigung (vgl. Bergner 2012).

„Sicherheit geben" sei eine wichtige Aufgabe einer Führungskraft, wurde daher weiter oben im Kapitel „Haltung statt ‚Führungsstil‘" bereits betont. Wenn sich in den Augen der Mitarbeiter „alles ändert", wachsen Existenz- und Versagensängste, gleichzeitig entsteht häufig ein Gefühl der Abwertung des bisher Geleisteten. Am wohlsten fühlen sich viele Menschen in der Komfortzone des Gewohnten und Vertrauten, und das ändert sich nicht plötzlich, weil Berater oder Geschäftsleitung das Zeitalter der Agilität ausrufen oder in ausgefeilten Powerpoints auf der Betriebsversammlung argumentativ die Notwendigkeit von Veränderungen untermauern. Es ist ein großes Missverständnis, Angst und andere Emotionen könne man mit „vernünftigen" Argumenten wegdiskutieren. Das funktioniert weder zu Hause noch im Unternehmen. Nach einer uns vorliegenden Studie ist in 52 % der Fälle Angst der Hauptgrund dafür, eine Veränderung des Status quo abzulehnen. Der zweitwichtigste Grund sind mit 37 % Machtspiele, die restlichen 11 % entfallen auf „falsche Glaubenssätze" und „Bürokratie" (Thinktanks 2bAhead 2016, S. 10). Schauen wir uns die beiden letzten Ursachen kurz an.

„Der größte Feind der neuen Ordnung ist, wer aus der alten seine Vorteile zog", wusste schon Machiavelli, der berühmte Theoretiker der Macht. Manche Mitarbeiter fürchten, ihre über Jahre mühsam erkämpfte Position verlassen zu müssen und damit ihre Heimat in der Firma sowie ihr Ansehen zu verlieren. Wer lang genug im Geschäft ist, weiß: Positionen werden teilweise auch über das Kaschieren von Unzulänglichkeiten aufgebaut. Das Tun eines Mitarbeiters orientiert sich dann nicht primär am Bedarf der Organisation, sondern es zielt auf eine geschickte Positionierung mit den Fertigkeiten, in denen man sich sicher fühlt. Der Aufbau einer solchen Position kostet Zeit, Mühe und strategisches Geschick. Ergebnis ist eine Wohlfühlzone mit Macht, Spezialwissen und dem Gefühl, gebraucht zu werden und etwas zum großen Ganzen beizutragen. Das gibt man natürlich nicht so schnell wieder auf – erst recht nicht, wenn die Gefahr groß ist, dass die eigenen, zum Teil über Jahre verschleierten Unzulänglichkeiten nun auffliegen.

Die aussterbende Software

Ein mittelständischer Versandhändler sieht zu Recht dringenden Veränderungsbedarf bei der hauseigenen Software, die nicht nur für interne Prozesse genutzt wird, sondern über die auch der Onlinehandel abgewickelt wird. Sie ist fehleranfällig, hat Sicherheitslücken und wird überdies vom Anbieter nicht mehr aktualisiert. Doch an der hauseigenen Programmierabteilung (fünf Mitarbeiter) prallen alle Veränderungsinitiativen ab: Lange Zeit werden „Sachgründe" ins Feld geführt, warum die alte Software unersetzlich ist. Als das nicht mehr überzeugt, sitzt die Abteilung das Problem einfach aus. Umschulungen werden abgelehnt, ebenso Versetzungen. Resigniert entschließt sich die Unternehmensleitung, die Mitarbeiter noch zwei, drei Jahre bis zur Rente „machen zu lassen" und parallel eine neue Abteilung aufzubauen. Solche Konfliktscheu und falsch verstandene Fürsorge sind bei traditionellen Mittelständlern oder Familienunternehmen durchaus nicht selten. In schnelllebigen Zeiten können sie die Existenz eines Betriebes gefährden.

Darüber hinaus sind viele Mitarbeitende schon seit Jahren nicht unbedingt auf dem Lebensposten ihrer Wahl, müssen aber Geld verdienen, um sich und die Familie zu ernähren. Irgendwann haben sie sich eingerichtet und einigermaßen mit der unbefriedigenden Situation abgefunden. Bei einem Change befürchten sie, dass es für sie nun noch viel schlechter wird. Dann wäre das fragile innere Gleichgewicht gar nicht mehr aufrechtzuerhalten und sie würden in totale Unzufriedenheit abrutschen. Oft halten sich Mitglieder einer Abteilung oder langjährige Teams aneinander fest und bilden Gruppen, die sich mögen und sich stützen. Diese „Lebensteams" könnten bei Umstrukturierungen aufgelöst werden und die Mitglieder in eine große Instabilität stürzen, so ihre Angst.

Nicht weniger wirkungsvoll als tief sitzende Ängste sind bürokratische Veränderungshürden, die Philosophie des „Das haben wir doch immer so gemacht". Jede Veränderung ist erst einmal ungewohnt und anstrengend. Je länger sich Prozesse eingeschliffen haben, desto stärker werden Neuerungen als Zumutung empfunden. Das gilt auch für ganze Branchen. So hätte der klassische Buchhandel beinahe den Trend zum E-Book verschlafen und schaffte es erst sehr spät, dem Online-Händler Amazon und seinem Kindle mit einem eigenen E-Reader Paroli zu bieten. Und die Automobilindustrie muss sich gerade von Branchenfremden wie Tesla oder der Deutschen Post (mit „Streetscooter") vormachen lassen, wie Elektromobilität funktioniert. Gleichgültig, wie groß Ihr Unternehmen oder Ihre Abteilung ist: Dem zähen Klebstoff fester Gewohnheit entgehen Sie am ehesten durch ein innovationsfreundliches Klima. Wie Sie dazu beitragen, konnten Sie bereits im Kapitel „Mut statt gemütliches Elend" lesen: beispielsweise durch stetiges Einholen und auch Umsetzen von Verbesserungsvorschlägen der Mitarbeiter, durch jährliche Ideen-Workshops, in denen Routinen auf den Prüfstand kommen und Abläufe optimiert werden, oder durch kurze Job-Rotationen von Mitarbeitern, um Betriebsblindheit vorzubeugen. Wer den Wandel im Kleinen als positiv erlebt hat, tut sich auch mit größeren Veränderungen leichter.

Veränderungsfeindlich sind außerdem negative Glaubenssätze, die Einzelne zum Teil schon jahr(zehnte)lang pflegen. Beispiele:

- „Die da oben machen sowieso, was sie wollen."
- „Die Chefs stopfen sich auf unsere Kosten die Taschen voll."
- „Die haben was gegen mich/uns." („Als Techniker/Sachbearbeiter/Frau/Akademiker/ Handwerker/…) hast du hier sowieso nichts zu melden."
- „Meine Erfahrung zählt hier nicht. Die Jungen werden bevorzugt, weil sie billiger sind und Überstunden machen."
- „Ich bleibe sowieso immer auf der Strecke."
- „Jetzt hat sich Geschäftsführer A gegen Geschäftsführer B durchgesetzt. Wir haben doch schon immer gewusst, dass der den fertig machen will."
- „Der Sohn vom Chef musste natürlich eine höhere Position bekommen und schafft uns jetzt in seiner Ahnungslosigkeit alle ab, der Idiot."
- „Manager kommen und gehen, wir bleiben. Diesen neuen Quatsch überleben wir auch noch."
- „Es wird nichts so heiß gegessen, wie es gekocht wird. Da werden ohnehin wieder nur Kulissen geschoben."

Die Liste ließe sich fortsetzen. Wilde Gerüchte, Vorurteile, negative Erfahrungen, Neid und Missgunst, familiäre Prägungen, all dies kann zu Überzeugungen führen, die für einen Außenstehenden absurd anmuten, aber schwer zu erschüttern sind, weil sie sich auf dem Wege selektiver Wahrnehmung und subjektiver Weltdeutung immer wieder selbst bestätigen. Denken Sie daran: Es gibt nicht nur 80 Mio. Fußball-Bundestrainer in Deutschland, sondern auch genauso viele „Wahrheiten" in Unternehmen wie Mitarbeiter. Das wirkt sich insbesondere dann aus, wenn die Unternehmensleitung durch ungeschicktes Agieren das Vertrauen der Belegschaft verloren hat und wenn mangelhafte Vorbereitung und Kommunikation in Change-Prozessen die Gerüchteküche anheizen. Insofern ist es für gelingenden Change enorm wichtig, den betroffenen Mitarbeitern das Gefühl zu vermitteln,

a) dass sie für den Aufbau des Unternehmens bis hierhin wichtig waren und es weiterhin sind und bleiben,
b) dass sie keine Angst vor Gesichtsverlust haben müssen,
c) dass sie weiterhin dabei sein werden,
d) dass die persönlichen Veränderungen nur langsam und nicht allzu tief sein werden,
e) dass sie die gewohnten Menschen im Großen und Ganzen weiterhin um sich haben werden und schließlich
f) dass sie alle Hilfe bekommen werden, die sie für ihre Entwicklung parallel zum Change-Prozess benötigen.

Mit anderen Worten: Wenn Sie erfolgreich durch Change steuern wollen, sollten Sie sich als Führungskraft den emotionalen Komponenten der Veränderung genauso stellen wie den sachlichen Herausforderungen. Was das bedeutet, zeigt das G.A.S.C.H.E.-Leadership-Konzept.

Das G.A.S.C.H.E.-Leadership-Konzept

Welche Verhaltensweisen helfen dabei, Veränderungsprozesse erfolgreich umzusetzen? In langjähriger Führungserfahrung und zahlreichen Beratungen und Coachings schälten sich die folgenden Komponenten heraus (Abb. 28):

Geduld

Gleich am Anfang steht eine der schwierigsten Übungen für dynamische und auf Effizienz bedachte Führungskräfte: Geduld. Sie ist unerlässlich, um Mitarbeitende in Veränderungsprozessen mitzunehmen. Dieses „Mitnehmen" wird in zahllosen Publikationen zum Thema Change beschworen, getreu der alten pädagogischen Einsicht, man müsse „Betroffene zu Beteiligten machen", wenn man wirklich etwas erreichen wolle. In der

Abb. 28 Voraussetzungen
erfolgreicher Transformation

Erfolgreiche Transformation

Geduld

Anerkennung

Strategie

Charme

Hilfsbereitschaft

Einsatz

Praxis gelingt das nur selten. Das hat zwei Ursachen: Zum einen zählt Geduld nicht
unbedingt zu den Soft Skills, die für Führungspositionen prädestinieren. Auf dem Chefsessel sind Durchsetzungsstärke, Handlungsorientierung, Ehrgeiz gefragt, nicht etwa
besondere Langmut. Verschärft wird das Problem zum anderen dadurch, dass Führungskräfte und Mitarbeiter den Veränderungsprozess asynchron durchleben. Auf Führungsebene hat man schon Wochen, wenn nicht gar Monate Symptome analysiert, Zahlen
ausgewertet, Lösungen gesucht und Strategien entwickelt, bevor die Belegschaft mit
dem Ergebnis konfrontiert wird. Für den Chef ist der angestrebte Wandel also längst ein
erstrebenswertes Ziel, für seine Mitarbeiterinnen und Mitarbeiter dagegen erst einmal
eine (unangenehme) Überraschung. Natürlich lässt sich dieser Effekt abmildern, indem
Mitarbeiter zu einem möglichst frühen Zeitpunkt einbezogen und an der Lösungsent-
wicklung beteiligt werden. Doch ganz wegmanagen lässt sich der Führungsvorsprung
nicht, erst recht nicht, wenn Veränderungen durch eine ferne Zentrale initiiert werden
oder durch Firmenfusionen und -verkäufe bedingt sind.

Diese zeitliche Verschiebung erfordert von Führungskräften hohe soziale Kompetenz.
Eben noch haben sie das getan, was viele von ihnen am liebsten tun – vorausdenken,
nach vorne gehen, Veränderungen planen, das Unternehmen gedanklich weiterentwickeln und dabei auch eigene Bedenken und Vorbehalte überwinden. Kaum ist das Ganze
fertiggedacht und man brennt darauf, loszulegen, ist man plötzlich aufgefordert, wieder
drei (oder mehr) Schritte zurückzugehen, die Bedenken der Mitarbeiter auszuräumen
und auf ihre Vorbehalte und Sorgen zu reagieren. Diese „Pendel-Bewegung" beherrschen
nur souveräne, reflektierte und empathische Führungskräfte (vgl. Abb. 29).

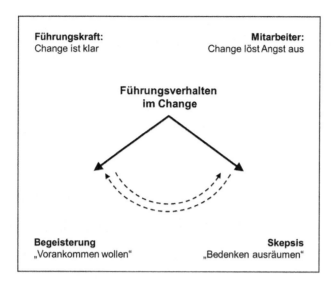

Abb. 29 Das Change-Pendel. (© Ralf Gasche)

Ob es Ihnen als Chef gefällt oder nicht: Sie tun gut daran, gerade zu Beginn eines Change-Prozesses Ihr Tempo zu drosseln und sich Zeit zu nehmen für Gespräche und Erläuterungen. Alle Mitarbeiterbedenken müssen ausgesprochen werden können. Das erfordert Meetings – durchaus auch mehrere – und daneben auch geduldiges Werben im Einzelgespräch. Tun Sie Kritik nicht vorschnell als „Meckerei" ab, greifen Sie Anregungen auf, beziehen Sie Mitarbeiterideen ein. Auch wenn Sie es als Verlangsamung wahrnehmen: Auf diese Weise kommen Sie am Ende rascher zum Ziel als durch unbeirrtes Vorpreschen. Mitarbeiter, die sich überfahren fühlen und nicht hinter Veränderungen stehen, werden das Projekt sonst durch offenen oder auch, was oft noch größeren Schaden verursacht, durch versteckten Widerstand dauerhaft ausbremsen.

Anerkennung

„Jetzt wird alles anders und besser!", lautet die Botschaft, die viele Change-Manager im Schwung der Begeisterung senden. Mitarbeitende empfinden dies häufig als Abwertung des Bestehenden und reagieren mit Abwehr, Kränkung und Trotz: „Bisher war doch auch nicht alles schlecht!" Jeder, der etwas verändern möchte, ist daher gut beraten, anzuerkennen, was die Menschen bisher geleistet haben. Diese Anerkennung kann man direkt aussprechen („Sie haben unter schwierigen Bedingungen Beachtliches geleistet!"), Anerkennung drückt sich aber auch in Interesse und Einbeziehung aus: „Wir haben X vor. Was meinen Sie dazu? Spricht aus Ihrer Erfahrung etwas dagegen? Wie würden Sie Y handhaben?" Honorieren Sie die Kompetenz und Erfahrung der Betroffenen und gehen Sie davon aus, dass Mitarbeiter aus dem operativen Geschäft heraus wichtige Verbesserungsvorschläge haben.

Respektieren Sie die Lebensleistung und das Engagement langjähriger Unternehmensangehöriger. Das gilt auch dann, wenn einige der Mitarbeiter sich in der Vergangenheit Ihrer Meinung nach nicht gerade mit Ruhm bekleckert haben. Sie tun sich selbst den größten Gefallen, wenn Sie sich auf das Positive konzentrieren und Ihrem Gegenüber mit Wertschätzung begegnen. So verhindern Sie am ehesten eine Blockadehaltung. Jeder Mensch will gesehen und respektiert werden. Das funktioniert allerdings auf Dauer nur, wenn Sie es ehrlich meinen. Eine „Show" wird man Ihnen nicht abkaufen. Und echtes Fehlverhalten muss selbstverständlich thematisiert werden.

Kolonialisierung oder die Arroganz der neuen Herren

Ein mittelständisches Produktionsunternehmen wird von einem Konzern übernommen. Für den Großteil der Belegschaft kommt dies völlig überraschend. Nach einer knappen Information auf der Betriebsversammlung, auf der sich der neue Geschäftsführer vorstellt, rückt die konzerneigene Unternehmensberatung an: smarte junge Männer, die tagelang grußlos über die Flure laufen, Zahlen einfordern und hinter verschlossenen Türen tagen. Die Unruhe im Unternehmen wächst. Aus einzelnen Abteilungen werden Beraterstatements berichtet, die zusätzlich Öl ins Feuer gießen: „Wer weiß, ob es Ihre Abteilung in einem halben Jahr noch gibt" (zur Buchhaltung) oder „Das ist ja wie im Mittelalter" (in der Produktion). Bei den ersten Mitarbeitern schlägt Verunsicherung in Zorn um. Wo es eben geht, wird die Arbeit der Berater sabotiert. Selbst bislang engagierte Leute entdecken den Dienst nach Vorschrift für sich.

Behutsam vorzugehen ist weit einfacher, als einmal zerschlagenes Porzellan zu kitten, verlorenes Vertrauen wiederzugewinnen und Demotivation aufzulösen. In der Kommunikation mit den Mitarbeitern bewährt sich dabei ein Modell, das ursprünglich für den Verkauf entwickelt wurde und die Erfahrungen des Gegenübers bewusst zum Thema macht: ESPAL (vgl. Katzengruber 2012, S. 126 ff.; Abb. 30).

Strategie

Die technische und die organisatorische Umsetzung werden in Veränderungsprozessen in der Regel gut vorbereitet und geplant. Wie man die Mitarbeiter für die kommenden Veränderungen begeistern will, wird dagegen oft vernachlässigt: Fürs „Menschliche" hat man keine Strategie. Dabei ist dieser Faktor mindestens ebenso entscheidend für erfolgreichen Change. Um herauszufinden, wie Sie jeden Einzelnen mitnehmen und für Ihr Projekt erwärmen können, ist es hilfreich, sich gleich zu Beginn Übersicht zu verschaffen. Um den Beziehungskontext zu verstehen, in dem Sie sich befinden, können Sie auf VISA, die „Visualisierte Informationsfluss- und System-Analyse" zurückgreifen, die im Kapitel „Durchblick statt durchgreifen" ausführlich vorgestellt wurde. VISA setzt auf eine bildliche Darstellung komplexer Zusammenhänge, ob als Schema/Organigramm, Flussdiagramm oder echtes Bild. Es ist erstaunlich, um wieviel klarer man plötzlich

E	Fragen nach der bisherigen **ERFAHRUNG**	„Wie sah es in Ihrem Arbeitsbereich früher aus, bevor es die ersten Veränderungen gab?"
S	Fragen nach der jetzigen **SITUATION**	„Was ist heute für den Kunden/ für Ihren Arbeitsbereich/ Ihre Mitarbeiter wichtig?"
P	Fragen nach **PROBLEMEN**	„Welche Probleme gibt es, die Ihre Arbeit behindern? Was sagen die Kunden/die Mitarbeiter?"
A	Fragen nach **AUSWIRKUNGEN**	„Was würde passieren, wenn Sie/wir heute noch so wie früher arbeiten würden?"
L	Fragen nach **LÖSUNGEN**	„Was würde es für die Kundenzufriedenheit/ Zufriedenheit Ihrer Mitarbeiter/Ihren Zeit-aufwand bedeuten, wenn wir mit den neuen Techniken, Prozessen, Veränderungen diese Probleme lösen könnten? Was wäre alles möglich, wenn es diese Probleme nicht mehr gäbe?"

Abb. 30 Gute Kommunikation im Change

sieht, wenn man sich eine Stunde Zeit nimmt, die Situation, in der man tagtäglich agiert, einmal von außen zu betrachten und auf einem großen Bogen Papier festzuhalten. Beispiele für VISA-Skizzen finden Sie in Abb. 17 im Kapitel „Durchblick statt durchgreifen". Mögliche Leitfragen für Ihre Situationsanalyse:

1. Wer ist vom Veränderungsprozess betroffen?
2. Wie tief greifend ist wer betroffen?
3. Welche konkreten Konsequenzen hat die Veränderung für den jeweiligen Mitarbeiter – beruflich, aber auch privat?
4. Wie ist das Verhältnis der Einzelnen zu Ihnen als Führungskraft bislang?
5. Wie sind die Beziehungen der Betroffenen untereinander? Gibt es „Buddys" oder Feindschaften?
6. Wer tut sich generell schwer mit Veränderungen?
7. Von wem erwarten Sie am ehesten Zustimmung?

In Krisenzeiten fahren Sie die Ernte für mitarbeiterorientierte Führung ein. Hier zahlt es sich aus, wenn Sie sich schon vorher für Ihre Leute interessiert haben und sie gut kennen. Die „Matrix: Mitarbeiter-Profil" im Kapitel „Durchblick statt durchgreifen" unterstützt Sie dabei. Die individuelle Reaktion auf ein Change-Projekt wird von zahlreichen Faktoren beeinflusst, und nicht alle sind beruflicher Natur. Mancher wird vom Befürworter zum Gegner, weil er aus privaten Gründen nicht umziehen will. Ein anderer wittert die Chance für einen Karriereschritt und ist deshalb entschieden dafür. Und ein Dritter sabotiert das ganze Projekt, weil sich abzeichnet, dass seine heimliche Geliebte in der Abteilung damit ihren Job verlieren wird. Sie können nicht alles wissen. Aber je klarer Sie die menschliche Seite der Situation beurteilen, desto eher können Sie sich wappnen und desto angemessener können Sie reagieren. Je stärker Ihnen die Mitarbeiter vertrauen, desto eher werden sie Ihnen auch im Wandel folgen.

Dabei sollten Sie im Hinterkopf behalten, dass Menschen unterschiedlich auf Veränderungen reagieren, und zwar unabhängig von den aktuellen Rahmenbedingungen, einfach aufgrund ihrer Persönlichkeit und möglicher Vorerfahrung. Eine viel zitierte Typologie unterscheidet sieben Grundreaktionen auf Veränderungen im Unternehmen (ursprünglich Krebsbach-Gnath 1999):

1. „Visionäre und Missionare":
   Mitinitiatoren des Wandels, die andere dafür gewinnen wollen.
2. „Aktive Gläubige":
   Überzeugte, die zur Mitarbeit bereit sind.
3. „Opportunisten":
   Opportunisten arbeiten mit, wenn sie sich persönliche Vorteile davon versprechen. Im Gespräch mit Vorgesetzten sind sie überzeugt, im Gespräch mit Gegnern des Wandels geben sie sich skeptisch.
4. „Abwartende und Gleichgültige":
   Häufig die größte Gruppe: Diese Mitarbeiter ziehen mit, wenn erste Erfolge sichtbar werden. Vorher sitzen sie auf der Zuschauerbank.
5. „Untergrundkämpfer":
   Mitarbeiter, die versteckt Widerstand leisten.
6. „Offene Gegner":
   Mitarbeiter, die den Veränderungsprozess offen kritisieren und zum Teil durchaus berechtigte Kritik üben.
7. „Emigranten":
   Mitarbeiter, die das Unternehmen verlassen, weil sie dort keine Perspektive mehr sehen. Oft handelt es sich dabei um Leistungsträger.

Schweigen bedeutet also nicht immer Zustimmung, und Kritik nicht immer Sabotage. Wer offen Kritik übt, dem ist das Unternehmen nicht gleichgültig. Vielleicht hat er oder sie ja wichtige Verbesserungsvorschläge? Wenn Sie von vornherein mit Widerstand rechnen – und den wird es fast immer geben, wenn Sie etwas verändern wollen – können Sie überdies mit notorischen Nörglern gelassener umgehen. Schärfen Sie Ihren Blick für heimliche Gegner und achten Sie darauf, dass Ihre Leistungsträger nicht das Schiff verlassen, weil sie es im Sinken wähnen. Dafür braucht es Gespräche, in denen Sie Perspektiven aufzeigen.

Charme

Was hat Change mit Charme zu tun? Der Duden definiert Charme knapp als „gewinnendes Wesen". Ihre Mitarbeiter für sich und Ihre Ziele zu gewinnen ist eine Ihrer Hauptaufgaben – auch und gerade in Veränderungsprozessen. Die folgenden drei Aspekte werden Ihre Werbung erfolgreicher machen:

1. Beziehung und Vertrauen aufbauen
Wer seine Abteilung schon länger führt, kann dabei hoffentlich von einem existierenden Vertrauenskonto abbuchen. Wer neu als Veränderer auf den Plan tritt, muss erst Beziehungen aufbauen. Das bedeutet: sich noch mehr Zeit nehmen als ein schon bekannter Chef. Führungskräfte sind gut beraten, mit allen Mitarbeitern und mit allen einzeln zu sprechen, das Vorhaben zu erläutern, Probleme zu diskutieren, da zu sein und sich Sorgen anzuhören. Wichtig ist, zu seinem Wort zu stehen und keine Tricks anzuwenden. Worten müssen Taten folgen. Nur so entsteht und bleibt Vertrauen.

2. Smart und freundlich sein
Mit „smart" ist gemeint, eine gewisse Pfiffigkeit an den Tag zu legen, um ans Ziel zu kommen, nicht mit dem Kopf durch die Wand zu gehen, sondern beharrlich und manchmal auch über Umwege, ohne das Ziel aus den Augen zu verlieren. Bleiben Sie im ständigen Kontakt mit Ihren Mitarbeitern und gehen Sie freundlich und nett mit Ihnen um. Das ist nicht immer einfach, wenn man selbst unter Druck steht. Zu Ihrer Aufgabe als Führungskraft gehört jedoch auch, Optimismus auszustrahlen und zu vermeiden, dass die Stimmung kippt – was uns zum dritten Punkt führt.

3. Ein positives Bild entwickeln
Nur, wenn Sie selbst die Veränderung begrüßen, werden Sie auch gegenüber Ihren Mitarbeitern glaubwürdig Optimismus ausstrahlen können. Sie sollten daher vom anstehenden Wandel ein positives Bild haben, um „ansteckend" auf Ihre Leute zu wirken. Eigene Bedenken oder Sorgen müssen Sie für sich und mit Vorgesetzten und Kollegen aufarbeiten – Ihr Team ist dafür eindeutig der falsche Adressat. Darüber hinaus sollten Sie in der Lage sein, sich ein positives Bild derjenigen zu machen, die vom Veränderungsprozess betroffen sind. Das gilt auch und gerade für diejenigen, die dem Wandel skeptisch bis ablehnend gegenüber stehen. Einfach ist das nicht, aber wenn es Ihnen gelingt, sich innerlich von den größten Widersachern ein positives Bild zu machen, strahlen Sie mehr Wärme für diese Menschen aus, als wenn Sie sich über sie ärgern und ihnen mit Unverständnis begegnen. Nur mit offenem und positivem Auftreten haben Sie die Chance, auch die Gleichgültigen, Skeptiker und Opponenten zu überzeugen.

Hilfreich ist in diesem Zusammenhang die bekannte „Change-Kurve", die die emotionale Achterbahn beschreibt, die viele Menschen im Verlauf eines Veränderungsprozesses durchleben. Sie orientiert sich übrigens an der Kurve, die Elisabeth Kübler-Ross nach vielen Interviews mit Sterbenden für die Reaktion auf eine tödliche Krankheit beschrieb. Die Kurve führt von Schock über Verleugnung und Widerstand tief hinab ins „Tal der Tränen" und von dort über Anpassung schließlich zur Akzeptanz. Die Parallele mag Sie irritieren, doch gravierende Veränderungen am Arbeitsplatz begründen für viele Menschen einen sehr hohen Stresslevel. Der Management-Experte Richard K. Streich postulierte auf dieser Basis sieben Phasen der Veränderung (Streich 1997), die wir in Abb. 31 durch die Planungsphase ergänzt und mit typischen Zitaten ergänzt haben.

Menschen machen diesen emotionalen Prozess in unterschiedlicher Geschwindigkeit und unterschiedlicher Heftigkeit durch. Zu wissen, dass erst einmal das Tal der Tränen durchschritten sein muss, bevor es wieder aufwärts gehen kann, sollte Sie geduldiger und gelassener machen. Menschen brauchen Zeit, um in einer neuen Realität anzukommen. Auch aufwärts geht es nach dem Tiefpunkt nur selten in einer geraden Kurve, sondern eher in einer Zickzackbewegung, mit Höhen und Tiefen. Verheerend ist, wenn sich in dieser Phase statt allmählicher Akzeptanz beim Mitarbeiter Aggression und Resignation verfestigen. Dann haben Sie einen dauerhaften Opponenten in der Abteilung, von dem Sie sich womöglich trennen müssen. Besser ist es, wenn es Ihnen gelingt, den Mitarbeiter vorher mit Charme und hartnäckigen Kooperationsangeboten von der Veränderung zu überzeugen. Bei besonders anstrengenden Kandidaten ist das gerade in anstrengenden Zeiten keine leichte Aufgabe. Es kommt darauf an, allen Hindernissen zum Trotz dem Menschen weiter positiv zu begegnen. Dabei hilft Ihnen die folgende Übung:

Abb. 31 Typische Phasen in Veränderungsprozessen. (In Anlehnung an Streich 1997)

> **Übung: Eine positive Haltung gewinnen**
> Denken Sie fünf Minuten an den aus Ihrer Sicht schlimmsten, nervigsten, anstren-
> gendsten Ihrer Mitarbeiter – in diesem Fall an jemanden, der Ihnen die Umsetzung
> des Veränderungsprojektes wirklich nicht leicht macht. Schieben Sie dabei Ihre
> bisherige Meinung und Ihre Emotionen bewusst beiseite und suchen Sie fünf gute
> Eigenschaften dieses Menschen (für Fortgeschrittene: zehn gute Eigenschaften).
> Notieren Sie diese Eigenschaften. Wann haben sie sich wie gezeigt?

Es gibt niemanden, der nicht auch positive Eigenschaften hat. Wenn uns jemand das
Leben schwer macht, neigen wir dazu, uns auf seine negativen Beiträge zu konzentrieren. Doch vielleicht ist der „nervige" Mitarbeiter ja auch ein liebevoller Familienvater,
immer hilfsbereit, wenn jemand PC-Probleme hat, und noch dazu absolut zuverlässig?
Die Übung verhilft Ihnen zu einer ausgewogeneren Wertung und versetzt sie in die Lage,
auch einem anstrengenden Gegenüber mit Charme zu begegnen.

Darüber hinaus gilt: Wer in der Lage ist, spontane Impulse zu beherrschen, steuert
souveräner durch herausfordernde Zeiten. Auf ärgerliches oder unangenehmes Mitarbeiterverhalten mit Zorn, Unfreundlichkeit oder Zurechtweisung zu reagieren, verschärft das Problem in der Regel nur, weil sich Konflikte auf diese Weise hochschaukeln.
Zugleich werden Sie erleben, wie Sie sich selbst „in Rage reden" und von schlechter
Stimmung anstecken lassen. Emotional intelligente Menschen verfügen daher über die
Fähigkeit, eigene Gefühle wahrzunehmen und bewusst zu steuern. Psychologen sprechen in diesem Zusammenhang auch von „Impuls-" oder „Affektkontrolle" – der Fähigkeit zur „Inhibition" (Hemmung von bestimmten Verhaltensweisen). Im Abschnitt „Der
Mensch, das emotionale Wesen" weiter oben im Buch habe ich darauf hingewiesen, dass
zwischen Reiz (beispielsweise einer Mitarbeiteräußerung) und ihrer Reaktion darauf
(beispielsweise Zurechtweisen, Ignorieren, gelassen Nachhaken …) immer eine Bewertung und damit die Möglichkeit einer bewussten Reaktionsentscheidung besteht. Nur
unverbesserliche Choleriker folgen zwanghaft ihren ersten, spontanen Impulsen. Um
das zu vermeiden, bewähren sich Alltagstipps wie innerlich bis fünf zu zählen oder tief
durchzuatmen, bevor man sich äußert. Denn: Souveräne Persönlichkeiten entscheiden
selbst, wie sie reagieren; sie sind nicht emotional manipulierbar.

Hilfsbereitschaft

Manche Führungskräfte verschanzen sich in schwierigen Zeiten förmlich in ihrem Büro, in
der Hoffnung, unangenehmen Gesprächen mit Mitarbeiterinnen und Mitarbeitern so auszuweichen. Wenn ein Change-Prozess zum Erfolg geführt werden soll, ist jedoch genau
das Gegenteil gefragt: ansprechbar sein, aktiv Hilfe anbieten, zusammen mit den Betroffenen Schwierigkeiten aus dem Weg räumen. Ihre Mitarbeiter sollten wissen, dass sie mit

Einwänden und Sorgen zu Ihnen kommen können. Wenn Sie sich am Ende fragen, „Habe ich das Menschenmögliche getan, um jedem das Mitgehen zu erleichtern?", wird Ihre Antwort dann eindeutig positiv ausfallen. Im konkreten Gespräch hilft Ihnen dabei das oben vorgestellte ESPAL-Modell (vgl. Abb. 30). Reagieren Sie nicht nur auf offene Bedenken oder Fragen, sondern bleiben Sie sensibel für andere Signale. Wenn Mitarbeiter sich zurückziehen, bedrückt wirken oder plötzlich verstummen, sollten Sie das unter vier Augen ansprechen.

Wie man die Gerüchteküche anheizt

Die Konzernmutter hat der deutschen Niederlassung Sparmaßnahmen verordnet. Seitdem tagen die Abteilungsleiter öfter und länger als sonst hinter verschlossenen Türen. Die Mitarbeiter sind erst einmal nicht informiert worden, weil man niemanden „beunruhigen" möchte. Dabei unterschätzt das Management, dass die Mitarbeiter ziemlich schnell spüren, dass „etwas im Busche" ist, wenn plötzlich so intensiv hinter verschlossenen Türen getagt wird und keiner etwas Genaues weiß. Das lässt die Gerüchte wuchern wie Pilze nach einem warmen Herbstregen. Bald sind Etliche überzeugt, dass der Betrieb komplett geschlossen werden soll – blanker Unsinn, aber verheerend für Motivation und Arbeitsklima.

Kurzum: Im Change sind Sie als Führungskraft gefordert, Ihr Bestes zu geben. Um bei all dem Ihre innere Balance zu wahren, brauchen Sie unbedingt Phasen der Entspannung und Ruhe. Ein kluger Mensch hat einmal gesagt, am wichtigsten sei es, Sport zu treiben, wenn man gerade absolut keine Zeit hat, Sport zu treiben. Jede Führungskraft sollte mindestens zwei Entspannungsmöglichkeiten kennen und praktizieren: zum einen entspannende Tätigkeiten nach der Arbeit, wie Sport, Gartenarbeit, Musizieren oder irgendein anderes Hobby, zum anderen Rituale während der Arbeitszeit, die in besonders stressigen Momenten kurzfristig für Entspannung („Herunterfahren") sorgen: Atemübungen, Visualisierungen, kurze Bewegungseinheiten usw.

Einsatz

Ganz zum Schluss darf nicht verschwiegen werden, aber vermutlich ahnten Sie es schon, dass kluges Veränderungsmanagement enorm viel Einsatz erfordert. Change geht nicht einfach nebenher, die menschliche Seite des Wandels wird Sie als Führungskraft über Wochen fordern. Doch was Sie zu Beginn an Mühe, Aufmerksamkeit und Zuwendung investieren, wird sich im weiteren Verlauf des Projektes doppelt und dreifach für Sie auszahlen. Es ist weit weniger aufwendig, Ängste und Widerstand gleich am Anfang aufzufangen und zu befrieden, als gegenzusteuern, wenn der menschliche Faktor das ganze Projekt erst knirschend zum Stillstand gebracht hat. Betrachten Sie den zeitlichen, emotionalen, finanziellen und energetischen Aufwand im Vorfeld und zu Beginn des Veränderungsprozesses einfach als Teil des Gesamtprozesses und nicht als notwendiges Übel. Es gehört zur Planung und erfolgreichen Umsetzung einfach dazu, gute Startvoraussetzungen zu schaffen. Das G.A.S.C.H.E.-Leadership-Modell für erfolgreiche

Change- und Transformationsprozesse wird Ihnen mit hoher Sicherheit zu einem erfolgreichen Veränderungsprozess verhelfen, wenn Sie bereit sind, alles zu geben, was Ihnen möglich ist – nicht mehr, aber auch nicht weniger!

Fazit: Das Führungsgesetz „Emotionen managen im Wandel"
Während technische und organisatorische Komponenten von Veränderungsprozessen in der Regel sorgfältig geplant werden, gerät die menschliche Seite häufig ins Hintertreffen. Man nimmt irrtümlich an, Ängste und Widerstand der Mitarbeiter ließen sich durch sachliche Argumente rasch ausräumen. Change-Projekte scheitern jedoch weniger an Planungsfehlern als vielmehr, weil die Mitarbeiter nicht mitziehen. Gegensteuern lässt sich, indem die Führungskraft schon vor Projektbeginn mögliche Mitarbeiterreaktionen antizipiert und indem sie gerade in den ersten Wochen ein offenes Ohr für Mitarbeitersorgen hat, geduldig für das Projekt wirbt sowie durch verlässliches Verhalten Vertrauen aufbaut.

Matrix: Veränderungen zum Erfolg führen mit dem G.A.S.C.H.E-Leadership-Konzept

Till Eulenspiegel wurde auf einer seiner Wanderungen von einer Kutsche überholt. Der Kutscher bremste und rief: „Sag schnell, wie weit ist es bis in die nächste Stadt?" Eulenspiegel antwortete: „Eine Stunde, wenn du langsam fährst. Drei Stunden, wenn du dich beeilst." Der Kutscher schüttelte irritiert den Kopf und trieb die Pferde an. Wenig später traf Eulenspiegel ihn wieder, wie er sich fluchend an einer gebrochenen Achse zu schaffen machte. Ein tiefes Schlagloch hatte den Schaden verursacht. Eulenspiegel schüttelte den Kopf und wiederholte: „Ich sagte doch, eine Stunde, wenn du langsam fährst." In Transformationsprozessen ist es nicht anders: Es braucht Zeit, alle Schlaglöcher zu umkurven, um sicher und am Ende so auch schneller ans Ziel zu kommen.

GEDULD: Überzeugungsarbeit braucht Zeit

Ich nehme mir vor allem zu Beginn des Change-Prozesses Zeit für Fragen und Bedenken der Mitarbeitenden.

Mir ist bewusst, dass Mitarbeitende erst von Maßnahmen überzeugt werden müssen, die ich bereits durchdacht habe und die für mich „völlig klar" sind („Change-Pendel").

Ich informiere und diskutiere nicht nur in Meetings, sondern stehe auch für Einzelgespräche zur Verfügung.

ANERKENNUNG: „Neu" heißt nicht, „bisher war alles schlecht"

Ich halte mich mit offener Kritik an bisherigen Vorgehensweisen und Praktiken zurück.

Ich erkenne das bisher Geleistete an, auch in Fällen moderater Einzelleistung.

Ich beziehe die Erfahrungen und Kompetenzen der Mitarbeitenden in angestrebte Maßnahmen mit ein („ESPAL"-Strategie).

STRATEGIE: Gute Vorbereitung ist Trumpf, auch beim „Menschlichen"

Ich nutze die „VISA"-Methode, um mir vorab Klarheit über die emotionale und menschliche Grundsituation im Hinblick auf die Veränderung zu verschaffen.

Mir ist bewusst, dass Menschen aufgrund ihrer Persönlichkeit und ihrer Vorerfahrung unterschiedlich auf Change reagieren.

Ich verwechsele Schweigen nicht mit Zustimmung und kritische Worte nicht mit Gegnerschaft.

CHARME: Mitarbeitende gewinnen statt sie zu brüskieren

Ich setze auf Wertschätzung und Freundlichkeit und vermeide autoritäre Töne.

Ich entwickele selbst ein positives Zielbild von der Veränderung und strahle Optimismus aus. Mögliche eigene Bedenken trage ich nicht ins Team, sondern diskutiere sie mit Vorgesetzten und Kollegen.

Ich begegne auch besonders „anstrengenden" Mitarbeitern beharrlich positiv (Übung: „Eine positive Haltung gewinnen").

HILFSBEREITSCHAFT: Ansprechbar sein statt abzutauchen

Ich stehe für Gespräche zu Verfügung und biete im Rahmen meiner Möglichkeiten Unterstützung an.

Ich möchte am Ende das Menschenmögliche getan habe, um den Mitarbeitenden ein Mitgehen zu erleichtern.

Ich achte auf den nötigen Ausgleich für mich selbst und sorge für regelmäßige Entspannung.

EINSATZ: Change geht nicht „nebenbei"

Mir ist bewusst, dass ich in Veränderungsprozessen als Führungskraft besonders gefordert bin.

Ich weiß, dass mein geduldiger Einsatz zu Beginn mir zeitraubende Reparaturmaßnahmen am Ende erspart.

Ich lege in ruhigen Zeiten mit fairer und mitarbeiterorientierter Führung die Vertrauensbasis für stürmische Zeiten.

Literatur

Ashkenas, Ron. 2013. Was sich ändern muss, Harvard Business Manager vom 10.05.2013. www.harvardbusinessmanager.de/blogs/a-898305.html. Zugegriffen: 4. Okt. 2017.

Bergner, Thomas. 2012. *Gefühle: Die Sprache des Selbst.* Stuttgart: Schattauer.

Katzengruber, Werner. 2012. *Die neuen Verkäufer. Werden Sie zum Top Selling Professional,* 3. Aufl. Weinheim: Wiley.

Kienbaum. 2015. *Agility – Überlebensnotwendig für Unternehmen in unsicheren und dynamischen Zeiten. Change-Management-Studie 2014/2015.* Düsseldorf: Kienbaum Management Consultants GmbH. http://assets.kienbaum.com/downloads/Change-Management-Studie-Kienbaum-Studie-2014-2015.pdf?mtime=20160810120630. Zugegriffen: 4.Okt. 2017.

Krebsbach-Gnath, Camilla. 1999. Wandel und Widerstand. In *Den Wandel im Unternehmen steuern. Faktoren für ein erfolgreiches Change-Management,* Hrsg. Camilla Krebsbach-Gnath, 37–56. Frankfurt a. M.: Frankfurter Allgemeine Zeitung.

Mutaree. 2016. *Change-Fitness-Studie Ausgabe 06/2016.* Eltville-Erbach: Mutaree GmbH. www.mutaree.com/content/change-fitness-studie-20162017. Zugegriffen: 4. Okt. 2017.

Streich, Richard K. 1997. Veränderungsprozessmanagement. In *Change Management: Programme, Projekte und Prozesse,* Hrsg. Michael Reiß, Lutz von Rosenstiel, und Anette Lanz, 237–254. Stuttgart: Schäffer-Poeschel.

Thinktanks 2bAhead. 2016. *Der Trend Index 2016. Stimmungsbarometer für die Lage des Trendmanagements in deutschen Unternehmen.* Leipzig: 2b AHEAD ThinkTankGmbH. http://berufebilder.de/2016/angst-digitaler-transformation-falsche-glaubenssaetze-besiegen-groessten-innovationskiller/#text. Zugegriffen: 4. Okt. 2017.

Ausblick: Das Leben spielt sich in der Praxis ab

Je älter ich werde, desto mehr bin ich überzeugt: Die wirklich wichtigen Dinge im Leben sind einfach – einfach gesagt, wenn auch alles andere als trivial in der Umsetzung. Das gilt im Grunde auch für Führung. Hätte ich nur eine einzige Minute, um Ihnen Impulse für Ihre Führungsaufgabe zu geben, würde ich diese Minute für folgende Empfehlungen nutzen:

1. Fangen Sie bei sich selbst an – werden Sie sich klar über Ihre Stärken und Schwächen.
2. Vertrauen Sie auf Ihre Stärken, halten Sie Ihre Schwächen im Zaum.
3. Seien Sie nachsichtig: mit sich, aber auch mit anderen.
4. Werden Sie sich klar über Ihre Ziele: für sich privat, im Unternehmen und in Ihrer aktuellen Aufgabe.
5. Sagen Sie Ihren Mitarbeitern eindeutig, wohin Sie wollen und worauf Sie Wert legen.
6. Ersetzen Sie das Faible für Fachaufgaben durch Interesse und Wertschätzung für die Menschen, die Ihnen anvertraut sind.
7. Lernen Sie zuhören.
8. Treffen Sie beherzt Entscheidungen, auch dazu, was Sie *nicht* tun und *nicht* entscheiden wollen.
9. Erkennen Sie, wovor Sie Angst haben, und stellen Sie sich diesen Ängsten.
10. Seien Sie mutig, handeln Sie!

Das Leben ist zu komplex, vielfältig und schwer vorhersehbar, um für jede Situation (und jede Führungssituation) eine eindeutige Regel zu formulieren. Im besten Fall hat Sie dieses Buch mit einer Fülle von Praxisbeispielen, Hintergrundinformationen und Handlungsvorschlägen für die Untiefen des Führungsalltags sensibilisiert und gestärkt. Dennoch: Es gibt keine Universal-„Tools", nach denen so viele rufen, denn Menschen sind keine Maschinen, die man mit den richtigen „Werkzeugen" zum Laufen bringen, reparieren oder aufpolieren kann. Daraus folgt: Führung ohne Fehler gibt es nicht, auch die erfolgreichsten und beliebtesten Chefs bekennen sich zu Irrtümern und Fehlentscheidungen. Fehler als solche zu erkennen und Konsequenzen daraus ziehen, ist eine gute Erfolgsvoraussetzung. Genau hinschauen, sich dem Leben stellen, eine zweite. Achten Sie außerdem darauf, dass Sie bei allem Planen, Nachdenken und Lernen nicht das

© Springer Fachmedien Wiesbaden GmbH 2018
R. Gasche, *So geht Führung!*, https://doi.org/10.1007/978-3-658-18248-9

Leben – und damit das Handeln – verpassen. Während wir über die Zukunft nachgrübeln, ist die Zukunft oft längst da. Und der Auftrag für Führungskräfte lautet schlicht:
Die Zukunft gestalten, nicht: ihr nachlaufen. Das ist der Kern der Führung. Ich beglück-
wünsche Sie zu dieser spannenden Herausforderung und wünsche Ihnen, dass Sie daran
wachsen und sie mit Freude ausfüllen.

Hennef, im November 2017   Ihr
                                                                    Ralf Gasche